SHAKTI
O PODER DA SUA ESSÊNCIA

RAJSHREE PATEL

SHAKTI
O PODER DA SUA ESSÊNCIA

**DESCUBRA O QUE AS PESSOAS
FELIZES E BEM-SUCEDIDAS
TÊM EM COMUM**

Título original: *The Power of Vital Force*

Copyright © 2019 by Rajshree Patel
Copyright da tradução © 2020 por GMT Editores Ltda.

Esta edição foi publicada mediante acordo com a Kaplan/Defiore Rights por meio da Agência Literária Riff Ltda.

Todos os direitos reservados. Nenhuma parte deste livro pode ser utilizada ou reproduzida sob quaisquer meios existentes sem autorização por escrito dos editores.

tradução: Alexandre Lopes
preparo de originais: Rafaella Lemos
revisão: Ana Grillo e Tereza da Rocha
diagramação: Valéria Teixeira
capa: Renata Baldi
imagem de capa: Freepik
foto da autora: Trami Ngo
impressão e acabamento: Ipsis Gráfica e Editora

CIP-BRASIL. CATALOGAÇÃO NA PUBLICAÇÃO
SINDICATO NACIONAL DOS EDITORES DE LIVROS, RJ

P333s Patel, Rajshree
        Shakti: o poder da sua essência/ Rajshree Patel; tradução de Alexandre Lopes. Rio de Janeiro: Sextante, 2020.
        256 p.; 16 x 23 cm.

        Tradução de: The power of vital force
        ISBN 978-85-431-1003-5

        1. Vedanta. 2. Energia vital. 3. Saúde. 4. Vitalidade. 5. Meditação. I. Lopes, Alexandre. II. Título.

20-65963
CDD: 181.48
CDU: 233-247

Todos os direitos reservados, no Brasil, por
GMT Editores Ltda.
Rua Voluntários da Pátria, 45 – Gr. 1.404 – Botafogo
22270-000 – Rio de Janeiro – RJ
Tel.: (21) 2538-4100 – Fax: (21) 2286-9244
E-mail: atendimento@sextante.com.br
www.sextante.com.br

Para a resiliência inata da própria vida.

SUMÁRIO

PREFÁCIO por Dave Asprey — 9

INTRODUÇÃO A minha história e a sua jornada — 12

PARTE 1 Ativando o seu poder — 27
- CAPÍTULO 1 Energia é vida — 28
- CAPÍTULO 2 Além da crença — 44
- CAPÍTULO 3 Biohacking Ancestral — 62

PARTE 2 Drenando o cérebro — 71
- CAPÍTULO 4 Uma máquina chamada mente — 72
- CAPÍTULO 5 O passado é presente — 92
- CAPÍTULO 6 A armadilha da atenção plena — 111

PARTE 3 Reiniciando e recarregando — 127
- CAPÍTULO 7 O segredo da vida — 128
- CAPÍTULO 8 Meditação para pessoas ocupadas — 146
- CAPÍTULO 9 Vivendo seus superpoderes interiores — 160

PARTE 4 Atualizando seu sistema operacional — 183
- CAPÍTULO 10 Dominando a sua mentalidade — 184
- CAPÍTULO 11 Do lutar ao fluir — 189
- CAPÍTULO 12 Acabando com o anseio — 206

PARTE 5 A grande mente — 217
    CAPÍTULO 13 A mente não dividida — 218
    CAPÍTULO 14 Está tudo conectado — 231

    EPÍLOGO — 247
    AGRADECIMENTOS — 250
    NOTAS — 252

PREFÁCIO

Ao longo das últimas duas décadas, eu me esforcei, de todas as formas possíveis, para me tornar um ser humano melhor, com alto desempenho. No começo, isso significava fazer as coisas que deveriam funcionar num lugar como o Vale do Silício. Trabalhar mais, estudar, superar, ficar acordado até tarde, fazer um MBA numa Ivy League, ganhar milhões antes de completar 27 anos. Infelizmente, fiquei exausto e infeliz – além de muito zangado, com uma raiva que eu nem percebia na maior parte do tempo.

Gastei mais de 1 milhão de dólares melhorando minha biologia em todos os níveis, desde o nível subcelular até os níveis espirituais mais elevados que pude encontrar. Ao longo do caminho, criei o campo moderno do biohacking: a arte e a ciência de mudar o ambiente dentro e fora do nosso corpo para que tenhamos controle total de nossa própria biologia.

Isso me levou a criar a Bulletproof, minha empresa dedicada ao desempenho humano (e a colocar manteiga no café), que serviu cerca de 200 milhões de xícaras de café para melhorar o cérebro. Escrevi best-sellers sobre a ciência do cérebro, entrevistei centenas de pesquisadores da consciência e da biologia na Bulletproof Radio, meu podcast agraciado com o prêmio Webby, e abri um centro de neurociência para aperfeiçoar o cérebro humano.

Em sua essência mais profunda, as coisas que motivaram esse aprendizado e essas conquistas – e o tecido conjuntivo por trás de todas as formas de biohacking e crescimento pessoal – estão aqui, neste livro.

No início do meu caminho, comecei superando os limites do que eu havia aprendido como hacker de computador. Fui a médicos e psicólogos e esgotei todas as coisas que deveriam funcionar para me dar mais energia e saúde.

Acabei mais bem-sucedido, mas continuava irritado sem motivo aparente, cansado e não estava mais feliz. Um dia, um engenheiro da Índia com quem trabalhei numa startup me contou sobre um novo tipo de meditação do qual eu poderia gostar. Achando que valia a pena tentar, eu fui. Havia flores, velas, e cheguei com a mente cética de um hacker. Embora houvesse algo valioso balançando bem na minha frente durante o curso, eu rejeitei tudo por causa dos meus preconceitos ocidentais.

Redescobri essa meditação dois anos depois, quando o CEO da startup disse: "Dave, venha participar desse treinamento de meditação para executivos na casa de um dos principais executivos da Intel." Quem nega um convite desses do chefe? Então passei um fim de semana aprendendo o que as ferramentas da tradição védica, especificamente o Happiness Program da Arte de Viver, poderiam fazer por mim. Como resultado desse fim de semana, acrescentei esses exercícios à minha "pilha" de hábitos de alto desempenho e os pratiquei diariamente por mais de cinco anos.

Às 7 horas da manhã, todos os sábados, eu me encontrava com uma dezena de outros executivos para fazer os exercícios védicos de respiração e meditação. Meu amigo Prabakar, um conhecido CTO, expressou da melhor forma: "Não consigo explicar por que respirar num grupo como esse funciona, mas é como tomar um banho mental para a semana. Eu fico mais legal no trabalho."

Aqueles exercícios de respiração e meditação foram minha introdução à vasta ciência do gerenciamento de energia registrada nos antigos ensinamentos da tradição védica. Como você aprenderá neste livro, a sabedoria do vedanta vai muito além das práticas diárias de desempenho e alívio do estresse. As poderosas técnicas de meditação e respiração que aprendi mal arranham a superfície do que está neste livro. Aqui você encontrará um sistema abrangente para o aprimoramento físico e mental e para a prosperidade humana.

Você pode até considerar a tradição védica, como é dito no livro, um tipo de "biohacking antigo". Embora a tecnologia e o entendimento de nossa própria biologia tenham avançado por saltos quânticos desde a época dos Vedas, esses antigos princípios e técnicas milenares ainda são incomparáveis em termos de sabedoria e das ferramentas que oferecem para melhorar a mente, o corpo e o espírito.

O livro que você tem nas mãos contém a essência do que você pode aprender depois de anos estudando muitas tradições orientais diferentes. Mas o ganho mais precioso que você obterá com esta leitura é o conhecimento de que a resistência e as lutas mentais inconscientes tornam tudo o que você faz mais difícil do que precisa ser. Com muita sabedoria e senso de humor, Rajshree Patel o ajudará a entender como a sua "máquina chamada mente" está criando problemas na sua vida – e como desligar a mente agitada para ativar o seu verdadeiro poder.

O que descobri depois de anos de biohacking e o que este livro descreve com grande clareza é que a mente e a energia são dois lados da mesma moeda. Quando você gerencia efetivamente a própria mente, seus níveis de energia vão lá no alto. E quando você mantém seus níveis de energia altos, seu desempenho mental – que inclui pensamentos, emoções, consciência e sua forma de ver as coisas – melhora naturalmente. Sua mentalidade passa da resistência e da luta para a aceitação, a gratidão e a força. Esse círculo virtuoso é um dos maiores segredos para o alto desempenho, e neste livro você aprenderá a dominar essa abordagem de duas frentes para se destacar e prosperar.

Você é um ser de poder e potencial infinitos. Desbloquear esse potencial não tem a ver com autoaperfeiçoamento ou autoajuda. Em vez disso, como Patel escreve, trata-se de *autoconsciência*. Trata-se de se elevar da "mente pequena" do pensamento condicionado, das emoções ligadas ao passado e ao futuro e das mentalidades limitadas para o que o vedanta chama de "Grande Mente", de inteligência, amor e potencialidade ilimitados.

Ao contemplar e aplicar o precioso conhecimento destas páginas, você aprenderá a tornar tudo na sua vida mais fácil do que você possa imaginar. Relacionamentos. Emprego. Família. Criatividade. Felicidade. Talvez até fazendo algo mais inovador do que você jamais imaginou ser possível. Isso não surge do trabalho duro ou de mais esforço. Isso vem de abraçar o poder que é seu de direito: a energia da própria vida, o poder que lhe deu vida e que o mantém vivo. Essa energia é a força vital.

Convido você a mergulhar nestas páginas com a mente aberta para aprender como é bom quando as coisas em sua vida acontecem com facilidade e entusiasmo.

Dave Asprey
Fundador e CEO da Bulletproof
e autor de *Vire o jogo!*, da lista dos mais
vendidos do *The New York Times*

INTRODUÇÃO

A minha história e a sua jornada

A grande paixão que guia a minha vida tem sido o mistério de uma única pergunta: *Quem sou eu?*

Ainda criança, eu refletia sobre o que fazia as pessoas passarem pelas mesmas circunstâncias de formas completamente diferentes. Suponho que eu tenha chegado a essa pergunta ao observar a dura realidade da Índia rural, vendo muitos que iam dormir com fome regularmente – inclusive eu mesma – mais tarde prosperarem em suas vidas, enquanto outros que aparentemente tinham tudo viviam em um estado de constante dificuldade. Eu me perguntava: *O que há em nós que determina a qualidade da nossa vida?*

Passei os últimos 30 anos viajando ao redor do mundo, trabalhando no campo do potencial humano como professora, palestrante e coach. Venho explorando de forma prática e experimental o mistério do Ser, tanto na minha vida pessoal quanto com outras pessoas. Essa simples pergunta – *Quem sou eu?* – transformou não apenas meu dia a dia, minha carreira e meus relacionamentos, mas também milhares de vidas ao redor do mundo, de presidentes de empresas da *Fortune 500* a donas de casa, estudantes, atores, artistas e veteranos de guerra. Vi muita gente descobrir quem realmente é e, assim, acessar sem esforço seu potencial mais profundo, seu poder e sua presença para prosperar em um nível físico, mental, emocional e espiritual. Por isto escrevi este livro: para compartilhar com você a sabedoria e as ferramentas que se provaram inestimáveis para mim e muitos outros ao longo desta jornada do Ser.

Uma das primeiras coisas que constatei ao longo desta jornada é que contaram uma grande mentira a todos nós. Nossos pais, professores e a sociedade como um todo, de forma consciente ou não, nos fizeram cair na maior conversa fiada que se pode imaginar. Eles nos disseram que temos que nos esforçar, trabalhar duro e pensar muito para fazer ou conquistar qualquer coisa grandiosa em nossas vidas.

O que nós aprendemos ao longo desses anos é que ser verdadeiramente feliz, conectado, dinâmico e próspero tem muito pouco a ver com pensar muito ou trabalhar duro. Olhe ao redor e veja! A maior parte das pessoas que alcançam o verdadeiro sucesso na vida (e eu estou falando sobre a *vida*, não apenas sobre trabalho) não está se matando, batalhando dia e noite, nem desperdiçando o próprio tempo traçando estratégias para chegar ao topo. O que elas criaram e o modo como vivem não é apenas – e talvez nem um pouco – produto do trabalho duro. É algo mais, algo muito maior que o esforço no nível físico e mental.

O que é esse algo mais? É uma certa qualidade mágica, um magnetismo indescritível que sentimos na presença daqueles que são realmente bem-sucedidos por dentro e por fora, daqueles que são vibrantes, vivos e dinâmicos. Podemos descrever isso como um "algo mais", uma dose de audácia ou apenas energia. É a habilidade de ir atrás do que quer que seja sem hesitação ou dúvida, com clareza total e uma mente *afirmativa*. Isso não é algo que vem de fora. É algo com que *você* e todos nós já nascemos. Quando éramos crianças, todos nós tínhamos essa presença interior, esse poder, essa *vivacidade*. Você não precisa conquistá-la; você só precisa recuperá-la.

O segredo para prosperar não é trabalho duro ou pensamento estratégico. É o poder natural da própria vida – a vida que você tem desde que nasceu. É a energia e a inteligência que estão ao redor e penetram cada partícula da nossa existência. É quem somos e o que somos. Simplesmente temos que conhecê-las e nos apropriar delas. Isso basta para que trabalhem conosco e para nós.

A intenção deste livro é empoderar você na sua jornada para recuperar esse poder. Meu desejo é que ele lhe ofereça orientação e um apoio valioso em seu caminho de autodescoberta, em sua jornada para se aproximar cada vez mais da perfeição que está dentro de você.

∾

Quando eu era jovem, comecei a me perguntar quem sou eu em relação à minha identidade cultural. Nascida em Uganda e criada entre a Índia rural e a cidade de Nova York, eu era uma imigrante americana de primeira geração. *Quem sou eu, indiana ou americana?* Depois passei a me perguntar quem sou eu como mulher: *Quem sou eu como filha, irmã, esposa em potencial?* Após me formar em direito, eu me perguntava: *Quem sou eu como advogada? Sou uma promotora ou uma advogada de defesa?* A pergunta me levava para dentro: *Sou apenas o meu corpo? Sou os meus pensamentos? Ou sou algo que está além disso?*

Na minha juventude, essa pergunta era um fardo para mim, porque parecia que eu estava presa entre duas identidades culturais. Eu não me encaixava em nenhuma delas. Por um lado, fui criada nos Estados Unidos, onde aprendi que podia escolher meu próprio companheiro a qualquer momento (e só se quisesse um); por outro lado, minha criação indiana dizia que se casar e ter filhos era o único caminho de vida possível. Dizer não para casamento e filhos não era muito uma opção.

Sendo a única filha na minha família, eu sentia muita pressão e tinha que lidar com as expectativas dos meus pais a respeito de quem eu tinha que ser – e vou lhe falar que eu era tudo *menos* a menina indiana modelo. Sempre fui independente e rebelde, com uma língua afiada e pavio curto. Quando eu tinha 7 anos, minha tia se casou no Gujarate, no vilarejo em que eu cresci. Naquela época, era uma prática comum que a família da noiva oferecesse um dote à família do noivo. Cada vez que o casal andava ao redor da fogueira na cerimônia em que assumia os votos de casamento, a família da noiva oferecia algo de valor – um relógio, uma corrente de ouro ou um bracelete de prata. Eu estava sozinha, sentada no telhado, assistindo a todo o espetáculo. Subitamente, a mãe do noivo disse: "Nós não queremos *isso*, nós queremos *aquilo*, senão esse casamento não vai acontecer." Minha avó não tinha como pagar o que estava sendo pedido, fato que obviamente colocou a família em uma saia justa. Quando eu percebi o que estava acontecendo, gritei do telhado: "Nós não queremos vender a nossa tia! Pegue o seu filho e vá embora. Vocês é que deveriam estar nos dando dinheiro." Meu tio veio correndo e me arrastou dali.

A maioria dos pais tem expectativas em relação aos filhos, e pais indianos costumam ter muito mais. Você provavelmente não vai se surpreender ao ouvir que eu lutei contra as expectativas dos meus pais por anos. Eles queriam que eu me casasse antes de ir para a universidade ou de fazer qualquer outra coisa na vida. Tinham medo que eu ficasse "independente demais" e quebrasse a tradição. Em vez disso eu fui para a faculdade de direito sem a aprovação deles e fiz empréstimos estudantis para pagar a minha formação. Por volta dos 20 anos, cheguei a ir para a Índia a pedido deles para considerar um casamento arranjado. Desisti depois de seis dias me perguntando que raios eu estava fazendo lá! Esses seis dias ofereceram um rumo para a minha vida. Eu decidi ir contra o desejo deles e lutar batalhas culturais. Permaneci solteira, me formei na faculdade de direito e finalmente me mudei para o outro lado do país para trabalhar como promotora federal na Califórnia e em seguida no Gabinete do Procurador de Los Angeles. Alguns anos depois, minha vida tomou um rumo ainda mais radical e inesperado quando troquei o direito penal por algo que você poderia chamar de "lei natural" – o estudo do nosso mundo interior, da mente, das emoções e do espírito.

Não foi fácil largar a programação que me dizia quem eu deveria ser, o condicionamento que me levava a me colocar rótulos como "indiana", "filha", "bem-sucedida", "imigrante" e "advogada". Minha infância, meu gênero, minha etnia, meus traumas e minhas conquistas – como as suas – moldaram uma identidade e um sistema de crenças que me serviram bem para alcançar certos resultados e ser bem-sucedida pelos padrões convencionais. Mas essas identificações também se tornaram os limites e as barreiras do meu próprio potencial. Não foi fácil "me entregar", como dizem os sábios e místicos, e sair da zona de conforto que eu conhecia como sendo eu mesma. Mas agora sei que para qualquer coisa realmente grandiosa acontecer na nossa vida, nós precisamos redescobrir quem realmente somos. Precisamos reconstruir nossa identidade de forma a sermos mais do que a soma das nossas experiências que vieram e se foram. Precisamos reescrever a programação da nossa mente – condicionada a pensar, sentir, perceber e acreditar de determinada maneira.

Eu não sou cientista nem mística, mas depois de 30 anos de observação empírica e estudo, sei isto: há mais na vida, mais para nós mesmos, do que o que vemos, ouvimos, tocamos e sentimos.

Nunca fui alguém que acredita em qualquer coisa. Como advogada, a evidência é tudo para mim. A única linguagem da espiritualidade que funcionou para mim foi a minha própria experiência. Ao longo da minha jornada, tive que vivenciar por mim mesma quem eu sou num sentido maior, para além da minha identidade cultural, dos papéis que interpretei na minha vida, da matéria, dos pensamentos e, finalmente, da minha própria mente. Ao longo do caminho, descobri um poder e um potencial que servem para elevar e apoiar não apenas a minha vida, mas a vida de milhares de outras pessoas com as quais tive a sorte de trabalhar. Hoje, para mim, "Quem sou eu?" não é apenas uma pergunta. É algo fascinante.

A pragmática dentro de mim estava curiosa para saber o que a ciência e o misticismo tinham a dizer sobre a pergunta a respeito de quem somos nós. Claro, eu não sou cientista nem mística, mas depois de 30 anos de observação empírica e estudo, sei isto: há mais na vida, mais para nós mesmos, do que o que vemos, ouvimos, tocamos e sentimos. Sei que somos matéria e energia. Somos tanto o corpo quanto a mente. Somos intelecto e emoção. Somos tanto o que vemos quanto o que não vemos. Somos solidez e espaço. Buscamos tanto o sucesso quanto o significado através do sentido na vida.

O problema é que fomos condicionados a experimentar a vida de uma forma puramente material. Mal paramos para reconhecer os sentimentos, as emoções, quanto mais o campo de energia e a consciência que estão por trás de toda a vida, dos quais cientistas e sábios ao redor do mundo têm falado ao longo de milhares de anos. Não fomos treinados a olhar para dentro.

Porém nem sempre foi assim: tradicionalmente na Índia, os jovens eram educados durante 12 anos nos assuntos materiais – matemática, ciências, leitura e linguagem – e também nas ciências interiores do espírito, do coração, da mente, da energia e da consciência. Essa segunda escola era chamada de *gurukula*, a escola da mente. O estudo da natureza, da mente e do espírito era prevalente em muitas sociedades ancestrais. Na Índia, esse sistema esteve presente da Antiguidade ao período colonial. Mas essa tradição se perdeu há muito tempo. Na vida moderna, aprendemos a prestar atenção apenas ao nível superficial da realidade e, como resultado, o que podemos ver, ouvir, tocar e sentir se tornou o núcleo da nossa identidade. Somos consumidos pelo mundo da matéria, na maior parte do tempo com os olhos abertos e a atenção voltada para fora. Quando estamos com os olhos fechados, estamos alheios à realidade mais profunda e invisível da vida, que está abaixo da superfície. Mas temos que olhar para dentro para entrar em sintonia com a frequência de quem nós somos, para reconhecer o nosso maior potencial e o campo de possibilidades que está por trás da nossa realidade material exterior.

Geralmente só olhamos para dentro nos momentos de crise e dificuldade, ou por um golpe de sorte. No meu caso, foram os dois.

Meu golpe de sorte veio numa noite de primavera, em Los Angeles, em 1989, quando eu tinha 20 e poucos anos. Eu estava a caminho do que eu pensava ser um show de música. Você pode imaginar a minha surpresa quando cheguei ao "show" e descobri que não era do citarista indiano Ravi Shankar, mas do mestre espiritual Sri Sri Ravi Shankar. Àquela altura da vida, eu não tinha nenhum interesse em gurus ou espiritualidade, mas, no momento em que percebi meu erro, era tarde demais para sair sem fazer uma cena. Então eu me sentei ali, revirando os olhos e julgando em silêncio tudo que o mestre dizia na maior parte da palestra. Seus comentários sobre a vida, o sucesso, a felicidade e a natureza da realidade eram ideias legais, mas me pareciam bobas e idealistas, de alguma forma desconectadas da vida real, aqui no planeta Terra. Vou lhe contar toda a história do fatídico primeiro encontro um pouco mais adiante. Por enquanto, apenas saiba que decidi usar o meu "melhor julgamento" e fazer um workshop que Sri Sri daria no fim de semana seguinte.

No workshop, comecei a aprender sobre a filosofia e as técnicas da tradição védica da Índia, especificamente sobre uma prática de respiração que tem sido passada de mestre a discípulo desde os tempos ancestrais. No segundo dia, aconteceu algo que acho que posso descrever como uma experiência metafísica – algo que eu ainda não consigo explicar em palavras. Apesar disso, o que eu posso lhe contar é que tive uma experiência de *quem sou eu* para além de qualquer identificação, barreira ou limitação. Pelo período de talvez um momento, experimentei uma explosão de energia ilimitada, de consciência ilimitada e uma sensação de amor e gratidão tão grande que não podia ser contida – um amor que não estava associado a um objeto específico, um amor que não conhecia barreiras. Eu estava chorando por dentro, mas sem tristeza.

Pelo menos eu achava que era por dentro. Não percebi que eu estava chorando em voz alta durante a meditação. Eu achava que tudo tivesse acontecido na minha própria cabeça! Senti que estava sonhando, mas com os olhos abertos. Foi muito vívido. Quando finalmente abri os olhos, percebi que todos já estavam sentados; eles tinham compartilhado suas experiências uns com os outros e agora todos estavam olhando para mim, meu rosto cheio de lágrimas.

Enquanto olhava ao redor do salão, eu realmente não sabia se estava fora dos meus olhos, olhando para dentro, ou se estava dentro do meu corpo, olhando para fora dos meus olhos. Imagine estar num aposento em que todas as paredes são janelas e você quase não sabe mais se está dentro ou fora – era essa a sensação. Eu acabara de ter a experiência mais clara de *quem sou eu*: essa energia inconcebível repleta de amor e consciência. Senti que podia estar em qualquer lugar, a qualquer momento. Entendi pela primeira vez que existe algo que viaja mais rápido que a luz – a minha mente. Sou eu! Somos *nós*. Nossa mente, nossa consciência, pode estar em qualquer lugar, a qualquer momento; nós apenas não vemos isso, pois estamos focados no corpo. Nessa ocasião, eu soube, sem dúvida: eu não sou apenas o meu corpo. Sou algo muito maior, mais poderoso e indescritível que está assentado dentro e ao redor deste corpo.

Eu não tinha como explicar isso a mim mesma. Mas o resultado da experiência, *isso* sim eu poderia explicar. Foi um sentimento muito claro de um empoderamento quase sobre-humano. Depois de ver esse profundo poder e potencial dentro de mim mesma, todas as minhas crenças limitantes desapareceram. Simples assim. Elas desapareceram. Sem nem me dar conta do que estava acontecendo, parei de falar coisas como *não posso, não consigo, não faço isso, não sei se é possível*. Eu estava subitamente redefinindo a mim mesma – sem me basear em outro sistema de crenças. De repente me vi além de qualquer coisa que eu pudesse imaginar ou já tivesse visto em outra pessoa. Eu admirei muitas pessoas que eram exemplos de vida e líderes visionários, de queridos amigos que sobreviveram em Auschwitz a meu pai, que teve um espírito de leão e superou as situações mais adversas da vida, a pessoas como Gandhi, Nelson Mandela e Martin Luther King, cuja força de espírito me ensinou que tudo é possível. Naquele fim de semana, eu tive a sensação de que tudo que eles têm, eu tenho dentro de mim. De súbito, tive a confiança, a clareza e uma visão de mim mesma que estava além de tudo que eu poderia imaginar.

Agora, lembre-se de que o meu cérebro de advogada ainda não estava interessado em nada metafísico. Mesmo sendo uma experiência tão poderosa, parte de mim a considerou um estranho acaso feliz. Mas o *mais* interessante para mim foi o que aconteceu no trabalho nas semanas seguintes. Daquela segunda-feira em diante, minha eficiência estava nas alturas. Eu conseguia cuidar em uma hora de processos que antes eu levava quatro horas para analisar, processar e organizar. Eu completava 25 processos no mesmo tempo que os meus colegas levavam para completar 10 ou 11. O falatório mental, o barulho na minha mente, que era tão normal para mim, desapareceu completamente. Eu estava em tamanho estado de fluxo que organizava processos sem nem saber o que estava fazendo.

Mesmo assim, um pouco relutante, dei o passo seguinte e me inscrevi em um retiro de silêncio de 10 dias por insistência de um amigo que eu levara para o workshop. Não fui para o retiro pensando que era sobre espiritualidade. Minha principal motivação era a minha produtividade recém-descoberta e imaginar quão mais eficiente eu poderia me tornar se eu fizesse aquela prática por 10 dias inteiros. No entanto, apesar de ter ido para o curso com esse objetivo, no fundo da minha mente eu precisava entender o que realmente queria. Eu morria de medo do casamento porque já tinha visto como são os casamentos tradicionais na Índia, com papéis fixos para homens e mulheres. Além disso, a taxa de divórcios nos Estados Unidos era enorme. Meu pai ainda ligava semanalmente para o meu escritório com novos prospectos de noivos, mas eu continuava resistindo. *Será que quero focar na minha carreira e não ter filhos?* Eu não tinha nenhuma resposta boa o suficiente para essa pergunta.

Lembro que fui a uma livraria popular em Los Angeles chamada "The Bodhi Tree" e vi um mural de santos e sábios. Eu pensei: *Se alguma dessas pessoas existisse nos dias de hoje, será que eu veria a vida de forma diferente?* Mas eu tinha certeza de que aquelas histórias de mestres iogues eram apenas histórias de ficção do imaginário do passado, como a arca de Noé ou a multiplicação de pães e peixes. Nunca pensei que fosse realmente possível para alguém se autorrealizar neste planeta.

Isso dá uma ideia do meu estado mental quando embarquei naquele retiro de silêncio e subitamente tive um dos despertares mais intensos da minha vida. Apesar de imaginar o que eu iria encontrar pela minha experiência no primeiro curso, ao final de três ou quatro dias descobri um mundo totalmente novo que era muito maior que qualquer coisa que eu conseguia ver ou entender. Experimentei um grito de alerta que ecoou pela minha cabeça como um alto-falante: *A realidade – o mundo que eu vejo, toco, sinto e experimento diante de mim – não é nada senão a percepção interior que tenho dele.* Eu me dei conta de que cada um de nós está vivendo dentro da própria realidade. De alguma forma, isso fazia com que a realidade não fosse realidade nenhuma.

O que escutei no silêncio é que o que quer que estivesse acontecendo ao meu redor – não importava quão fixo ou determinado parecesse – era um reflexo do que estava acontecendo dentro da minha própria mente. Era a minha mente, mais do que qualquer outra coisa, que determinava como e o que eu vivenciava na minha vida.

Foi nesse momento que comecei a minha jornada interior, mas não foi fácil. Essa jornada significava lutar com unhas e dentes para me libertar dos meus condicionamentos mentais e do meu sistema de crenças limitado. Os sábios dizem que você tem que se "entregar" para descobrir, fazer e ser grandioso. Bem, deixe-me dizer: tem sido um *inferno* me entregar, porque o lado esquerdo do meu cérebro é muito forte. Minha mente racional e cética de advogada lutou a cada passo dessa jornada espiritual à medida que eu era empurrada a me expandir para além do eu-realizador, do eu focado em resultados da menina indiana pragmática que os meus pais me ensinaram a ser. Aliás, fui muito bem treinada por eles para realizar no mundo exterior e isso me serviu muito bem e continua a me servir. Mas o que acelerou o meu sucesso e me trouxe uma alegria profunda e um sentido de significado na minha vida foi adotar um novo conjunto de ferramentas, uma nova perspectiva e uma nova sabedoria para me ajudar a navegar em meu mundo interior.

Desafiando meus pais mais uma vez, larguei a minha carreira no Direito – *de repente*. Depois do retiro de silêncio, quando Sri Sri me convidou para ir com ele para a Índia, fiz planos para passar seis semanas por lá, umas "férias", antes de completar 30 anos e assumir de vez todas as responsabilidades da vida adulta. Bem, essas seis semanas viraram cinco anos de estudos e ensino de meditação, técnicas de respiração e filosofia védica na Índia. Meus pais acharam que eu tinha ficado maluca. *Você fez o QUÊ?! Você abandonou a sua profissão? Isso é loucura!* E de todos os lugares possíveis, eu fui justo para a Índia. Eles saíram da Índia para os Estados Unidos, e lá estava eu, voltando para um vilarejo caipira para me sentar em silêncio e não fazer nada o dia todo – pelo menos era isso que eles pensavam.

Ao longo dos anos seguintes, iniciei e desenvolvi a organização de Sri Sri, a Arte de Viver, uma fundação dedicada a compartilhar a visão e as técnicas da tradição védica para ajudar as pessoas a construírem uma vida mais feliz, bem-sucedida e tranquila. Estabeleci uma infraestrutura que levou à abertura de vários centros da Arte de Viver ao redor do planeta e a um crescimento significativo da organização. Da Índia, fui para Hong Kong, Japão, América do

Sul, Europa, Estados Unidos e Canadá, fundando mais e mais centros, estudando a tradição védica e organizando eventos. Assim que um centro estava funcionando, eu me mudava para a cidade ou o país seguinte, para fundar o próximo. Os anos voaram enquanto eu viajava para mais de 35 países, espalhando os ensinamentos védicos, abrindo centenas de centros de meditação e impactando a vida de milhares de pessoas. Durante todo esse tempo, aquela vozinha dos meus pais permanecia no fundo da minha mente, dizendo: *Quem é louco de fazer isso, seguir um guru desconhecido e abrir centros para ele ao redor do mundo? E ainda mais uma mulher solteira?*

Uma força maior impulsionava tudo isso e eu estava conectada a ela. Minha energia estava pulsando e vibrando em uma frequência que eu nunca havia experimentado antes. Meu rádio estava sintonizado. Eu encontrava as pessoas certas e o que tinha que acontecer acontecia. Sem coordenadores de eventos, sem marketing e sem recursos, eu estava organizando e ministrando três cursos por dia, com mais de 300 pessoas em cada um. Dentro de alguns anos, a startup chamada Arte de Viver se expandira para fora da Índia e já tinha uma operação global, servindo a centenas de milhares de pessoas de todas as idades e todas as camadas sociais. Eu me tornei a instrutora dos instrutores e também desenvolvi e comecei a ensinar programas mais focados em cultura corporativa, liderança, paternidade consciente, relacionamentos e outros cursos avançados, criados para expandir o poder e o potencial humano. Hoje, a pequena startup que eu conheci cresceu e já está presente em mais de 150 países, com dezenas de milhares de instrutores ao redor do mundo.

Para mim é difícil dizer como isso tudo aconteceu. A Arte de Viver começou com um guru desconhecido e quatro instrutores. Eu tive a sorte de ser uma dos quatro. Atualmente temos 50 mil instrutores só na Índia. Hoje, Sri Sri, que era conhecido apenas por um punhado de pessoas em seu país de origem, é internacionalmente amado e celebrado por milhões – não apenas como um mestre do yoga, mas também como um ativista humanitário. Ele se tornou um embaixador da paz ao redor do mundo, trabalhando com chefes de Estado e até ajudando em negociações de paz em países como Sri Lanka, Paquistão e Colômbia.

Para isso acontecer, tive que superar continuamente os limites do meu próprio pensamento. No início, nunca teria me ocorrido que a Arte de Viver se tornaria uma operação global com um impacto para além da vida interior das pessoas. Hoje temos programas sociais importantes em áreas como reabilitação de presidiários (Programa IAHV), empoderamento de jovens (YES! nas Escolas), tratamento do estresse pós-traumático em veteranos de guerra (projeto Welcome Home Troops), alívio de traumas/desastres e ajuda humanitária – oferecendo comida, roupas, água limpa e eletricidade para populações carentes. A lista continua: há o projeto de plantar mais de 1 milhão de árvores para combater o aquecimento global, a iniciativa de empoderamento feminino e muito mais. Atualmente, a organização está muito distante daquela ideia de um guru e seus discípulos sentados em uma cabana de palha nas montanhas em algum lugar. A Arte de Viver é uma organização que tem um imenso impacto social em todos os níveis e que define a espiritualidade e sua missão pela busca de um mundo livre de estresse e violência.

"Força vital", ou "energia vital", é a energia fundamental dentro de nós e ao nosso redor, que nos dá a vida e a sustenta. Quando estamos conectados a essa fonte, trazemos mais energia – mais vida *– para tudo que tocamos.*

Mas, novamente, *eu* não estava fazendo tudo isso acontecer sozinha. Eu estava conectada à energia da própria vida, e ela estava me guiando a cada passo para criar uma vida que ia além de tudo que eu já havia imaginado para mim. Isso pode soar um pouco místico/esotérico, talvez até um pouco piegas, mas eu nunca deixei de ser uma pessoa pragmática. Até hoje, traduzo essa conexão como uma forma de ser mais viva, vibrante e produtiva. Essa força da vida a que eu me conectei no workshop de Sri Sri era a mesma que me ajudara a trabalhar mais rápido nos meus casos jurídicos. Era a mesma energia que estava me deixando mais feliz, mais vibrante, mais entusiasmada e cheia de disposição na minha vida diária. Ela reduziu os meus níveis de estresse e me tornou mais atenta e consciente. Tudo que eu queria estava vindo da mesma fonte. Essa força é aquilo que a tradição védica chama de "força vital", ou "energia vital". É a energia fundamental dentro de nós e ao nosso redor, que nos dá a vida e a sustenta. Quando estamos conectados a essa fonte, trazemos mais energia – mais *vida* – para tudo que tocamos. É a força extremamente poderosa que está por trás das nossas funções físicas e mentais.

Sua jornada ao longo deste livro

Meu grande despertar lá em 1989 me ensinou que apesar de procurarmos pelas respostas fora de nós mesmos, na verdade, tanto a causa quanto a solução do que vivenciamos estão aqui dentro. Constantemente buscamos regular a nossa paisagem interior de pensamentos e emoções, mente e percepção, administrando as coisas e as pessoas à nossa volta. Buscamos razões e relações de causa e efeito nas coisas, nas situações e nas outras pessoas. Olhando pelos nossos próprios olhos, pelas lentes do nosso condicionamento, nunca consideramos que talvez *nós* estejamos criando os resultados que se apresentam no mundo ao nosso redor. Nunca paramos para nos perguntar se as limitações que vivenciamos estão vindo de dentro, não de fora.

Quando admitimos essa possibilidade, ela nos obriga a assumir a responsabilidade pela maneira como estamos criando nossa realidade em todos os momentos. Pode ser uma verdade dolorosa, mas ela traz consigo um grande segredo: nós podemos influenciar a natureza da nossa realidade e os nossos resultados mudando a maneira como olhamos através dos nossos próprios olhos. Podemos mudar esse "eu" condicionado cuja existência se baseia nas noções de realidade, verdade e de certo e errado que nos foram transmitidas por outras pessoas. Podemos romper os limites das nossas crenças e de nossos padrões de pensamento para absorver essa força maior da vida que quer apenas nos apoiar e elevar.

Este livro está repleto de ferramentas simples e fáceis destinadas a derreter o "eu" condicionado – que eu chamo do "iceberg da mente" – para que você possa entrar em contato com a força da vida dentro de você. É um caminho prático para a fonte ilimitada de energia e inteligência que existe além da mente pensante e racional. É uma maneira de sair do seu caminho, de se "entregar", para que grandes coisas possam acontecer na sua vida – para que você possa aproveitar a energia vital dentro de si e recriar sua vida, sua realidade, seu Ser.

O que quero dizer com Ser, com S maiúsculo? Estou falando do que há de ilimitado em você, do que é potencialidade pura. A tradição védica diz que esse Ser tem três qualidades: energia ilimitada, inteligência ou conhecimento ilimitado, e potencialidade ilimitada do que podemos chamar de "amor", "conectividade" ou "pertencimento". Essas três qualidades são descritas pela palavra *satchitananda*: "existência, consciência, felicidade". Esta foi a experiência que eu tive: de existir para além do meu corpo, dos meus pensamentos, das minhas emoções e da minha própria bagagem de memórias e experiências de vida. Durante essa experiência, acessei esse Ser com um S maiúsculo: o aspecto sub-subatômico de quem eu sou, mais profundo do que o nível quântico da minha própria identidade.

Por mais poderosa que tenha sido essa experiência, minha mente racional não pôde deixar de considerá-la uma espécie de casualidade momentânea e estranha. Mas quando eu comecei a ver essa mesma experiência do Ser acontecer com milhares de pessoas, não pude mais negar o seu poder. Vi isso acontecer com pessoas de todas as camadas sociais, nos Estados Unidos, na Alemanha, na Índia, na América do Sul e ao redor de todo o mundo. É inegável que somos muito mais do que consideramos – mas para perceber e experimentar nossa natureza ilimitada, precisamos explorar as maneiras pelas quais nos tornamos limitados pelo nosso próprio pensamento.

Para acessar a potencialidade mais profunda que está no núcleo de quem você é – e para criar qualquer tipo de mudança real na sua vida –, não basta apenas pensar sobre isso na superfície de sua mente, como um conceito no seu intelecto. Primeiro, você precisa apagar o disco rígido antigo da mente. Precisa criar espaço na memória. Precisa causar uma pequena rachadura no iceberg por onde o oceano possa fluir. Se você der um mergulho no oceano da consciência que cerca o iceberg, ele irá fazê-lo flutuar dez vezes mais. As ferramentas neste livro foram projetadas para criar não apenas uma rachadura no iceberg, mas uma fenda do tamanho do Grand Canyon. Leia o livro e tire suas próprias conclusões. E, se continuar interessado, vá a algum centro da Arte de Viver para o curso presencial completo. Mesmo se usar apenas uma ou duas das ferramentas, você já estará transformando a forma como pensa, sente e age. Você encontrará uma maneira de controlar sua paisagem interior de pensamentos, emoções e sensações e descobrirá o que significa ter menos estresse, mais eficiência e mais tranquilidade. Você vai viver o momento, deixando de lado o que está morto e já se foi, e melhorar seu desempenho, tornando-se mais consciente e conectado consigo mesmo e com as pessoas à sua volta. À medida que for aprendendo a administrar melhor a própria mente, você conservará e aumentará sua energia e, à medida que sua energia aumentar, sua mente será elevada naturalmente e sem esforço. É um círculo virtuoso que exploraremos em profundidade neste livro.

Não estamos falando de autoajuda nem de desenvolvimento pessoal. É mais um processo de autorrealização. Não estamos tentando nos tornar melhores, porque já somos perfeitos. Estamos apenas nos reconectando com quem realmente somos, descascando as camadas de condicionamento que obscurecem a perfeição que existe em nosso âmago. O primeiro passo para viver a partir de nossa essência, de nossa *consciência* inata, é nos dar conta do que a está obscurecendo e não nos deixando vê-la.

Não estamos tentando nos tornar melhores, porque já somos perfeitos. Estamos apenas nos reconectando com quem realmente somos, descascando as camadas de condicionamento que obscurecem a perfeição que existe em nosso âmago.

Na Parte 1, "Ativando o seu poder", vamos nos familiarizar outra vez com essa coisa chamada "força vital", a energia da vida dentro de nós e à nossa volta. Você vai aprender como essa energia é diferente do que você aprendeu a chamar de energia e descobrirá por que é tão importante recarregar suas baterias internas. Na Parte 2, "Drenando o cérebro", vamos olhar para o maior consumidor de energia de todo o nosso sistema – a máquina chamada "mente" – e examinar de perto como o funcionamento de nossa máquina mental está drenando nossas baterias e reduzindo nossa potencialidade.

Na Parte 3, "Reiniciando e recarregando", você aprenderá a recuperar a sua *magia*, usando um conjunto de antigas ferramentas simples e eficazes para conservar e recarregar as baterias da sua força vital inata. Essas técnicas são transmitidas de professor a discípulo há milhares de anos para nos ajudar a entrar em contato com a própria *fonte* dessa energia, a fim de nos elevar em todos os níveis: físico, mental, emocional, criativo e espiritual. No sentido mais amplo, trata-se não apenas de aumentar a nossa energia e nos tornarmos mais eficazes em tudo que fazemos, mas de abraçar nosso verdadeiro poder como cocriadores, trabalhando com a energia da própria vida para manifestar nossos desejos em um nível material. Quando nos alinhamos com o fluxo da vida, podemos começar a organizar e reorganizar as partículas da matéria ao nosso redor com base nas nossas próprias intenções. As práticas de *yamas* e *niyamas* descritas no Capítulo 9 vão criar a força motriz por trás das intenções que buscamos manifestar. Essas práticas nos ajudam a abrir nossos corações e viver a partir de um lugar elevado de emoção e atenção, fortalecendo nossa intenção e nos dando a força necessária para reconfigurar a nossa realidade.

Armados dessas ferramentas, estaremos prontos para ir ainda mais fundo. Na Parte 4, "Atualizando seu sistema operacional", exploraremos as duas mentalidades principais que nos guiam na maior parte da vida e são responsáveis por toda a nossa infelicidade. Aprenderemos a mudar e transformar essas mentalidades através do poder da nossa consciência para fazer com que a mente volte ao estado mais expansivo e elevado: a mente de um iniciante que está totalmente no fluxo do momento presente. Na Parte 5, "A grande mente", chegaremos ao nosso âmago: a consciência, ou o que o vedanta chama de *satchitananda*. Na tradição védica, energia e consciência são os dois lados da mesma moeda. Aumentando a nossa energia inata, também expandimos nossa consciência. E à medida que nossa consciência se expande, encontramos o que realmente procuramos na vida: sentir-nos conectados ao todo, parte de algo maior.

Estou grata por você se juntar a mim nesta jornada do Ser que tem sido minha missão nos últimos 30 anos. Para isso, tudo que você precisa é de uma mente aberta e um coração aberto. Espere o inesperado. A autorreflexão profunda é um elemento crucial neste processo. Por isso, leve o tempo que precisar e dê a si mesmo o espaço de que você precisa para digerir essas ideias e ver como elas se aplicam à sua vida. Esteja disposto a mudar completamente a maneira como você se vê à medida que sua consciência começar a se transformar. E lembre-se de que todo o necessário já está dentro de você. Você não está "consertando" nenhuma parte de si mesmo ou introduzindo algo que ainda não esteja aí. Está simplesmente se reconectando ao poder ilimitado e ao potencial que são seus de direito.

PARTE 1

ATIVANDO O SEU PODER

CAPÍTULO 1

Energia é vida

Bem antes de começar meu estudo do mundo interior, um momento muito extremo no início da minha carreira jurídica tornou-se um ponto crucial em minha jornada do Ser. Quando eu tinha cerca de 24 anos, fui em uma viagem de campo ao laboratório de um médico-legista. Era uma forma de me preparar melhor para lidar com julgamentos de assassinato. Eu nunca tinha ido a um lugar assim e cheguei lá sem nenhuma expectativa. Enquanto era conduzida pelas escadas, notei várias macas com o que presumi serem corpos cobertos ao longo do corredor. Não pensei muito nisso. Então cheguei a uma sala e, no centro, havia uma mesa com o corpo de uma mulher que parecia estar grávida de oito ou nove meses. O legista começou a autópsia com uma incisão tradicional em Y. Enquanto ele cortava, examinava e media cada órgão, eu fiquei perplexa. Para mim, a mulher parecia estar dormindo.

Num dado momento, o legista removeu o útero da mulher e o abriu para tirar o corpo de um menino. Ele o puxou por uma das pernas e o colocou em uma balança, dizendo em voz alta: "Três quilos e 300 gramas." Agora meu cérebro estava realmente em curto-circuito. *Por que ele está pegando o bebê assim? O que está acontecendo com essa mulher?*

A causa da morte fora uma bala perdida que atingiu seu coração e depois viajou para o coração do bebê. Parte de mim sabia que ela estava morta, assim como o bebê, mas meu cérebro não estava computando a morte. Ela parecia uma mulher grávida qualquer. De alguma forma, eu me senti desconectada da realidade de que ela não estava viva. A essa altura, começaram a passar pela minha mente uma série de perguntas sobre a diferença entre a vida e a morte

– não de algum modo esotérico, mas no nível prático. Eu ponderava o que realmente significa estar vivo, *ter vida*. Todos os órgãos da mulher e do bebê estavam saudáveis, mas ela não estava viva. Para mim, parecia apenas que ela estava dormindo, mas claramente não havia qualquer sinal de movimento, consciência ou vitalidade. Não pude deixar de me perguntar: *O que nos faz estar vivos? Qual é a diferença entre estar vivo e apenas existir?*

E não pude deixar de fazer essa pergunta a mim mesma. *O que estou fazendo com a minha vida? Estou andando por aí completamente viva ou estou adormecida de alguma forma?* Pensei em como a mulher havia vivido antes de perder a vida. *Ela realmente viveu a vida ou simplesmente se deixou levar pelas circunstâncias? Até que ponto ela estava realmente viva? Quão viva eu estou enquanto vou caminhando pela minha própria vida?*

Antes de continuar, eu gostaria que você fizesse a si mesmo esta pergunta: *Neste momento, quão vivo eu me sinto?* Você pula da cama cheio de vida e emoção ao ver seu companheiro ou sua companheira ao seu lado, abraçando o desafio do dia que vem pela frente e sentindo gratidão por estar neste planeta orbitando no espaço, ou se arrasta para se levantar, já estressado com as coisas que o dia vai trazer? A sua resposta a essas perguntas é uma medida direta da qualidade não apenas da sua vida externa, mas também da vida dentro de você.

Combustível da vida

A experiência no laboratório do médico-legista desencadeou uma profunda e inesperada linha de indagação sobre o que realmente significava para mim estar viva. Eu tive "tudo" na vida, mas de alguma forma sentia que faltava alguma coisa. Isso não me ocorreu na época, mas a qualidade da nossa vida interior – o que está acontecendo na nossa mente – está diretamente relacionada ao nosso nível de energia. Eu não havia me dado conta de que a energia que nos mantém vivos e vibrantes – o que as tradições antigas chamam de "energia vital", ou força vital – é uma força fundamental que todos nós podemos facilmente acessar. Trata-se de uma equação simples: quanto mais energia você tem, mais *vivo* você está. Energia é vida e vida é energia! Quanto mais energia você tiver, mais positivo e expansivo será o seu estado mental e mais você crescerá.

Vou lhe contar um grande segredo: *tudo é energia*. A física moderna e a sabedoria dos antigos nos ensinam isso. Os seres humanos – e todos os seres vivos, na verdade – são compostos de unidades físicas de energia eletromagnética. Suas membranas celulares são projetadas para conduzir eletricidade. Seu coração e seu cérebro são sistemas elétricos, e os médicos podem medir a atividade de suas ondas usando máquinas de eletrocardiograma e eletroencefalograma. Na escala mais macroscópica, é a energia eletromagnética que determina o movimento das estrelas e dos planetas. Na escala mais microscópica, as menores partículas, os átomos, são formadas por prótons e elétrons que têm carga energética positiva ou negativa.

Se você parar por um momento para pensar sobre isso, verá que a energia fornece o combustível para tudo na vida, de plantas e animais a iPhones, lâmpadas e o corpo humano. É óbvio que tudo que fazemos requer energia – piscar os olhos, andar, falar, pensar, digerir alimentos ou mesmo ter uma iluminação criativa. Precisamos de energia para funcionar em todos os níveis da nossa vida: físico, mental, emocional, espiritual e sexual. Quanto mais combustível vital, melhor cada um deles vai funcionar. Mas, na maioria das vezes, nunca paramos para ver a conexão entre essa energia vital e a nossa qualidade de vida. Pode parecer óbvio, mas ninguém nunca nos ensinou, nem em casa, nem na escola, como maximizar nosso desempenho e nossa qualidade de vida ao tirar proveito dessa energia.

Ela é o combustível que opera não apenas nosso corpo, mas também nossa mente e nossas emoções. Nós vibramos com ela, a projetamos em nossas palavras, ações, pensamentos, olhares e sentimentos. Essa energia da vida, essa força vital, é a própria *vitalidade*. Quanto mais conectado estiver a ela, acessando-a, mais você irá prosperar – *prosperar* significa crescer, florescer e evoluir. Mas quando está esgotado dessa energia, você enfrenta dificuldades e fica enfraquecido, ineficaz e paralisado.

Quando você está cansado e esgotado, quando não tem energia para sair da cama ou se sente esmagado pelas exigências do seu dia, não importa o que está acontecendo na sua vida: o copo sempre vai parecer meio vazio. Você não se sentirá totalmente vivo e vibrante. Seu corpo, seu cérebro e sua mente não chegarão nem perto do seu pleno potencial.

Fazemos muito para melhorar a nós mesmos e nossas vidas. Estudamos, arranjamos o emprego ideal, trabalhamos duro, lemos livros de autoajuda, participamos de cursos e palestras, estudamos práticas espirituais, fazemos terapia, experimentamos dietas e exercícios da moda e incessantemente tentamos mudar nosso corpo e nossa mente. Mas nunca pensamos em acessar aquilo que é, em si mesmo, a fonte do nosso corpo, da nossa mente e da própria vida.

O problema que muitas vezes encontramos em nossos esforços de autoaperfeiçoamento é o fato de que, para começo de conversa, precisamos de certa dose de energia para fazer mudanças em qualquer aspecto da vida. Quanto maior a mudança, maior é a energia necessária! Mudar qualquer coisa – sua alimentação, seus hábitos esportivos, sua atitude, sua mentalidade ou sua carreira – exige resiliência, vigor, comprometimento, iniciativa e resistência. Todas essas palavras são simplesmente descrições de uma disposição em que estamos em nosso nível máximo de energia. Sem energia, não temos nenhuma dessas qualidades. E, nesse caso, usamos palavras como paralisado, desmotivado, improdutivo, ineficaz, hesitante, esgotado e sobrecarregado para descrever o estado em que nos encontramos. Quando não temos energia suficiente para superar nossas formas antigas de pensar e agir, o cérebro fica voltando para o que é fácil e confortável. Resumindo: as qualidades desejáveis e os estados mentais positivos que sempre lhe foram úteis estão ligados a um estado de *força vital elevada*, ao passo que as qualidades negativas que o levam a ter dificuldades estão ligadas a um estado de *baixa força vital*.

Nosso complexo corpo-mente é basicamente uma bateria recarregável, mas não valorizamos esse fato nem aprendemos a usá-lo em nosso benefício. Nós nos recarregamos das formas mais óbvias – comendo, dormindo, nos exercitando ou, artificialmente, utilizando estimulantes –, mas nunca aprendemos como aumentar nosso acesso à fonte ilimitada de energia interior que nos mantém vivos. Vamos então olhar mais de perto o papel crítico que essa força de vitalidade desempenha em todos os níveis do nosso ser.

Bateria física

Comecemos com o fato óbvio de que seu corpo funciona à base de energia. Você sabe que a energia é um requisito mecânico para o movimento do seu corpo – que possui não apenas um aspecto químico como também um aspecto elétrico. A energia é o que torna possível qualquer atividade física – sentar-se, caminhar, piscar, respirar, digerir alimentos, desenvolver músculos, crescer fisicamente, etc. É o que permite a seu corpo realizar todas as funções internas e externas que ele desempenha.

A maioria das pessoas foi levada a acreditar que a energia que abastece nosso sistema vem de três fontes: alimentação, sono e exercícios. Quando você come, isso lhe fornece não apenas calorias e nutrientes, mas também energia elétrica. A alimentação fornece combustível para as suas mitocôndrias, os "cérebros" das suas células. Quando você dorme, seu corpo entra temporariamente no modo "descanso" e reabastece suas reservas de energia. Quando se exercita, a atividade física provoca a liberação de substâncias químicas que causam uma descarga de energia. Mas perceba que há um limite para quanto você pode recarregar as energias apenas com alimentação, sono e exercícios. Coma em excesso ou escolha os alimentos errados, e você se sentirá ainda mais cansado e esgotado. Durma muitas horas e você ficará grogue e letárgico. Exercite-se demais e você mal terá energia para se mexer. E, claro, se você não tiver tempo para dormir, ir à academia ou se alimentar adequadamente, haverá muito menos energia disponível para o seu corpo fazer tudo o que ele precisa fazer.

Porém alimentação, sono e exercícios não são a única maneira de recarregar o sistema – nem são a forma mais eficiente de fazê-lo. Você bebe o seu suco verde, vai à academia, dorme oito horas por noite, e ainda assim se sente cansado e fraco, ou apenas parece que não está funcionando com sua capacidade máxima. Isso porque você não está gerando energia suficiente para reabastecer todo o sistema, que também inclui sua *mente*.

Bateria mental

Não é apenas o corpo que necessita de energia para funcionar de forma ideal. Sua mente também precisa de energia para abastecer sua atividade constante. As atividades que a mente realiza diariamente são ainda mais numerosas que as do corpo. Qualquer pensamento exige energia. Perceber, estar alerta e consciente, formular ideias, tomar decisões ou fazer julgamentos, criar estratégias ou analisar, lembrar informações – tudo isso é atividade elétrica que requer uma quantidade incrível de combustível. Todos nós sabemos como as nossas funções cognitivas falham quando estamos cansados. Se a nossa energia vital está baixa ou não está disponível, a mente para de funcionar corretamente.

*Uma mente ocupada é a maior consumidora de energia vital.
É uma máquina monstruosa que consome combustível
como se não houvesse amanhã.*

Quando estiver se sentindo cansado e fraco, pergunte a si mesmo qual *parte* de você está cansada. Em 99% do tempo, é a mente que está exausta, não o corpo. Utilizamos o sistema corpo-mente durante o dia, e reabastecemos o corpo com alimentação, sono e exercício, mas isso não é suficiente para recarregar a mente. Quase nunca temos um intervalo da atividade mental. Mesmo enquanto estamos dormindo, a mente continua ativa, repassando as preocupações e ansiedades do dia.

Uma mente ocupada é a maior consumidora de energia vital. Na Parte 2, vamos ver em profundidade como uma mente descontrolada drena nossa energia. Por enquanto, é suficiente destacar que esse computador que chamamos de "mente" funciona constantemente e, como qualquer outro computador, precisa de uma bateria. James Kozloski, um conhecido neurocientista da computação, afirma: "O cérebro consome uma quantidade enorme de energia fazendo nada." Se isso vale para todos os cérebros, imagine *quanta* energia é consumida por um cérebro tomado por dúvidas, julgamentos, frustrações e ruminações incessantes. Seu cérebro consome mais combustível do que todas as outras partes do seu complexo corpo-mente combinadas. Ele está envolvido o tempo todo em pensar, pensar, pensar, planejar, planejar, planejar, se preocupar, se preocupar, se preocupar. Ele não cala a boca. Você não consegue fazê-lo parar de pensar, não importa o que faça. A mente está funcionando, mesmo quando não tem razão nenhuma para isso. Ela é uma máquina monstruosa que consome combustível como se não houvesse amanhã, e precisa ser conectada diariamente, ou pelo menos regularmente, a uma fonte de energia. Quanto mais esgotado você se sente, mais urgente é cuidar do que está acontecendo dentro da sua própria cabeça. Essa é uma diferença entre estar vivo e andar por aí como se estivesse adormecido na vida.

Como a sua mente funciona quando você está exausto? Uma das primeiras coisas que acontecem é que sua percepção se torna negativa. Depois seus pensamentos se tornam negativos. Com o tempo, suas crenças sobre você mesmo e os outros se tornam negativas. Sua mente entra no modo estresse. Você se torna menos fluido e adaptável, menos disposto, mais rabugento e muitas vezes mais intransigente, fixo e rígido em suas opiniões. Quanto mais baixa estiver a sua energia mental, menos espaço você terá para o inesperado e mais desejará que as coisas sejam confortavelmente previsíveis. Você precisa que as coisas sejam "do seu jeito". Você reage em vez de responder às situações. Sua disposição para mudar de ideia e colaborar diminui drasticamente.

Desafiar suas próprias suposições e crenças, olhar para as coisas de uma nova perspectiva, *responder* em vez de *reagir* às situações: tudo isso requer espaço mental, algum espaço vazio na mente. E espaço mental é apenas outra maneira de dizer "energia disponível". Se está totalmente recarregado, você fica mais paciente, disposto, ágil, cooperativo e disponível para mudar de ideia e abordar as situações da forma que elas exigem. Sua mente se torna mais "razoável". Se você não está totalmente recarregado, sua mente fica presa nas formas antigas de fazer as coisas. É então que você acaba fazendo terapia ou coaching, gastando um monte de tempo, dinheiro e energia para tentar mudar o seu ponto de vista teimoso.

Uma mente esgotada tem pouco espaço para se expandir e permitir que o novo consiga entrar. É como quando o disco rígido do computador está cheio e ele fica lento, imprevisível e propenso a travar. Você se distancia cada vez mais da consciência do momento presente, do estado de "fluxo" – o estado mental mais poderoso que existe. Presença, consciência, atenção plena, fluxo: todas essas qualidades são o resultado de uma força vital elevada no nível mental. Como com os computadores, quando as nossas baterias estão carregadas, percebemos que há menos falatório na mente sem precisarmos "tentar" estar atentos ou presentes. Naturalmente e sem esforço, desligamos a mente pensante e ativamos o poder mais profundo da consciência, da intuição, da percepção e da clareza.

Se você quer que a sua mente não apenas sobreviva ao dia, mas alcance um estado de desempenho máximo, alimentar-se de forma saudável, fazer exercícios e dormir bem pode não ser suficiente. Se você quer estar totalmente focado, alerta, atento e eficiente, precisará de um suprimento estável e contínuo de combustível para o cérebro. Além disso, você precisará identificar o que está consumindo toda a energia da sua bateria mental. É importante ver quais programas estão sendo executados e quais arquivos estão abertos no pano de fundo da sua mente, embora você não precise deles no momento. E depois é preciso aprender como fechar esses arquivos desnecessários que estão consumindo a sua energia.

O principal é se lembrar disto: é a sua mente, mais do que qualquer outra coisa, que determina a sua qualidade de vida. E é a sua energia que determina o estado da sua mente. Essa conexão entre mente, energia e qualidade de vida é um dos segredos mais importantes da tradição védica, mas um dos menos compreendidos. É, sem dúvida, a chave mais importante para prosperar na vida. É por isso que vamos falar muito sobre a mente neste livro. Se você quer aumentar sua energia ou melhorar sua força e sua positividade, o primeiro lugar a olhar é a sua própria mente.

Bateria emocional

Em qualquer dia, em qualquer situação, você está vivenciando uma ampla gama de emoções – tanto positivas quanto negativas. Você pode não ter parado para pensar sobre isso, mas, para sentir essas emoções, também precisamos de muita energia. Ter, expressar ou experimentar qualquer emoção (sim, até as positivas!) consome a nossa bateria. E adivinha só? As emoções negativas – como você provavelmente já sentiu em muitas ocasiões – exigem e consomem uma quantidade *enorme* de energia vital. Quanto mais intensa a emoção, mais energia é necessária para se mover por ela e sair dela. É por isso que você se sente tão cansado, desmotivado e paralisado quando está deprimido, triste ou ansioso. Toda a sua energia está sendo direcionada para a tarefa de processar e "lidar" com essa emoção.

Mas suas emoções não são responsáveis apenas por consumir suas reservas. Elas também podem gerar e aumentar sua energia. Emoções positivas nos proporcionam uma explosão de vitalidade na forma de entusiasmo, alegria, gratidão, amor, contentamento e animação. Porém, para experimentá-las, precisamos já dispor de certo nível de energia. É difícil se sentir feliz, grato ou animado quando você está exausto, não é? Para rir, viver e amar é necessário ter alguma energia. Se nossas reservas estiverem baixas, a coisa mais linda passa despercebida e o presente mais incrível pode não ser devidamente apreciado. Sem energia suficiente, você simplesmente existe em vez de estar realmente vivo – *estar vivo* significa ser capaz de experimentar toda a gama humana de habilidades, sentimentos e emoções. Amor, alegria, felicidade, gratidão, apreciar e estar presente em tudo que você faz: tudo isso exige energia. Quando tem energia suficiente para conseguir vivenciar essas emoções, você também pode desfrutar do aumento de energia que essas emoções trazem. É um círculo virtuoso.

Precisamos de uma bateria totalmente carregada para atravessar todas as emoções da vida sem ficar presos a elas. Aprenderemos na Parte 2 como as emoções causam estragos em nossos níveis de energia e como um baixo nível de energia nos deixa ainda mais presos nas emoções que não nos servem, às vezes por anos. Quanto mais presos ficamos em nossas emoções negativas, maior será o vazamento de energia e maior a tensão em todo o sistema.

Bateria espiritual

Nós também precisamos de energia para funcionar no nível espiritual. Eu não estou falando de religião, mas de se sentir conectado com o todo, de ter um senso de realização, significado e propósito em sua vida. Estou falando de não viver apenas no piloto automático. Para muitos de nós, os melhores momentos são aqueles em que nos sentimos realmente conectados à vida e às pessoas ao nosso redor. Essa conexão e essa interconexão são o que eu estou chamando de "espiritualidade".

Quando estamos sem energia, percebemos que até as pessoas que mais amamos e as coisas que mais nos interessam parecem um fardo. Nós nos deixamos levar pelas exigências e ocupações da vida, colocamos todo o nosso foco no aspecto físico e material, e rapidamente começamos a não valorizar o que realmente importa. É preciso ter energia para encontrar significado ou propósito em qualquer coisa que façamos. Quando *vivenciamos* um momento de conexão e significado, ele traz uma enorme explosão de energia, o que nos deixa ainda mais satisfeitos e conectados. Esse é mais um círculo virtuoso!

Bateria criativa e sexual

Sua energia criativa – que inclui sua energia sexual e vai além dela – é a paixão na sua vida. Para criar e inovar você precisa de muita energia, e quando suas reservas estão baixas a paixão e a inspiração diminuem. Você fica mais "dentro da caixa". É necessário mais do que um mínimo de energia em nosso sistema para podermos apreciar música, arte, literatura, teatro e cinema – quanto mais criá-los. Não importa quão criativo ou talentoso você seja; se sua bateria cair para 10% ou 20%, a fonte de inspiração vai secar. Sua atividade criativa pode ser sexo, arte, música, inovação tecnológica ou pensamento criativo, mas, em todos os casos, um baixo nível de energia significa que a originalidade, o entusiasmo e os momentos de inovação se tornam raros.

Na verdade, você já precisa de certa quantidade de energia apenas para reconhecer e expressar sua sexualidade. Se estiver cansado, não importa quanto queira fazer sexo ou quão atraído esteja pela pessoa à sua frente, você vai se pegar dizendo: "Hoje não, meu bem."

> *Enquanto está lendo isto, há uma boa chance de que seu sistema de energia esteja quase zerado e de que isso esteja impactando todo o resto da sua vida.*

Como você pode ver, o seu complexo corpo-mente é essencialmente, em todos os níveis, uma bateria recarregável. As pessoas mais felizes e bem-sucedidas têm a energia mais abundante para a vida – e a energia mais abundante *da* vida. Elas sabem como conservar e recarregar as próprias baterias. Nikola Tesla dizia que tudo é energia, frequência e vibração – acesse essa força vital e você pode mudar tudo. Não é apenas a forma como carros e computadores funcionam: é a forma como *você* funciona. Talvez você nunca tenha aprendido a recarregar suas baterias além das noções básicas de alimentação e sono. Isso é tudo o que a maioria de nós sabe, mas, como vamos ver, há maneiras muito mais fáceis e mais poderosas de fazer isso.

Com a bateria acabando

Enquanto está lendo isto, há uma boa chance de que seu sistema de energia esteja quase zerado e de que isso esteja impactando todo o resto da sua vida. Quando você está exausto, cansado, estressado, impaciente, letárgico, desmotivado, distraído ou esgotado, o seu cérebro está lhe enviando uma mensagem clara: VOCÊ ESTÁ SEM COMBUSTÍVEL! Os níveis de sua bateria estão perigosamente baixos.

Algo que observei nos últimos 30 anos em meu trabalho é que a maioria das pessoas passa a maior parte da vida vivendo num estado de crise energética pessoal. Estamos o tempo todo em modo de sobrevivência, praticamente sem combustível para chegar ao fim do dia. É como esperar que seu celular dure mais oito horas quando sua bateria está com 10% e não há um carregador por perto. Você pode viver assim por algum tempo, mas acabará esgotado. Além disso, ainda acrescentamos cafeína, estimulantes e adrenalina a esse sistema exaurido para nos manter funcionando. Isso pode até parecer energia de verdade, mas, a longo prazo, apenas contribui para esgotar ainda mais nossas reservas internas de energia. Em pouco tempo, esse sistema entrará em colapso.

Seus níveis de energia têm um efeito profundo na maneira como você pensa, se sente e age, o que, por sua vez, afeta a maneira como você lida com as circunstâncias e leva a vida. Tudo que fazemos está infundido de energia, e o estado da nossa vida será o reflexo do nosso nível energético. Se você está vivo e vibrante, então a sua vida, seus relacionamentos e seu trabalho serão dinâmicos, radiantes e emocionantes. Mas se está letárgico e esgotado, a vida se torna morna. Se alguém me perguntasse qual foi a lição mais preciosa que aprendi ao longo dos anos, eu diria que na área da sua vida em que você não está prosperando sempre há uma falta de energia... sempre.

Houve um tempo na sua vida em que você tinha tanta energia que não sabia o que fazer com ela. Se observar qualquer criança, você se lembrará de quanta energia e vitalidade tinha quando era jovem. Dê uma olhada no rosto de uma criança: ela está cheia de encantamento. Você pode ver isso nos olhos, no sorriso, na risada contagiante das crianças. Pode sentir isso no vigor de seus movimentos. Você sabe por experiência própria que a quantidade de energia vital que uma criança tem – a quantidade de energia que VOCÊ já teve – é muito maior do que a de qualquer adulto. Uma criança tem força suficiente para deixar todos os adultos da família no chinelo. Você pode ouvir o poder dessa energia inata no simples balbuciar de um bebê que preenche um quarto inteiro. O grito de uma criancinha é suficientemente poderoso para colocar a casa abaixo! Imagine o que você poderia fazer na sua vida com esse tipo de poder bruto.

Os bebês mal comem mais do que purê de cenoura e leite, e eles certamente não dão 10 mil passos por dia. Eles não tomam drogas estimulantes, shakes de proteína, Red Bull ou café... Apenas descansam bastante e têm esse poder chamado "energia primordial" ou força vital em abundância.

Antigamente, todos nós também tínhamos. Você não precisa de um cientista para lhe provar isso, pois sabe muito bem do que estou falando, porque já experimentou isso.

Você nasceu com todas as qualidades necessárias para ser super bem-sucedido em todos os aspectos da sua vida. Você chegou a este mundo cheio de alegria, entusiasmo, confiança, resiliência, agilidade, positividade, amor, aceitação, poder, energia, atenção, consciência, determinação e muito mais. Você tinha mais vitalidade e energia do que massa corporal. É uma grande ironia que tenhamos construído um mercado multibilionário de autoajuda, espiritualidade, terapia e desenvolvimento de liderança, repleto de ferramentas, livros, workshops e cursos sobre como cultivar as qualidades com as quais nascemos. Tudo isso pode ser reduzido a um simples segredo: força vital. Aprenda a explorar o poder inato da vida dentro de você e você estará com a vida ganha.

A mente de uma criança nos mostra como é estar num estado de energia vital elevada no nível mental. Lembre-se de quando você era pequeno. Qualquer criança em seu estado natural é cheia de energia. (É claro que crianças que são forçadas a suportar experiências extremas de trauma ou negligência frequentemente acabam com um conjunto muito diferente de condições que restringem essa vitalidade natural muito cedo na vida. Mas estamos falando aqui do estado natural de ser com que toda criança, sem exceção, vem ao mundo.) Quando era jovem e cheio de energia, você tinha muito mais agilidade mental e resiliência. Era capaz de fazer uma grande besteira e segundos depois seguir em frente. Sua mente estava cheia não de medos e arrependimentos, mas de uma sensação de liberdade, expansividade e positividade que devia ser exponencialmente maior do que a que experimenta hoje, na vida adulta. Você não ficava ruminando o dia de ontem nem se preocupando com o de amanhã; você vivia o momento presente. Sua mente era descontraída, livre. Mesmo quando ficava triste ou com raiva, conseguia deixar de lado esses sentimentos após um momento. Você era cheio de amor e positividade, repleto de criatividade e entusiasmo. Não duvidava de si mesmo nem tinha medo de fracassar ou de ser rejeitado. Seu estado natural era de confiança, alegria e maravilhamento. Esse estado mental – da mente da criança, ou o que poderíamos chamar de "mente de iniciante" – é um subproduto direto da força vital elevada. O oposto também é verdadeiro: um sistema vibrante e totalmente carregado é o resultado natural de uma mente que está focada no momento presente.

> *É uma grande ironia que tenhamos construído um mercado multibilionário de autoajuda, espiritualidade, terapia e desenvolvimento de liderança, repleto de ferramentas, livros, workshops e cursos sobre como cultivar as qualidades com as quais nascemos.*

As qualidades da mente de uma criança, de uma mente energizada, são vida, vigor, positividade, confiança, alegria, consciência, resiliência. Sentir--se cansado, deprimido, irritado, inseguro, medroso e impotente são apenas maneiras diferentes de dizer "esgotado de energia". A intensidade da emoção indica o nível de energia ou a falta dela. A depressão clínica indica uma bateria totalmente descarregada, enquanto sentir-se loucamente apaixonado indica uma bateria totalmente carregada. Entre esses dois extremos está o *"Tudo bem. Tudo indo."* Existe uma clara ligação entre o seu nível de energia e a sua capacidade de atrair e criar a vida que você deseja para si mesmo. Os desafios da vida são superados quando a mente é adaptativa e resiliente – o que está diretamente relacionado ao seu nível de energia. Você é resiliente quando há energia. Quando não há, você fica paralisado.

Então o que aconteceu com esse seu poder inato? Para onde ele foi? Essa é uma pergunta um pouco capciosa, porque a verdade é que você está cercado por ele em todos os momentos; você está nadando num oceano de energia vital inata. Isso nunca foi tirado de você. As reservas dessa energia foram apenas se esgotando com o tempo, por razões que discutiremos mais adiante, mas isso não significa que você não possa se reabastecer novamente e alcançar a sua capacidade total. A energia vital é um recurso renovável – você só precisa aprender a se conectar a ela, reabastecê-la e não deixá-la esgotar-se novamente.

Se a comprovação científica é importante para você, não se preocupe. Começaremos a explorar isso nos próximos capítulos. Por enquanto, quero que comece a dedicar algum tempo a observar ativamente o que acontece com a sua saúde, sua capacidade de estar focado e presente, seu desempenho no trabalho e a qualidade de seus relacionamentos quando você está num estado de energia elevada em comparação com situações em que suas reservas estão baixas. Isso é importante. A sua própria experiência funcionará como um guia confiável à medida que você for explorando níveis mais profundos da sua própria força vital inata.

Acessando a fonte

Para realmente recarregar nosso complexo corpo-mente e, por extensão, a nossa própria vida, precisamos nos conectar com uma fonte ilimitada de energia, aquela que é maior do que qualquer suplemento ou regime de exercícios. Estamos flutuando a todo momento num campo desse poder chamado "força de vida", força vital, *Shakti* – algo em que poderíamos pensar como "energia primordial". É um campo, uma força de positividade em si mesma. Nós simplesmente não sabemos como acessá-la nem descobrimos o que a drena. Se encontrássemos essas respostas, então o que quer que fizéssemos poderíamos fazer melhor, com mais força e mais rápido. Não faríamos apenas o que temos que fazer, mas também tudo o que *queremos* fazer.

Essa fonte inata de energia, a positividade com a qual já nascemos, está dentro de nós e ao nosso redor. Existem maneiras simples de acessá-la. É aqui que a antiga tradição védica da Índia e seus milhares de anos de sabedoria e prática vão agir como o nosso guia. O Ocidente deu ao mundo a eletricidade, a lâmpada, a energia para abastecer as atividades de nosso mundo externo. O Oriente nos ensinou a iluminar nosso mundo interior, nos dando ferramentas para ativar e preservar a eletricidade interior.

A antiga tradição védica é o que eu costumo considerar a verdadeira psicologia positiva. Ela nos oferece milhares de ferramentas poderosas para tirarmos proveito de nossa energia vital e, com isso, aprendermos a gerenciar a mente, as emoções e o espírito.

Neste livro, examinaremos três metodologias poderosas para acessar diretamente o poder da energia primordial, da inteligência e da positividade.

1. A respiração e sua conexão com nossos pensamentos e emoções – uma maneira de reduzir o estresse naturalmente e cultivar um dinamismo na vida, com uma mente calma, presente e alegre.

2. A "meditação sem esforço" e seu impacto em nos libertar de traumas e velhos padrões de pensamento – para nos ajudar a viver num estado de positividade, clareza e energia elevada.

3. Mudanças de mentalidade – para tomarmos consciência de como estamos levando a vida e começarmos a reprogramar a mente.

Veremos como essas três metodologias não apenas nos trazem energia, mas também se tornam a plataforma a partir da qual cocriamos a visão, os sonhos e a vida que queremos.

O Ocidente deu ao mundo a eletricidade, a lâmpada, a energia para abastecer as atividades de nosso mundo externo. O Oriente nos ensinou a iluminar nosso mundo interior.

Por favor, lembre-se de que o trabalho que estamos fazendo aqui não é de autoaperfeiçoamento, mas de autorrealização. As pessoas muitas vezes cometem o erro de classificar meu trabalho como autoajuda, o que não é verdadeiro. Todo o conceito da autoajuda sugere que há algo a ser consertado, que há algo de errado em sermos do jeito que somos. Eu acredito – e a tradição védica ensina – que não nascemos defeituosos. Nascemos completos: potentes, conectados, alegres, vibrantes e criativos. A positividade é nossa essência, e isso nunca nos abandona. À medida que seguimos em nossa jornada em direção à vida adulta, os desafios, as perdas e os contratempos foram drenando nossa energia e acabaram lançando um véu sobre a perfeição de quem realmente somos. Quanto mais exaustos ficamos, mais nos afastamos do nosso centro e do poder com o qual nascemos. Mas esse véu apenas recobre essa verdade – e pode ser removido.

Eu gostaria que você apenas considerasse a ideia de já ter nascido com as mesmas qualidades que deseja possuir. Esta é a grande piada cósmica: passamos a vida inteira nos esforçando e encontrando formas de nos "consertar" e aperfeiçoar, apenas para descobrir que o tempo todo já tínhamos o que estamos buscando. O que não percebemos é que essa energia primordial é a maneira de reinicializar todo o nosso sistema. Quando fazemos isso, conseguimos retomar com facilidade, naturalmente e sem esforço as qualidades que tínhamos quando crianças – essas mesmas qualidades de que tanto precisamos para navegar através do caos e dos desafios da vida.

O objetivo da autoajuda e de todas as técnicas espirituais é levá-lo de volta àquele lugar, de volta àquelas qualidades. Eu acredito que a melhor resposta está em potencializar a energia vital com a qual você já nasceu. Isso é tudo que você precisa fazer! Então a energia se dirige naturalmente para as áreas em que ela é necessária e se manifesta nas coisas que você quer cultivar em si mesmo e criar em sua vida. É um processo muito natural e orgânico – e é por isso que você me ouvirá tantas vezes usando a expressão "sem esforço". Neste livro você aprenderá a se conectar com essa energia, acessá-la e aproveitá-la para se desapegar de tudo que o limita. Até se agarrar às coisas consome energia! A única diferença é que, quando faz isso, você usa a energia contra si mesmo em vez de canalizá-la de maneira construtiva. É preciso muita energia para hesitar, para se conter, para resistir e evitar. Essa mesma energia poderia ser usada para impulsioná-lo para a frente.

Para sonhar grande, você precisa de muita energia. Para viver uma vida grandiosa, você precisa de muita energia. Esta é a via sem esforço para transformar qualquer aspecto da sua vida. É o caminho mais fácil. Conecte-se à fonte e cocrie a vida que você quer e merece.

CAPÍTULO 2

Além da crença

Quando comecei a explorar essa ideia de energia em 1989, foi completamente por acaso. Não era algo que eu estava procurando. Nessa época eu não tinha interesse algum em espiritualidade, consciência ou gurus indianos. Como você sabe, eu era uma advogada pragmática totalmente racional (nada menos que uma procuradora federal), e isso significava que toda a minha vida, todo o meu modo de pensar estavam relacionados a fatos, evidências, conquistas e sucesso. Eu só acreditava no que podia ver ou tocar, e certamente não tinha tempo a perder com teorias vazias sem relevância para minha vida. Na minha cabeça, todo esse papo Nova Era de "amor e luz", de unidade e elevação da consciência, não servia para a vida real. Para mim essa coisa tocante e emotiva era ridícula, assim como as pessoas que acreditavam nisso.

As pessoas pensam que todos na Índia meditam, praticam yoga e são muito espiritualizados. Eu lamento acabar com as suas fantasias, mas isso não é verdade. Na Índia moderna, o yoga e a meditação são frequentemente considerados algo do Velho Mundo, e muitas pessoas tendem a combatê-los. Esses ensinamentos são vistos como a maneira antiquada de fazer as coisas. O yoga só voltou à moda na Índia depois de se tornar popular no Ocidente! Então, como a maioria dos indianos que eu conheço, sempre desprezei todas essas coisas espirituais.

Eu nunca teria ido à palestra de Sri Sri se a mão do universo não tivesse intervindo para me empurrar para lá. Meu pai tinha acabado de me telefonar com outra proposta de casamento quando vi uma revista com páginas enrugadas e manchadas de café jogada no chão. Eu estava pegando-a para jogá-la no lixo quando vi um pequeno anúncio de um evento com Ravi Shankar, mestre védico. Pensando que fosse o famoso músico, tocador de cítara, liguei para os organizadores e reservei um lugar. Eu ainda não me sentia completamente em casa em Los Angeles, então esperava poder conhecer algumas pessoas nesse suposto concerto de cítara e me conectar com outros membros da comunidade indiana. Imaginei que se conhecesse algum indiano sozinha, meus pais ficariam satisfeitos.

Eu não tinha ideia do que significava "védico" quando li o anúncio. Pensei que fosse um tipo de música clássica. Quando vi as palavras "mestre iluminado", achei que fosse apenas uma maneira elegante de dizer que ele era um especialista. Porém, assim que entrei no local, senti que havia algo errado. Não parecia nenhum show de música em que eu já estivera. Não havia caixas de som ou microfones no palco, apenas uma cadeira dobrável e um vaso de flores. A plateia estava cheia de pessoas usando colares de contas, saias esvoaçantes e calças de linho – não roupas "normais" – flutuando para lá e para cá, como se não se importassem com nada e insistindo em dar abraços indesejados. *Uau,* pensei comigo mesma, *estes são todos os fãs que restam desse músico famoso? Apenas um bando de hippies que curte música oriental?* Quando Sri Sri finalmente entrou no palco e se sentou na cadeira ao lado das flores, já era tarde demais para sair. E eu estava curiosa. Só isso. Como eu já tinha ido até lá, pago o estacionamento, entrado no prédio e me sentado, decidi ficar.

Eu não tinha ideia do que significava "védico" quando li o anúncio. Pensei que fosse um tipo de música clássica.

Iluminado ou não, não fiquei nem um pouco impressionada com esse tal mestre. Em retrospectiva, foi o nível de quietude e paz que irradiava de sua presença, sua energia e sua voz que me deixaram desconfortável a princípio. Eu não conseguia entender o que estava acontecendo. Nunca havia encontrado tamanha profundidade de silêncio e gentileza. É engraçado como somos condicionados a associar valor e sucesso com trabalho duro, esforço e autoridade. Sri Sri não era assertivo, ambicioso nem esforçado, mas era claro, firme e presente.

Passei a maior parte da palestra revirando os olhos e criticando em silêncio tudo que ele estava dizendo. *Se as ideias dele são tão maravilhosas*, perguntei a mim mesma, *então por que ele não está ensinando na Índia? Tem 1 bilhão de pessoas por lá que também precisam de ajuda. Aposto que ele é um charlatão. Isso tudo é conversa fiada...* E assim por diante. As ideias pareciam piegas e sentimentais, e as pessoas no público, assentindo com entusiasmo, eram ridículas pelos meus padrões – certamente não o tipo de pessoa a que eu aspirava ser ou que queria ter por perto. Eu não conseguia parar de pensar: *Estas pessoas precisam arrumar o que fazer.*

À medida que a palestra ia se desenrolando, meu diálogo interior ia ficando mais alto. *O que é isso? Talvez sirva para a igreja de domingo, mas não tem nada a ver com a minha vida.* Eu realmente pensei que era tudo uma grande bobagem. Aquela filosofia esotérica de conto de fadas parecia pertencer a algum lugar nas nuvens, longe da vida real aqui embaixo, no planeta Terra. Eu não era capaz de conectar nada do que ele dizia à minha própria vida em Santa Monica e no escritório da procuradoria, onde eu precisava lidar com criminosos e lutar por sentenças de prisão todos os dias. Enquanto Sri Sri falava da natureza da mente, de como nossa mentalidade inflexível e limitada nos impede de experimentar o fluxo da vida, por dentro eu estava rabugenta e contestadora. Eu não queria julgar ninguém, mas é que nunca havia sido exposta à ideia de que minha mente, minhas emoções e minha própria paisagem interior eram a força motriz da minha vida. Então eu não aceitava nada disso.

Você precisa entender que, naquele momento da vida, trabalhando no ambiente incrivelmente combativo do escritório da procuradoria, eu passava meus dias brigando no tribunal. Eu aprendera a sempre questionar os motivos ocultos das pessoas e a sempre desconfiar de tudo para ter certeza de que ninguém estava me enganando. Eu lidava diariamente com crimes violentos, tráfico de drogas e assassinato, com testemunhas que cada hora diziam uma coisa diferente. Desligar meu cérebro cético simplesmente não era uma opção para mim. Na verdade, nunca me ocorreu que você pudesse desligar a agitação da mente – embora eu estivesse prestes a experimentar isso em primeira mão nos dias que estavam por vir.

Apesar do ruído em minha cabeça durante a palestra, eu voltei e me inscrevi em um curso de fim de semana. Previsivelmente, o guru percebeu a minha energia hostil. Ao final do curso, ele olhou diretamente para mim, inclinou-se para a frente na cadeira e disse algo que eu nunca esqueceria: "Olhe, você tem feito as coisas do seu jeito a vida toda. Se isso está funcionando para você, ótimo. Porém, se estivesse funcionando, você não estaria aqui agora. Se algo não está funcionando, você precisa mudar isso, não é? Por que você não experimenta isso em casa por 40 dias e deixa sua experiência lhe dizer se está funcionando ou não? Se não funcionar, você deixa para lá. Se funcionar, continue e veja o que isso pode fazer pela sua vida."

Isso me pareceu um bom negócio. Como advogada, eu sabia o valor das evidências. Eu me dei conta de que era adulta, que me considerava uma pensadora independente e que deveria ser capaz de tomar minhas próprias decisões com base em minha própria experiência. Usando essa lógica, decidi aceitar o desafio de Sri Sri e usar as ferramentas do curso por 40 dias. No final, nem precisei esperar todo esse tempo para ver a diferença. Depois daquele primeiro fim de semana, fui para o escritório na segunda-feira e de repente me vi operando num estado completo daquilo que é frequentemente chamado de *fluxo*. Todo aquele ruído extra na minha cabeça, que sempre esteve lá, a estática habitual de preocupações, ansiedades e julgamentos, havia desaparecido quase completamente. De alguma forma, tudo estava fluindo por mim. Eu não estava mais pressionando, forçando e tentando controlar as coisas. E ainda era segunda-feira!

Tudo parecia diferente de alguma maneira. Eu estava mais alegre e cheia de energia. Eu conseguia fazer mais em menos tempo. *Isso é loucura,* pensei. *O que esse curso fez comigo?* Comecei a trabalhar com menos esforço, de forma mais inteligente e mais rápida. À medida que a resistência da mente e as minhas crenças limitantes se dissipavam, passei a me mover de acordo com o fluxo da vida, e as coisas começaram a surgir para mim. Quanto mais eu abraçava esse fluxo, mais ele parecia chegar à minha vida, como que puxado por um ímã: oportunidades, novas colaborações, sincronicidades, ajuda vinda de fontes inesperadas. Até consegui uma oferta de trabalho em um escritório de advocacia com um salário de 250 mil dólares e a perspectiva de ser sócia em dois anos. E não tive que iniciar nada disso – tudo surgiu por si só. As pessoas certas apareceram na hora certa. Quando eu precisava de alguma coisa, a ajuda estava lá. Não era nada que eu já tivesse experimentado.

Quase 30 anos depois, eu gostaria de dizer a você o mesmo que Sri Sri me disse: *apenas experimente*. Explore um jeito diferente de ver e de ser e um conjunto de práticas que podem ajudá-lo a chegar lá. Não precisam ser 40 dias se não quiser, embora eu recomende. Basta experimentar as ideias e práticas deste livro durante o tempo em que estiver lendo. Esteja aberto. Deixe de lado suas crenças por enquanto e brinque um pouco com uma maneira mais ampla de ver a si mesmo e o mundo. Você realmente tem alguma coisa a perder? O tempo que você "perder" fazendo as práticas será compensado dez vezes pela energia que vai ganhar. Meu conselho é que você mantenha um olhar científico sobre isso, realize um experimento em si mesmo e veja o que acontece. Afinal, isto é a verdadeira ciência: "tirar a prova dos nove".

Por favor, questione tudo que encontrar nestas páginas! Seja curioso. Seja esperto, e por "esperto" quero dizer: deixe a sua experiência falar por si mesma. Você encontrará as respostas sozinho, testando estas ideias e ferramentas e aplicando-as em sua própria vida. Você vai notar as coisas mudarem em um curto espaço de tempo. Você começará a sentir isso em instantes e verá os resultados em questão de dias. Este é o verdadeiro poder destas ideias e técnicas: elas são capazes de transformar quase que instantaneamente a maneira como você percebe o mundo à sua volta. É por isso que elas resistiram ao teste do tempo por milhares de anos. Não se trata de misticismo, mas de uma filosofia muito prática para alcançar e viver o seu pleno potencial.

Por favor, questione tudo que encontrar nestas páginas! Seja curioso. Você encontrará as respostas sozinho.

Apenas por enquanto, explore a ideia de que vivemos num mundo de energia, inteligência e possibilidades ilimitadas. Eu também lhe peço que considere a ideia de que tudo isso está ao seu alcance, dentro de você. Mais uma vez, não estou pedindo que acredite no que estou dizendo, mas que veja por si mesmo. *Crença* é aceitar alguma coisa sem prova, algo que vai contra tudo que aprendi na vida. A prova baseada no que os outros dizem também não é suficiente. Ideias que hoje são comprovadas são frequentemente refutadas amanhã. A melhor prova é sua própria experiência, a busca dentro de você. Deixe que isso seja o seu guia para explorar o poder da energia em sua vida.

Para encontrar esse algo a mais que pode estar faltando em sua vida, talvez você precise colocar a sua descrença de lado, arregaçar as mangas e embarcar nesta viagem. Se quer uma vida que está além do que está vivendo agora, você precisa fazer coisas que nunca fez. Isso significa estar disposto a ser um iniciante, tentar algo novo e abordar isso com a mente aberta. Digo isso a você como uma companheira de viagem na jornada da vida e como uma professora que viu pessoalmente centenas de milhares de vidas transformadas por essas tecnologias antigas e pela sabedoria e as técnicas deste livro.

O poder que está dentro de você e ao seu redor

Vamos dar uma olhada mais de perto no que a tradição védica tem a dizer sobre essa energia ilimitada da qual estamos falando, essa energia que se manifesta nas muitas formas que discutimos no último capítulo.

No vedanta, a força ou energia vital é às vezes chamada de *Shakti* ou, quando corporificada, de *prana*. Nas tradições do yoga, *Shakti* é a força criativa original da qual todas as coisas surgem (por esse motivo, também é chamada de "energia primordial"). É o poder cósmico originário que move tudo no universo, o princípio invisível que governa todas as coisas. Ele não pode ser visto, mas controla todos os aspectos da vida. Essa energia está ao nosso redor e também dentro de nós. É essa fonte que proporciona energia para nossa bateria física, mental, emocional, espiritual, sexual e criativa.

Shakti não é uma força mecânica impessoal, inanimada, nem é um tipo de deus a ser adorado. Ela é inteligente e consciente, mas também amorosa e acolhedora. *Shakti* é o princípio feminino do mundo que percebemos pelos nossos sentidos. Explicarei um pouco mais adiante o que quero dizer com "princípio feminino", mas o importante agora é saber que *essa é uma força que você pode invocar e com a qual pode se conectar e se relacionar*. É uma força que você pode acessar para potencializar a sua vida. O que estamos buscando aqui é a liberação dessa potente energia criativa feminina dentro de nós – para que possamos estar totalmente vigorosos e vivos. Mantenha a mente aberta. Estamos traçando um novo caminho baseado numa sabedoria atemporal e em ferramentas místicas milenares – e esse caminho nos levará fundo ao desconhecido.

Ao se relacionar com essa energia, ela move, abastece e serve você. É um poder extremamente amoroso e acolhedor. É curativo e regenerativo. Você pode não acreditar nessa força vital ou em qualquer tipo de consciência universal, mas tenho certeza de que está ciente das muitas discussões na comunidade científica sobre energia e consciência, sobre a natureza da nossa realidade quântica. Filósofos e místicos vêm discutindo essa questão há séculos e, hoje, neurocientistas e físicos estão se juntando à conversa. Se a linguagem da espiritualidade não funciona para você, não fique preso a ela. Saiba que mentes brilhantes como Albert Einstein, Nikola Tesla e Max Planck se envolveram em discussões e experiências intermináveis sobre a natureza dessa força vital misteriosa – a substância que é a base de toda a realidade – e o campo de inteligência que nos cerca. Eles sabiam que nos movemos por esse campo dinâmico e interconectado de energia como peixes na água, mesmo que ainda não pudessem prová-lo. Por enquanto, basta dizer que só porque você não consegue ver essa energia ou "prová-la" cientificamente, isso não significa que ela não existe. Mas também não significa que ela *existe*, então permitiremos que a pergunta permaneça em aberto. No final, sua experiência, seus resultados e seu autoestudo serão a melhor prova para você.

Precisamos descobrir como funciona o nosso próprio sistema energético e como potencializar a energia da vida com a qual nascemos. Sem essa energia, essa máquina que é você não vai sequer funcionar, muito menos alcançar seu máximo desempenho.

Como já discutimos, sem energia somos lentos e letárgicos. Viver lutando com força de vontade para chegar ao fim do dia não é uma solução eficaz ou duradoura. Precisamos descobrir como funciona o nosso próprio sistema energético e como potencializar a energia da vida com a qual nascemos. Sem essa energia, essa máquina que é *você* não vai sequer funcionar, muito menos alcançar seu máximo desempenho. Níveis baixos de energia prejudicam a mente, criando a percepção de *eu não consigo* ou é demais *para mim* – e, com isso, resistência. Essa energia vital nos ajuda a ser nosso melhor, mas, ao mesmo tempo, também faz algo muito mais profundo. Acessar a fonte de energia dentro de nós nos permite entrar em contato com o fluxo da vida: o lugar onde toda criação e manifestação acontecem.

A força da vida

> *Toda matéria se origina e existe somente em virtude de uma força. [...] Nós devemos supor, por trás dessa força, a existência de uma Mente consciente e inteligente. Essa Mente é a matriz de toda matéria.*
>
> – MAX PLANCK, físico quântico e vencedor do Prêmio Nobel

Ao longo do livro, usarei os termos energia inata, energia vital, força vital, energia primordial e *Shakti* de forma intercambiável, portanto tenha em mente que todos eles significam a mesma coisa. A tradição védica fala muito sobre o conceito de força vital, mas essa não é uma ideia que existe apenas na Índia. Quase toda cultura tem sua própria linguagem para descrever essa energia universal que anima todas as coisas vivas e nos conecta numa teia dinâmica de vida. Na medicina chinesa, é chamada de *chi*, a energia que dá vida, que está na base do sistema humano e de toda a natureza. Os chineses descreveram *chi* como a força que anima a vida, uma espécie de essência não material que se manifesta em toda matéria. Os gregos antigos conheciam essa energia primordial como *pneuma* (traduzido como "sopro", "espírito" ou "alma"), ou o que o filósofo Zenão chamava de "fogo criativo". O *pneuma* era considerado o princípio ativo que organiza o indivíduo e o cosmos, a força que oferece estrutura à matéria. Até mesmo a cultura pop americana fala sobre essa misteriosa energia da vida: se já viu Star Wars, você a conhece como *a Força*. O mestre Jedi Obi-Wan Kenobi a descreve perfeitamente para Luke Skywalker: "A Força é o que dá poder ao Jedi. É um campo de energia criado por todos os seres vivos. Ela nos envolve e penetra. É o que mantém a galáxia unida."

Sabemos pela física quântica que o tempo todo estamos basicamente nadando num mar de energia. Até mesmo a teoria do Big Bang diz que, no começo, havia energia pura, que explodiu para criar tudo o que existe no universo.

Esse campo de energia que penetra todas as coisas – composto de impulsos elétricos, vibrações e frequências – não é apenas espaço vazio. Ele está repleto de informações. O vedanta diz que existe energia, mas também inteligência. O campo de energia contém uma onisciência que os místicos chamam de "consciência". Às vezes, os mestres védicos chamam isso de "Grande Mente", ou, como disse Planck, uma Mente consciente e inteligente (com M maiúsculo). Essa consciência também é conhecida no vedanta como *Shiva*, o elemento masculino. De acordo com os Vedas, a força unificadora fundamental sobre a qual tudo é construído é esse campo de energia e inteligência. O campo tem um aspecto de energia dinâmica (*Shakti*) e um de pura consciência (*Shiva*), que são os dois lados da mesma moeda: o feminino e o masculino, o visível e o invisível, o manifesto e o não manifesto, o movimento e a imobilidade, a realidade e a potencialidade. A consciência ou inteligência por si só está latente, mas, quando ativada, ela se torna energia. A energia, portanto, pode permanecer num estado sutil, invisível, ou, ao se tornar densa o bastante, pode se converter em matéria. Essa é a versão resumida de como as nossas próprias intenções invisíveis passam de formas-pensamento a realidades materiais manifestas.

Os sábios dizem que esse campo contém em si todas as informações, um registro de tudo que já aconteceu e acontecerá. Para entrar em contato com esse campo de informação ou sabedoria – a fonte de todos os momentos de clareza, intuição, percepções e epifania –, você só precisa sintonizar sua máquina mental na frequência correta. Você precisa se livrar do ruído mental o suficiente para conseguir captar um sinal claro. A mente, como um computador usando uma rede Wi-Fi, precisa de um sinal forte para poder baixar as informações. As ferramentas fornecidas neste livro são usadas há milhares de anos como uma maneira de fazer exatamente isto: limpar os detritos mentais, tirar a estática do sinal e expandir a consciência de forma que a mente possa sintonizar um campo mais amplo de informações. A partir desse espaço de consciência expandida, você poderá fazer o download de toda a potencialidade de quem você é. Só precisa tornar o seu sinal forte para se conectar a ele. Como se faz isso? Potencializando a sua força vital, que naturalmente expande a sua consciência para acessar mais desse campo de informação. Lembre-se, energia e inteligência inata são os dois lados da mesma moeda: aumente sua energia e sua consciência se expandirá junto dela. Expanda sua consciência e você naturalmente elevará seus níveis de energia. Este livro inclui ferramentas para abordar ambos os lados.

O poder do prana

Então onde essa força vital pode ser encontrada nessa máquina de corpo-mente que você chama de "eu"? Ela não está isolada em alguma parte específica do seu cérebro ou corpo – é um campo que envolve e interpenetra o corpo. Ela permeia todas as células de todo o nosso ser. É o substrato de que somos feitos, junto dos cinco elementos terra, água, fogo, ar e espaço. Podemos dizer que é o elemento de vitalidade ou de prosperidade. É a força que ajuda uma flor a crescer da semente à floração total e faz o mesmo por nós – usando as informações codificadas em nosso DNA para nos ajudar a crescer e alcançar nosso pleno potencial.

Energia e inteligência inata são os dois lados da mesma moeda: aumente sua energia e sua consciência se expandirá junto dela. Expanda sua consciência e você naturalmente elevará seus níveis de energia.

Sem energia para trazê-la à vida, a matéria física é inerte, morta. Da mesma forma que a água é um requisito básico da vida, a vida não pode existir na ausência de *Shakti*. No sistema humano, *Shakti* flui numa forma corporificada chamada *prana*, uma palavra em sânscrito que se refere à energia que abastece a mente, o corpo e o espírito. Essa energia, que é o estímulo para todas as funções físicas e cognitivas, determina o estado de funcionamento de todo o organismo. Quando a energia vital está baixa, ficamos cansados e fatigados, nosso humor e nosso foco se deterioram e nosso corpo se torna suscetível a doenças. Quanto mais elevados são os nossos níveis de energia, melhor é o desempenho de todas as nossas faculdades: o corpo se torna mais saudável, a mente e o intelecto tornam-se rápidos e aguçados, o nosso humor melhora, e assim por diante. A energia vital abastece todas as partes da máquina – todas as partes de *você*.

O campo de energia eletromagnética ao redor do corpo é algumas vezes chamado de "biocampo humano", e a energia em si é algumas vezes referida pelos cientistas como bioenergia ou bioplasma. Como já dissemos, nosso biocampo energético individual é parte desse campo de energia maior que nos permeia e nos cerca. Isso é um dado científico no sentido mais completo da palavra. Até mesmo pesquisadores de universidades como Harvard, Princeton e Yale estudaram esse campo de energia e o modo como ele opera em estudos duplo-cego revisados por pares e em ensaios clínicos randomizados. Muitas modalidades alternativas de cura que já foram estudadas cientificamente – da acupuntura ao

Reiki, ao Chi Kung e à terapia sonora – funcionam direcionando e fortalecendo o fluxo de energia vital dentro e ao redor do corpo.

Como dissemos, essa energia assume uma infinita variedade de manifestações em nossas vidas, dependendo do meio pelo qual ela está fluindo e se expressando. Você não consegue vê-la, mas a conhece bem. A força vital pode assumir a forma de energia física: o movimento, aquele "empurrãozinho" que o anima quando você realmente precisa fazer alguma coisa. É o poder que faz as coisas andarem e continuarem a se mover. Num nível mental e emocional, são a paixão e a motivação, o encanto, a garra. É esse entusiasmo extra, especial e indescritível. Nos negócios e no trabalho, ela se manifesta como iniciativa e tomada de riscos, a força que impulsiona a inovação, o crescimento, a evolução, a resiliência e a agilidade. Em outro nível, é a sua energia sexual e criativa mais potente – a força que gera vida, seja na forma de ideias ou de embriões. Num nível espiritual, é essa consciência mais profunda e a conexão com o todo da vida. Quando o fluxo da energia vital é forte e nítido, você experimenta um estado de saúde e harmonia no corpo. Essa vitalidade estimula cada célula do seu ser.

No sistema védico, aproveitar a energia da vida é a chave para o sucesso, para a felicidade, para estar presente e se sentir conectado com o todo. Se você pudesse encontrar uma maneira de engarrafar e vender essa energia, ficaria bilionário. Por quê? Porque ela é essa força extra, esse "algo mais" que todos nós procuramos. É o molho secreto para toda a vida.

Vamos olhar um pouco mais de perto algumas das maneiras pelas quais agir a partir de um lugar de alta energia e potencialidade abastece o sucesso.

O molho secreto

Se você perguntasse ao meu marido, ele provavelmente diria que o molho secreto da vida é a manteiga. Deixando isso de lado, o que eu estou chamando de "molho secreto" é essa qualidade mágica que percebemos nas pessoas que estão cheias de força vital. Sentimos isso imediatamente e somos atraídos, mesmo que não possamos explicar exatamente por quê. Somos atraídos por pessoas que são apaixonadas, dinâmicas, bem-sucedidas, cheias de alegria e confiança – aquelas que são animadas pelo poder da vida em si. Isso está na *vibe* da pessoa. Sentimos isso naquela pessoa que ilumina o recinto quando entra. Podemos ter um vislumbre disso nos olhos ou no sorriso de alguém. Não se trata apenas de sorte ou bons genes; é a energia da vida.

Eu amo como o Tony Robbins é um exemplo do poder dessa força. Ele transborda tanta energia vital que se tornou uma verdadeira força da natureza. Ele tem uma qualidade inegável, maior que a vida, um poder e um magnetismo que o impulsionaram para um sucesso inimaginável. O homem é uma máquina: ele administra um punhado de empresas avaliadas em bilhões de dólares, é coach das pessoas mais bem-sucedidas do mundo e passa alguns meses por ano ministrando oficinas em que fica no palco 12 horas seguidas, orientando milhares de pessoas a alcançar os próprios progressos pessoais... Ele pula, entusiasma, grita, faz as pessoas rirem e chorarem. Ele é indomável, mas onde está seu foco? Não está externalizado. Seu "negócio", o que ele faz para viver, inerente e naturalmente exige que ele volte sua atenção *para dentro*... e, como resultado, ele naturalmente entra em contato e gera grandes quantidades dessa energia inata de que estamos falando. Isso é o que o abastece e a todos em sua plateia por 12 horas a fio. Tony projeta muita energia para o mundo, mas o foco dele é interior, de forma que ele possa agir a partir de um lugar de clareza e força. Ele está mudando os próprios hábitos mentais e inspirando os outros a fazerem o mesmo para criar esse poder interior – algo que ele cultiva deliberadamente. De fato, se você for a um de seus eventos, perceberá que ele realmente usa certos exercícios de respiração derivados das técnicas védicas que discutiremos neste livro como um "intervalo de energia" para manter o público atento.

Uma força vital elevada também se manifesta como liderança e carisma. De dentro para fora, ela potencializa habilidades como autenticidade, sinceridade, compaixão e colaboração, não como um comportamento estratégico e manipulado, mas como uma expressão genuína de quem somos. É o que dá aos líderes a capacidade de inspirar outras pessoas e iniciar um movimento. Se você olhar para grandes figuras históricas como Gandhi, Martin Luther King e Nelson Mandela, verá isso em ação. Há um "algo mais" que aparece quando eles falam, expressando-se em uma certa modulação e um tom de voz. Com uma pequena frase, "Eu tenho um sonho", Martin Luther King transmitiu muita emoção e muita energia. Isso é força vital. É o mesmo poder inato que existe dentro de você.

Desafiando os seus limites

Conduzi inúmeros cursos e seminários para líderes empresariais, trabalhei com muitos altos executivos, e posso dizer com certeza que a liderança nunca tem a ver com o currículo. Essa habilidade está sempre relacionada com o indescritível. É sobre ir além dos limites dos seus condicionamentos e agir a partir do âmago do seu ser, do seu estado mais natural. Em geral, qualquer pessoa que se torne um verdadeiro líder – seja na própria família, na comunidade, nos negócios, na arte ou na política – é alguém que alcançou um lugar dentro de si mesmo que está além do que lhe foi ensinado, além do que foi condicionado a acreditar que era possível.

A potencialidade dos líderes não está contida no que eles sabem sobre si mesmos ou sobre o que viram ao seu redor. Ela surge quando eles veem e depois dão um salto para "fora da caixa". A caixa é nosso pensamento condicionado, nossos sistemas de crenças, nossos limites, nossas ideias sobre "o que é" com base no que vemos, tocamos e sentimos. O desconhecido, a potencialidade fora do seu eu com *e* minúsculo, está além da capacidade da sua mente de ver, tocar e sentir. O que você pode medir tem um limite, mas você, em si, é ilimitado. Se você consegue mergulhar nesse espaço ilimitado, então começa a olhar para além do que você e as coisas ao seu redor parecem ser. Apenas então você pode viver a partir da sua grandeza e inspirar os outros a fazerem o mesmo.

Quando agimos a partir de nossos sistemas de crenças, continuamente minimizamos quem somos. Reduzimos nossa identidade e nossa capacidade a algo menor do que elas realmente são. Pense nisto: se minha meta é alcançar certo objetivo, então o máximo que vou atingir é isso – seja o negócio que quero criar, o parceiro que quero atrair ou a casa que quero comprar. Se o que vi e ouvi ao longo dos anos iniciais da minha vida estabelece um limite para algo, então esse limite se torna a extensão total do que vou tentar conquistar. É isso que quero dizer ao afirmar que agimos a partir de nossa esfera limitada de pensamento, quando, na verdade, somos *ilimitados*. Nossa grandeza não está em alcançar o que sabemos que podemos alcançar. Se sei que sou capaz de saltar 3 metros e eu pulo 3 metros, então... Grande coisa! Nossa grandeza está em alcançar o que não sabíamos ser possível. Isso significa sair da sua mente condicionada. Significa fixar sua visão mais alto do que você sabe que pode ir – estabelecendo a meta de saltar 6 metros, embora tudo em você diga que só é possível saltar 3 metros.

> *E lembre-se, eu estudei para ser advogada! Indiana, prática, pragmática. Um mais um é igual a dois. Como impulsionar uma visão do ilimitado não foi algo que eu aprendi em casa ou na escola, tive que sair do campo das possibilidades conhecidas da minha mente e entrar no campo das possibilidades desconhecidas.*

Você já ouviu a história de como começamos a Arte de Viver com apenas quatro instrutores. Depois de alguns anos viajando e abrindo novos centros, nós quatro queríamos ficar em nosso centro principal para ter mais tempo para curtir com o mestre e com os outros. Na minha mente, eu dizia a mim mesma: *Um dia nós teremos 100 instrutores. Então nós quatro não precisaremos ir para lugar nenhum; os novos instrutores poderão viajar por nós.* A partir de quatro, imaginar 100 foi um salto de crescimento exponencial, porque eu tinha que estender as minhas crenças para além da realidade de quatro instrutores executando tudo. Quando chegamos aos 100, minha imaginação indomável começou a dizer: *Quando tivermos 5 mil professores, poderemos simplesmente relaxar.* Então comecei a querer testar o universo para ver até onde eu poderia ir! Se eu tivesse me mantido nos limites do meu pensamento dentro da caixa, eu poderia ter chegado talvez a 400, no máximo. Mas, ao aproveitar nosso poder e nosso potencial mais profundos para desafiar os limites do que era possível, nós quatro expandimos de alguma forma para 50 mil professores apenas na Índia – e esse número continua aumentando! *Isso* é ir além do pensamento condicionado.

E lembre-se, eu estudei para ser advogada! Indiana, prática, pragmática. Um mais um é igual a dois. Como impulsionar uma visão do ilimitado não foi algo que eu aprendi em casa ou na escola, tive que sair do campo das possibilidades conhecidas da minha mente e entrar no campo das possibilidades desconhecidas. Se eu dissesse que você poderia investir 4 milhões e receber 40 milhões de volta, você duvidaria que isso fosse possível. Você diria: "O que você quer dizer? Diga-me, me mostre o plano de negócios." Você gostaria de ver uma proposta, analisá-la e fazer uma diligência completa. Assim estaria olhando para o assunto pelas lentes da sua mente limitada, para se certificar de que tudo batia. E, claro, isso é razoável e muitas vezes necessário. Mas não é assim que o verdadeiro sucesso funciona. Quando alcançamos uma meta que consideramos estar dentro das nossas capacidades, não sentimos que foi um sucesso; foi simplesmente o que poderíamos fazer e o que fizemos. Quando saímos da caixa de possibilidades, sentimos como se tivéssemos chegado, como se tivéssemos enfim conseguido. Liderança é o que acontece quando você leva outras pessoas para fora da caixa com você. Aqueles que são realmente bem-sucedidos fazem exatamente isso. Eles não fazem algo só porque é razoável. Eles são "loucos" por natureza – ou seja, estão fora da norma, no sentido do que os antigos chamavam de estar divinamente inspirado.

Encontrando o fluxo

Estar conectado à força vital também abastece o sucesso num nível prático e cotidiano, alimentando a produtividade e o alto desempenho, como experimentei tão intensamente depois do meu primeiro curso. Se você observar monges e praticantes sérios de meditação, verá que eles geralmente comem e dormem muito menos do que as pessoas em geral. Mas eles não estão apenas cheios de energia; também são capazes de proezas mentais aparentemente impossíveis. Isso é porque eles estão vivendo no *fluxo da vida*. Converse com pessoas bem-sucedidas e você verá que a maioria delas aplica estratégias para potencializar sua energia interior e acessar o que chamamos de "estados de fluxo". Nós sabemos que o estado de fluxo – no qual transcendemos a autoconsciência e nos tornamos um com o que quer que estejamos fazendo – é fundamental para a criatividade, a percepção e o foco duradouro. É também uma das melhores maneiras de potencializar a sua energia, porque, quando está em estado de fluxo, você entra em contato com a fonte de energia propriamente dita e é abastecido por ela. É uma fonte que nunca seca, infinitamente recarregável.

Portanto não deveria ser nenhuma surpresa o fato de o Vale do Silício – repleto de profissionais obcecados por produtividade – ter entrado com tudo nos segredos da energia. O empreendedor, investidor de risco e CEO da Bulletproof 360 Dave Asprey criou um império de bilhões de dólares em torno da ideia de aplicar "biohacking" à própria fisiologia para alcançar mais energia e desempenho máximo, e ele recorre a muitas das antigas ferramentas do vedanta nessa busca da auto-otimização. Asprey escreveu em seu blog que praticou técnicas de respiração da Arte de Viver (as mesmas que aprendi com Sri Sri na noite do "show") diariamente por cinco anos como uma maneira de hackear seu sistema nervoso. "Eu conheci um grupo de empreendedores altamente bem-sucedidos e uma vez por semana, aos sábados, às 7 da manhã, praticávamos juntos", escreveu ele. "É um método simples e repetível, usado por 25 milhões de pessoas em todo o mundo... Funciona."

Na minha antiga vida de promotora, eu já tinha alcançado um alto desempenho antes de encontrar essas ferramentas. Eu administrava uma agenda lotada e uma carga de trabalho pesada, embora acordasse cansada pela manhã e não soubesse por quê. Eu conseguia passar o dia inteiro sem pensar que havia algo errado, mas quando comecei a cultivar minha energia conscientemente, um novo mundo se abriu. De repente, eu estava fazendo as mesmas coisas que vinha fazendo antes – a mesma comida, os mesmos exercícios físicos, o mesmo emprego, os mesmos amigos –, mas com uma sensação de motivação renovada. Eu estava sempre pronta para ir com tudo. Esse é o sentimento que entrou no meu sistema. Quando me dei conta de que a minha mente estava drenando minha energia e me isolando do fluxo da vida, aprendi a usar essas ferramentas para reabastecer a minha força vital e de repente passei a fazer as coisas em muito menos tempo. Eu não precisava mais de uma injeção de ânimo para ir trabalhar ou finalizar as coisas, pois naturalmente me encontrava num estado dinâmico e produtivo. De repente, o tempo não era mais um problema. Parei de precisar de nove ou 10 horas de sono para me sentir totalmente descansada. Hoje em dia, durmo menos e conduzo retiros de 10 dias para milhares de pessoas nos Estados Unidos, na América do Sul, na Europa, na Índia e, em seguida, viajo para outro canto para liderar outro retiro. É um trabalho que exige um investimento de energia impressionante.

Muitas vezes me perguntam como dou conta de todas as exigências da vida. Vivo viajando ao redor do mundo. Dou aula para centenas de alunos toda semana, faço palestras para grandes públicos e passo muitas horas por dia ouvindo as perguntas e os problemas das pessoas, o que exige toda a minha atenção e todo o cuidado. E acredite em mim: geralmente não vêm me ver para me contar sobre as coisas incríveis em suas vidas. Elas vêm compartilhar seus desafios e problemas, sejam os pais idosos, questões de saúde, finanças ou depressão. Talvez eu não tenha uma resposta, mas a atenção e as ferramentas que ofereço a elas lhes permitem ir para casa sentindo-se animadas e resilientes, com a confiança em sua capacidade de lidar com o desafio, seja ele qual for. O que posso dizer é que isso não vem de mim, mas sim da força vital que elas aumentam em si mesmas – isso é o que as transforma.

A verdade é que meu relacionamento com a força criativa e hiperconectada da vida é a minha arma secreta. Na maioria das vezes, não sou eu quem está fazendo o trabalho. Há algo trabalhando através de mim. Recentemente, dei uma longa palestra na PayPal, e eu nem sabia qual seria o tema até chegar ao local. Estar presente é a melhor preparação para qualquer coisa. Eu entrei na empresa e perguntei: "Do que vamos falar hoje?" E então segui a partir daí. Para mim, não importa qual seja o trabalho. Eu apareço, estou presente e me permito ser um instrumento para algo maior. Eu invoco a minha conexão com *Shakti*, com essa energia que permite que as coisas aconteçam organicamente. Quando estou no fluxo do momento, a energia é quase ilimitada. Quando sou altamente eficaz, quando alcanço o máximo de clareza, sei que estou conectada a algo além do meu próprio ego, do meu talento ou intelecto. Nesses momentos, me permito ser um instrumento útil para o que precisa acontecer. A explosão de energia, criatividade e inteligência que eu experimento é algo que mal consigo expressar em palavras.

Compartilho minha experiência para mostrar o que está disponível para cada um de nós. Isso não é algo estranho ou inacessível; você já o experimentou. Se olhar para trás em sua vida, sou capaz de apostar que você consegue pensar em pelo menos alguns desses instantes de total clareza e conexão, em que esteve tão envolvido no momento que as coisas saíram de uma forma que você nunca poderia ter planejado. Talvez tenha sido numa ocasião em que se perdeu no processo criativo, em que subiu ao palco e deu a melhor palestra de sua vida ou num momento de alegria em que estava completamente apaixonado ou totalmente presente à beleza da natureza. Talvez tenha sido num instante de total clareza em que de repente você teve a consciência do que *exatamente* precisava fazer em seguida. Nesses momentos, você está ligado a algo maior, e se torna um recipiente para a energia da própria criação fluir. Quando faz isso, você acessa um campo não apenas de poder, mas também de pura inteligência, pura potencialidade e pura consciência.

Nós não temos que deixar esses momentos por conta do acaso. Quanto mais se envolver conscientemente com a energia vital dentro de si mesmo, mais a força maior da vida vai intervir para ajudar você. Momentos de fluxo irão aumentar e se multiplicar. Quanto mais se conecta com essa força, mais ela ativa o poder criativo dentro de você. Isto é *Shakti*: uma força dinâmica e criativa destinada a se manifestar no mundo. Seu nome literalmente se traduz como "criação manifestada". Nós aprendemos com Einstein que a energia se converte em matéria. Isso é o que está acontecendo aqui. Quando se conecta com *Shakti*, você se conecta com seu próprio poder de manifestação, com sua própria natureza criadora.

Se olhar para trás em sua vida, sou capaz de apostar que você consegue pensar em pelo menos alguns desses instantes de total clareza e conexão. Nós não temos que deixar esses momentos por conta do acaso.

Como se faz com a Nossa Senhora do Cristianismo, na Índia nós fazemos orações a *Devi*, a mãe divina. Todos os anos, há uma celebração de nove dias durante os quais essa energia feminina é honrada, e conectar-se a ela é como conectar-se à sua mãe – ou seja, à essência do amor incondicional. Você a honra, e ela lhe oferece amor, acolhimento e apoio. Em outras ocasiões, você se conecta a seu pai, e ele lhe oferece amor, acolhimento e apoio. Ambos têm maneiras únicas de amar você e de lhe dar o que você precisa. E quanto mais constrói um relacionamento com os dois lados que se unem para criar essa força criativa e inteligente da vida, mais esse poder despertará em você.

CAPÍTULO 3

Biohacking Ancestral

Milhares de anos atrás, um cientista sentou-se de pernas cruzadas ao lado de um rio. Ouvindo os sons da água corrente, ele observou o fluxo e refluxo dos próprios pensamentos e emoções. Esse cientista era um especialista da mente. Usando a própria mente como laboratório, passara décadas aprendendo como ela funciona e como otimizar suas funções. Tendo a auto-observação e a autoconsciência como suas ferramentas experimentais, ele desenvolveu métodos para preservar e potencializar a energia dentro de si que abastecia e sustentava todas as suas funções cognitivas.

Esse cientista, também conhecido como um *rishi*, desenvolveu o poder de maximizar e aproveitar essa coisa que chamou de "força vital". Ele descobriu que a energia que lhe dava vida e o mantinha vivo não era apenas física; também estava intimamente ligada ao estado de sua própria mente. Na verdade, ele observou uma relação de mão dupla entre o nível da força vital em seu organismo e o funcionamento de sua mente, de modo que uma mudança em uma sempre desencadeava uma mudança na outra. Ele percebeu que por trás das qualidades que procurava cultivar em sua própria mente – alegria, presença, vitalidade, calma, conexão – havia um estado de alta energia. Quando seu nível de força vital estava alto, sua mente era afiada, vibrante e poderosa; sua consciência, expandida e elevada. Sabedoria e clareza se faziam presentes.

Quando a força vital estava baixa, a mente era ineficaz. Ficava presa em todo o tipo de coisas: pensamentos sobre o passado e o futuro, crenças negativas, reações emocionais, dúvidas e frustrações, julgamentos sobre si mesmo e os outros. Quanto mais esgotado está o sistema de energia, mais a mente fica presa a pensamentos e emoções que parecem drenar ainda mais sua energia. A baixa energia, conforme ele também notou, sempre vinha acompanhada por um estado contraído e reduzido de consciência.

Esse *rishi*, a quem muitos chamaram de "visionário", descobriu que não era o único que poderia impactar diretamente seu estado mental e seus pensamentos hackeando o próprio sistema de energia – *qualquer um* poderia impactar a própria mente e a própria matriz energética. A partir das constatações repetidas do autoestudo conduzido por esse e muitos outros *rishis*, duas conclusões importantes surgiram: 1) Uma vida plena está relacionada à expansão da consciência. 2) Quando usamos certas ferramentas e metodologias para potencializar nossa energia inata, nossa consciência naturalmente se expande.

As ferramentas que esse *rishi* desenvolveu para explorar a energia primordial foram codificadas há mais de 5 mil anos num conjunto de escrituras sagradas conhecidas como os *Vedas*, uma série de textos que inclui ensinamentos, histórias, hinos e poemas sobre temas que vão desde neurociência e saúde, física, história e cosmologia. Esses textos são a base original das tradições do yoga e do budismo. Dê uma olhada nos *Vedas* e você encontrará uma espécie de manual de funcionamento da mente humana – um manual de instruções. Ele explica em detalhes como seus sistemas mental, corporal e energético funcionam e como otimizá-los. O ramo dos *Vedas* que investiga a ciência antiga para entender a mente é conhecido como vedanta (*veda* significa "conhecimento" e *anta* significa "fim de" ou "culminação"). Se você traduzir literalmente, *vedanta* significa "a suprema sabedoria" no que se refere a si mesmo: como lidar com a mente, como maximizar a energia e como ter um corpo saudável. Muito similar ao budismo, o vedanta ensina que quanto mais você puder administrar sua mente, mais poderá mudar tudo na vida. Ele também oferece as ferramentas práticas do dia a dia para o gerenciamento da mente. Para os fins deste livro, os termos *védico*, *vedanta* e *yógico* podem ser usados de forma intercambiável.

Fazemos uma jornada para acessar a consciência que dá vida à mente. Estamos indo à fonte do pensamento e da emoção para mudar a maneira como pensamos e sentimos.

Hoje existem muitas tendências populares de bem-estar – yoga, mindfulness, treinamento em inteligência emocional, aprimoramento de desempenho, biohacking e até mesmo coisas como hipnoterapia e programação neurolinguística (PNL) – cujo objetivo é ensinar a administrar a mente. Essas ferramentas para gerenciar pensamentos são importantes e valiosas, mas, como os *rishis* descobriram, há um modo mais simples e eficaz, um modo mais direto de afetar a mente sem focar, rotular ou monitorar nossos pensamentos e emoções – o que exige uma atividade mental ainda maior. Os *rishis* nos ensinaram que a maneira mais natural e fácil de se tornar o mestre da própria mente é elevando sua energia fundamental. Por meio dessa coisa chamada "força vital", fazemos uma jornada para acessar a consciência que dá vida à mente. Estamos indo à fonte do pensamento e da emoção para mudar a maneira como pensamos e sentimos.

As antigas técnicas do vedanta estão por aí há mais de 5 mil anos por um bom motivo: *elas funcionam*. Na verdade, você provavelmente já conhece e pratica algumas delas, embora talvez não tenha percebido que era isso que estava fazendo. Se já fez a postura do cachorro olhando para baixo, você praticou técnicas védicas para gerenciar a mente. No Ocidente, muitas pessoas ainda não perceberam que os exercícios do yoga são técnicas não apenas para fortalecer o corpo, mas também para administrar a mente. Tanto o yoga quanto o ayurveda – filosofias sobre saúde e nutrição da Índia – são ramos da tradição védica. O sistema do yoga é simplesmente uma metodologia prática para alcançar o que o vedanta oferece: uma maneira de fazer corpo, mente, respiração, intelecto, memória e ego funcionarem em seu estado ideal de desenvolvimento. Quando está no seu melhor, você está no estado de *yoga* – que significa "jugo", "união". Você conecta e harmoniza todos os diferentes aspectos de quem você é. Agora, uma pergunta muito válida pode surgir em sua mente: Como? Como se chega ao estado de yoga? É exatamente isso que o vedanta descreve, incluindo as posturas físicas tradicionais e os exercícios do hatha yoga. Essas técnicas não foram simplesmente inventadas; elas vêm de décadas de metódica auto-observação. As posturas tradicionais do hatha yoga envolvem movimentos que todos os seres humanos fazem naturalmente. Observe um bebê por algum tempo e você verá que cada postura do yoga é algo que os bebês fazem enquanto crescem e desenvolvem diferentes aspectos de si mesmos. Os bebês se retorcem na postura do triângulo quando o fígado e o sistema digestivo estão se desenvolvendo e rolam para a postura da cobra quando a coluna está se alongando e se fortalecendo. Uma criança faz literalmente todas as posturas tradicionais do yoga! Depois de adultos, podemos usar essas posturas para trazer o corpo de volta ao seu estado natural de desenvolvimento.

O yoga é apenas uma pequena parte da ciência maior do vedanta. Como um todo, o vedanta é um sistema completo para se reconectar à energia primordial que nos dá vida e nos mantém vivos. Embora o yoga tenha se tornado extremamente popular hoje em dia, a sabedoria mais profunda do gerenciamento de energia (ou de "inteligência energética", como gosto de chamá-la) foi se perdendo ao longo dos anos. É aqui que precisamos voltar para recarregar nossa mente e a nós mesmos.

Esses ensinamentos são extraordinariamente ricos e fascinantes, e até hoje estão décadas à frente de nossas ciências mais avançadas. Os neurocientistas estudam o cérebro para entender como os pensamentos e as estruturas mentais funcionam, mas tudo isso já foi compreendido há milhares de anos pelos *rishis* que observavam a si mesmos e percebiam como seus próprios pensamentos funcionavam. A diferença entre os neurocientistas modernos e os cientistas antigos é que esses visionários ancestrais estudaram a própria mente e os mecanismos do próprio cérebro, enquanto os cientistas modernos estudam imagens do cérebro de outras pessoas. Tudo que estamos descobrindo hoje na ciência do cérebro e na psicologia, os *rishis* já sabiam. Vamos dar uma olhada mais de perto no vedanta como uma ciência da mente, a fim de lhe oferecer uma noção melhor de onde esses conceitos e ferramentas se originaram e por que ainda são relevantes nos dias de hoje.

A psicologia positiva original

Aproximando-se do conceito moderno de psicologia positiva, o vedanta nos ensina o que significa estar plenamente desenvolvido como ser humano. Esse ensinamento também usa técnicas testadas por pesquisas que nos mostram exatamente o que precisamos fazer para chegar lá. De modo similar à psicologia positiva, o vedanta sempre examinou a mente do ponto de vista da saúde e do bem-estar, nunca da doença e da patologia. Atenção plena, gratidão, felicidade, resiliência, compaixão... todas essas coisas sobre as quais a psicologia positiva fala foram estudadas há milênios, muito antes do tempo do Buda ou de Cristo.

Você pode se surpreender ao descobrir quantos dos avanços mais inovadores da ciência moderna já eram senso comum para os antigos. Aqui está apenas um exemplo: os cientistas "provaram" que a gratidão tem o poder de transformar nossa saúde e promover bem-estar. Estudos mostram que praticar gratidão impacta positivamente a função cerebral, melhora a saúde física e a função cardiovascular e aumenta a vitalidade e a longevidade.[1] Agora sabemos que uma mentalidade de gratidão impacta o corpo em nível celular, alterando até mesmo a expressão do DNA.[2] Ela gera saúde, felicidade, mais energia e ainda traz mais vida – e *maior longevidade*. Isso é ótimo, mas não é nada novo. Os mestres védicos poderiam ter lhe dito o mesmo há mais de 5 mil anos! Eles perceberam isso quando olharam dentro da própria mente. Eles sabiam que uma mentalidade expansiva de apreciação e abundância traz saúde e bem-estar para o corpo, para a mente, para as emoções e também para o espírito.

Considere apenas este punhado de recentes "descobertas" que remontam à antiga ciência milenar dos Vedas:

A felicidade gera sucesso (e não o contrário)

Todos nós nos esforçamos para alcançar o sucesso porque achamos que isso nos tornará mais felizes, mas já foi comprovado mil vezes que é a felicidade que gera *o sucesso*, e não o contrário. Em 2012, uma revisão de 225 estudos publicados no periódico *Psychological Bulletin* concluiu que alcançar o sucesso não necessariamente leva a emoções positivas e ao aumento do bem-estar. Em vez disso, os estudos mostraram que pessoas felizes buscam metas que reforçam seu estado atual de felicidade e são mais proativas e motivadas para alcançar esses objetivos.[3] Em outras palavras, elas fazem exatamente as coisas que levam ao sucesso. O vedanta sempre afirmou que a felicidade é um estado de energia que leva a pensamentos, comportamentos e ações mais positivos e poderosos – e que a felicidade, não o sucesso, é o principal.

Existem três caminhos principais para a felicidade

Os *rishis* nos dizem que existem três níveis de felicidade: prazer, participação e significado. Martin Seligman, o pai da psicologia positiva, fala sobre felicidade de acordo com essa mesma trindade![4] Há o prazer (*Eu comprei um carro novo, estou bonito, estou me divertindo, estou com meus amigos*), que é semelhante à gratificação imediata que o vedanta chama de "prazer dos sentidos". Esse é o nível mais baixo. Ele tem curta duração, vem e vai, e quanto mais o persegue, mais vazio você se sente – o que significa que você precisa de cada vez mais para se sentir feliz novamente. A camada seguinte de felicidade é o engajamento – ser proativo e dinâmico. Então existe o prazer dos sentidos que você experimenta ao assistir a uma partida futebol na TV – primeiro nível –, e em seguida há a felicidade mais duradoura de *participar* de um jogo real de futebol. O vedanta fala sobre esse segundo nível de felicidade como algo que vai além de agradar apenas os sentidos. A mente também fica muito ativa e, como resultado, você vai um pouco mais fundo e encontra *sentido*. Você pode sentir um profundo significado em, por exemplo, treinar um time de futebol infantil. Você está participando, mas, além disso, também há um sentimento de camaradagem, fraternidade e serviço. Isso traz uma felicidade ainda mais duradoura.

Mas não para por aí. Há um outro nível de felicidade sobre o qual o vedanta fala e que a psicologia positiva ainda não abordou. Nesse nível, você é a própria felicidade. Um bebê, sem qualquer motivo específico, emana alegria, paz e felicidade. O bebê é felicidade por sua natureza. É uma alegria que não depende de nada exterior, que simplesmente irradia do lugar mais íntimo e profundo. Felicidade é a própria substância da qual somos feitos, é a essência de quem somos em nosso âmago. Esse estado imutável de felicidade que não é dependente de nada exterior é a própria natureza da sua consciência. É assim que nascemos: como "um pacote de alegria".

A meditação faz bem à mente e ao corpo

Quantas vezes já lhe falaram que a meditação faz bem à saúde? Há literalmente milhares de estudos científicos provando que a meditação pode melhorar quase todos os aspectos da vida, estimulando emoções positivas e bem-estar, protegendo a saúde física, aumentando a criatividade e o foco, aumentando a empatia, melhorando a qualidade dos relacionamentos e promovendo uma liderança mais eficaz.[5] Mais uma vez, essas são coisas que conhecemos desde a Antiguidade. O vedanta sempre descreveu a meditação como uma ferramenta para levar a mente, o corpo e o espírito a um estado de pleno desenvolvimento.

É importante esclarecer que, quando falamos de meditação no vedanta, estamos nos referindo a algo muito diferente do que conhecemos como prática de atenção plena no mundo ocidental (veremos mais sobre isso no Capítulo 6). Por enquanto basta destacar que os benefícios da meditação eram bem conhecidos milhares de anos antes de a ciência moderna sequer existir.

Há um outro nível de felicidade sobre o qual o vedanta fala e que a psicologia positiva ainda não abordou. Nesse nível, você é a própria felicidade.

Tudo é energia

Se você quiser descobrir os segredos do universo, pense em termos de energia, frequência e vibração.

Você consegue adivinhar quem disse essas palavras? Não foi um guru indiano nem algum filósofo antigo. Na verdade, foi o físico e engenheiro Nikola Tesla, estudante de longa data dos Vedas e amigo do mestre espiritual indiano Swami Vivekananda. Tesla passou anos tentando provar os princípios da metafísica oriental usando métodos científicos ocidentais, e até usou termos em sânscrito (inclusive *prana*) em suas descrições de fenômenos naturais. Tesla queria provar que realmente tudo é energia.

Mas o que isso significa exatamente? De acordo com a cosmologia védica, toda a vida é composta de *prana* e *akasha*, ou energia em movimento no espaço. Até nossos corpos e mentes são energia bioquímica e elétrica de fluxo livre, e os cientistas mostraram que existe um campo eletromagnético dentro e ao redor do nosso corpo, conhecido como *biocampo humano*. Se isso soa familiar, deveria: é simplesmente uma versão antiga da teoria geral da relatividade de Einstein! Tesla tentou dar o melhor de si, mas apenas quando Einstein surgiu com sua equação $E = mc^2$ nós pudemos reconhecer sua semelhança com a cosmologia dos *rishis*. Einstein provou que matéria e energia são simplesmente manifestações diferentes da mesma substância básica – o que os

Vedas descrevem, conforme aprendemos, como um campo de consciência unificado e onipresente.

∼

Essa lista poderia ser muito mais longa, e você poderia passar anos estudando os Vedas e apenas arranhar a superfície do conhecimento oculto naquelas páginas. Para o nosso propósito, queremos nos concentrar no que o vedanta diz sobre a mente e as ferramentas que ele nos oferece para desligar a mente ocupada pensante e desenvolver o que eu chamo de "Grande Mente": o verdadeiro poder tranquilo e dinâmico da nossa consciência.

A tradição indiana de 12 anos de educação para o mundo exterior e 12 anos de educação para o mundo interior já desapareceu há muito tempo. Infelizmente, hoje nenhum de nós passa 12 anos – ou mesmo um ano – aprendendo a lidar com o ruído em nossa cabeça. Em algum momento da vida adulta, quando percebemos que estamos saudáveis por fora, mas morrendo por dentro – sobrecarregados, exaustos ou infelizes –, finalmente concordamos em assumir a responsabilidade por nossa própria experiência interior. Concordamos que temos que administrar a nossa mente. E antes de aprendermos a usar as ferramentas para fazer isso, precisamos entender como essa máquina chamada "mente" funciona e como ela está drenando toda a nossa energia.

PARTE 2

DRENANDO O CÉREBRO

CAPÍTULO 4

Uma máquina chamada mente

Sua mente humana é a base de tudo que você pensa, sente e faz. É a base a partir da qual você alcança tudo que deseja na vida. Primeiro surge o pensamento, depois a ação e só então os resultados. Os aspectos da sua vida em que a sua mente coloca sua consciência e sua atenção são os que se desenvolvem. É ela que tem o poder de transformar tudo – para o bem ou para o mal. Se você quer se destacar em tudo que faz em sua vida, precisa saber como funciona a sua mente, como administrá-la e como voltá-la às coisas que mais importam para você. Todos os objetos que possuímos vêm com instruções, mas, infelizmente, o que usamos mais do que qualquer outra coisa não veio com um manual. Em nenhum lugar da vida, nem em casa nem na escola, aprendemos a operar nossa mente com eficiência e eficácia.

Tudo depende do estado da sua mente – seus pensamentos, percepções, decisões, julgamentos e até mesmo a escolha do que você quer na vida. Então por onde começar? O ponto de partida óbvio é abrir o capô dessa máquina chamada "mente" e dar uma olhada no que está dentro dela. Você precisa observar quais tipos de programas e *inputs* fazem com que ela funcione num estado de alerta, de presença e clareza, e quais fazem com que suas funções fiquem letárgicas, nebulosas e confusas.

Vamos voltar à grande questão que abre este livro: *Quem é você?* Não precisa filosofar muito. Eu não estou falando sobre o Ser neste momento. Tente pensar nessa pergunta da forma mais concreta possível: quais são as coisas que o fazem ser quem você é, isso que você chama de "eu"? Além de nome, profissão, gênero e dos papéis que representa, quem é você? Você é um corpo? É uma mente? As duas coisas? Nem um nem outro? Você é feito de algo mais do que um corpo e uma mente? Eu não sei você, mas quando eu ouvi essa pergunta pela primeira vez, a achei ridícula. *Quem sou eu? Obviamente, eu sou o meu nome, Rajshree. Sou advogada, americana de origem indiana, e suponho que eu também seja o meu corpo, junto do que penso, sinto e acredito.* Essa era "eu". Na época, eu nem sabia se sabia exatamente a que a palavra *mente* se referia, embora a usasse o tempo todo. Meu cérebro era a minha mente, certo? Logo que comecei o meu estudo da mente do ponto de vista da tradição védica, cheguei a uma resposta bem diferente. Não importa se você não tem respostas claras para essas perguntas agora. Só quero que você comece a pensar sobre os diferentes elementos que se juntam para criar esse organismo que você chama de *você*.

Ao dividi-lo, você verá que ele opera em vários níveis. Há a parte que eu poderia reconhecer facilmente, esse organismo físico chamado corpo. Então há essa substância não material, pensante, chamada mente, com a qual eu estava familiarizada, mesmo que não pudesse explicar o que ela realmente era. Então há essa outra essência não material que algumas pessoas chamam de "espírito" ou "alma". Eu certamente tinha sido exposta a essas palavras desde criança, e de uma forma casual eu acreditava em alma, mas nunca poderia imaginar que viesse a me identificar com ela. Hoje, entendo essa essência como a "mente-coração" ou a "Grande Mente", mas não vamos entrar nisso ainda.

As sete camadas da sua vida

Quando os *rishis* realizaram uma observação científica de sua própria existência, eles viram que havia sete camadas, ou faculdades, distintas mas interconectadas, que compõem o todo de quem somos. Coletivamente, esse sistema humano é composto de:

- **Corpo:** A matéria física formada de células, órgãos, ossos e tecidos que compõe nossa anatomia.
- **Respiração:** O ar que se move para dentro e para fora do corpo, trazendo e preservando a vida.
- **Mente:** A faculdade da percepção, incluindo os cinco sentidos.

- **Intelecto:** A faculdade de rotular, julgar, categorizar, raciocinar, analisar e planejar.
- **Memória:** A faculdade que armazena todas as informações e nossas experiências da vida.
- **Ego:** A faculdade da identidade, a personalidade ou o senso de individualidade.
- **Consciência:** A faculdade da pura consciência, também conhecida como "espírito" ou "Grande Mente".

Os *rishis* não viam a mente como uma entidade unificada. Em vez disso, eles a entendiam como um agrupamento de várias faculdades distintas. No sistema védico, a "mente" é dividida em três camadas: percepção, intelecto e memória. Além disso, situada em outro nível separado do complexo corpo-mente está nossa identidade pessoal – o ego. E, claro, em outro nível separado de tudo há a consciência, aquela essência mais profunda que se pode chamar de "espírito". Juntas, essas sete camadas formam uma unidade completa. Pense na mente como um carro: você tem o motor, as rodas, o combustível, o volante. Todos esses elementos realizam funções distintas, mas têm que trabalhar em conjunto para fazer o carro funcionar. Sem qualquer uma dessas peças – que servem, cada uma, a um propósito específico e funcionam segundo suas próprias regras –, o carro está incompleto e não vai funcionar.

De um lado, cada uma dessas faculdades funciona de forma independente. De outro, todas elas estão conectadas num sistema complexo. A qualquer dado momento, o seu corpo está fazendo uma coisa, sua respiração está fazendo outra, e a mente está fazendo outra completamente diferente. E, no entanto, o funcionamento de cada camada está sempre impactando as outras. Uma atividade mental marcada pelo medo ou pela ansiedade cria um estado de alerta máximo no sistema nervoso, e isso afeta o ritmo da respiração, que, por sua vez, afeta o estado dos sistemas imunológico, hormonal e digestivo. O inverso também acontece – uma disfunção no sistema digestivo afeta o sistema nervoso, que, por sua vez, afeta negativamente a respiração e todas as camadas da mente. Quando seu corpo está doente ou cansado, você sabe como isso afeta sua mente, seu humor e sua disposição geral. Está tudo conectado.

Essas sete faculdades são como departamentos diferentes de uma empresa. Todas elas se utilizam da mesma força vital inata para recarregar sua bateria e manter sua atividade, mas todas operam de acordo com suas próprias regras únicas em relação ao que potencializa ou drena sua energia. Você pode pensar nessas regras como condições para um desempenho ideal. Quando são violadas, seu bem-estar, suas capacidades e seu poder pessoal são drenados.

Regras do corpo versus regras da mente

As regras não são as mesmas em todo o nosso organismo, e o que é bom para uma faculdade não é necessariamente bom para outra. Pense no corpo, por exemplo. Eficiência e alto desempenho do corpo são frutos de *esforço e atividade*. Essa é a regra do corpo para um funcionamento ideal. O corpo prospera no movimento, fazendo e agindo. Seu organismo é feito para ser fisicamente dinâmico. É por isso que você se exercita. Quando o corpo é altamente ativo, você tem abundância de energia. Por outro lado, ficar imóvel, sentado no sofá o dia todo, drenará sua energia, não apenas fisicamente, mas mentalmente. Por isso um estilo de vida sedentário não apenas prejudicará a sua saúde, mas também diminuirá a sua expectativa de vida. Você nunca viu aquelas manchetes dizendo coisas do tipo "De acordo com a ciência, ficar sentado o dia todo vai matar você"? É verdade! A imobilidade rouba a vitalidade do corpo. É por isso que você vai à academia! Você talvez fique sentado por horas a fio todos os dias, e depois precise ir caminhar numa esteira, olhando para um estacionamento, indo a lugar nenhum, para poder compensar a falta de atividade.

Você nunca viu aquelas manchetes dizendo coisas do tipo "De acordo com a ciência, ficar sentado o dia todo vai matar você"? É verdade!

Já o funcionamento ideal da mente se baseia no princípio oposto. Para as faculdades mentais (que incluem percepção, intelecto e memória), você não precisa *fazer coisas*. Em termos *mentais*, o bem-estar não vem do trabalho ou do esforço. A mente precisa de relaxamento, imobilidade e falta de esforço para alcançar seu desempenho máximo. Isso significa que quanto mais *atividade* na mente – quanto mais tempo dedicado a pensar, preocupar-se, planejar e calcular –, menos afiados, focados e claros o intelecto e a percepção se tornam. Quando a sua atividade mental é excessiva, cheia de falatório, seu desempenho diminui, suas faculdades mentais param de funcionar de maneira ideal e você fica mais confuso e esquecido. É quando você começa a perder as chaves do carro, a esquecer seus compromissos, a enfrentar bloqueios criativos e a ficar indeciso. Uma mente trabalhando excessivamente por muito tempo é a própria definição de estresse, e, como uma pesquisa mostrou, quando o estresse se torna crônico, ele desgasta completamente a faculdade da memória.[6]

O que acontece com frequência é que tentamos fazer a mente trabalhar de acordo com as regras do corpo, e isso simplesmente não funciona. Ao contrário do corpo, que prospera na atividade, a mente opera segundo o princípio de *deixar pra lá, desapegar-se*. Menos esforço. Menos atividade. A ausência de esforço é o segredo de uma mente saudável! A mente prospera com menos insistência e apego. Deixe pra lá a porcaria que aconteceu ontem, deixe pra lá a preocupação pela porcaria que você acha que vai acontecer amanhã, deixe pra lá o que seu namorado ou namorada disse, deixe pra lá o emprego que você não conseguiu ou o cliente que o trocou por outro profissional. Deixe pra lá todo esse entulho mental e, de repente, sem esforço, lá está: uma mente funcionando no máximo de seu desempenho, totalmente focada no momento presente. Uma mente transbordando de energia, clareza e criatividade. Quanto mais você puder deixar pra lá, mais sua mente poderá prosperar. Mas a ironia é que quanto mais você *tenta* deixar as coisas pra lá, mais a porcaria gruda. Resumindo: você não precisa se esforçar. Deixar pra lá é algo que acontece naturalmente como resultado de um aumento em sua força vital inata. Quanto mais energia houver em seu organismo, mais a mente vai se mover para onde ela quer naturalmente ir: um lugar de ausência de esforço e eficiência energética.

Para 99% das pessoas, a faculdade que está esgotada e drenando todo o sistema é a mente, não o corpo. A mente é o maior consumidor de energia que você pode imaginar! A esmagadora maioria de sua força vital é usada para manter apenas as faculdades mentais, sua atividade e seu esforço incessantes. O esforço mental é o que está drenando você mais do que qualquer outra coisa, mas nunca o ensinaram a lidar com isso. Em vez disso, técnicas de autoajuda e de pensamento positivo recomendam acrescentar ainda mais esforço em cima de toda a atividade mental que já está minando as suas forças.

O problema é que nunca nos ensinaram que a mente opera segundo princípios completamente diferentes daqueles do corpo. Então continuamos tentando aplicar à mente a mesma regra que aplicamos ao corpo (mais atividade, mais esforço, mais ação), e isso não funciona muito bem. Quantas pessoas fazem "tudo certo" para sua saúde e seu bem-estar, mas ainda não chegaram nem perto de seu pleno potencial. Elas tomam vitaminas e suplementos, se alimentam de maneira saudável, fazem aulas de spinning e dormem oito horas por noite, porém ainda estão com a mente esgotada e ineficiente. Por quê? Porque vitaminas, legumes, verduras e exercícios físicos alimentam o corpo, mas não ajudam a lidar com o excesso de atividade mental que está drenando a maior parte das baterias que deveriam abastecer todo o organismo. O falatório desnecessário na mente, as emoções negativas, as crenças limitantes é que estão minando a força vital e drenando todo o organismo delas – e a realidade é que não há suco verde, shake de proteína ou aula de ginástica no mundo que possa resolver isso.

Se a sua energia não está dando conta e sua vida parece morna, apesar de todos os seus esforços para ter mais vigor e vitalidade, é sinal de que você precisa olhar para a sua mente. É hora de conhecer dois grandes segredos:

1. A sua mente é o maior consumidor de energia de todo o organismo.

2. Ao lidar com a mente, você precisa seguir as regras da mente – o que significa operar a partir da *falta de esforço*, e não o contrário.

Sua máquina mental

Sua mente opera em três níveis diferentes. Pense nela como um iceberg: há a ponta do iceberg, a linha da água e a enorme base submersa, oculta do nosso campo de visão. Quando você olha para um iceberg, só consegue ver a parte superior, que fica acima da superfície da água. Você não tem ideia de que 90% da massa do iceberg está abaixo da superfície do oceano, invisível aos olhos. Essa é uma analogia clássica da mente, usada por Freud e outros que se baseiam em uma estrutura semelhante. A ponta do iceberg pode ser comparada à *mente consciente* – uma pequena fatia de pensamentos e percepções dos quais estamos realmente conscientes em nossa vida cotidiana. Um nível abaixo está a *mente pré-consciente*, que paira ao redor e logo abaixo da linha d'água e consiste em todas as coisas em que você não está pensando no momento, mas que poderiam ser facilmente trazidas à mente. Se eu lhe pedisse que lembrasse o que você comeu ontem à noite ou o nome da sua primeira escola, sua mente imediatamente mergulharia no nível pré-consciente para pegar uma resposta. Mais abaixo encontra-se a parte submersa do iceberg: a *mente inconsciente* e uma vida inteira de experiências, crenças, percepções, sentimentos e lembranças que você pode acessar ou não e dos quais pode estar ciente ou não. Finalmente, se você percorrer todo o caminho até o que há abaixo do iceberg, alcançará o próprio oceano, que é sua faculdade da *consciência* – a Grande Mente.

Vamos começar pela ponta do iceberg, onde encontramos as faculdades da percepção e do intelecto – que no vedanta são chamadas de *manas* e *buddhi*. A tradição védica descreve essa parte da mente como sendo a mais próxima do mundo exterior, cujas impressões captamos pelos cinco sentidos. É também a que está mais distante do nosso mais íntimo e verdadeiro Ser. Enquanto a percepção se move por todas as camadas do iceberg, o intelecto (que não deve ser confundido com a Inteligência, que é sinônimo de Consciência) se move apenas ao redor da ponta. Por enquanto, vamos nos concentrar no intelecto, a porção do nosso hardware mental que usa a maior parte das nossas baterias internas.

Intelecto: O centro de controle

O intelecto é uma faculdade poderosa que pode ser de grande serventia ou nos trazer muitos problemas. É o nível em que ocorrem o pensamento superficial, o planejamento, a tomada de decisão, as análises, os julgamentos, a rotulagem e os cálculos – resumindo, é o nosso "cérebro pensante". Usamos o intelecto para processar as informações do ambiente que entram pelos nossos sentidos. Essa faculdade voltada para as tarefas e para entender as coisas é o que nos ajuda a dotar o mundo de sentido e a navegar pelas situações da vida. Tudo que fazemos com os dados aos quais temos acesso é trabalho do intelecto. Fisiologicamente, a sede do intelecto é o córtex frontal do cérebro, o "centro de controle" neurológico que fica logo atrás da testa. Essa parte da mente não inova nem cria novas ideias ou possibilidades. Ela é responsável por talvez 10% da nossa capacidade total, mas consome mais tempo e energia do que qualquer outra faculdade.

Memória: O centro de armazenamento de informações

Da ponta do iceberg, descemos até o nível da água, o ponto a partir do qual podemos acessar rapidamente informações que estão apenas parcialmente submersas. Essa é a mente *pré-consciente*, onde encontramos pela primeira vez a faculdade da memória (*chitta*). As informações da mente pré-consciente não estão no seu córtex frontal neste momento, você não está pensando nelas ou analisando-as, mas, se eu lhe pedir, poderá acessá-las quase que imediatamente. Há uma troca constante entre a mente consciente e a pré-consciente, uma espécie de parceria de compartilhamento de dados em que as informações são constantemente chamadas à superfície para serem processadas pelo intelecto e depois são arquivadas no banco de memória até serem necessárias novamente no futuro. As informações podem parecer diferentes quando voltam a aparecer num momento posterior, mas muitas vezes estamos apenas evocando os mesmos velhos pensamentos, ideias e percepções de forma repetitiva.

Chitta: A mente submersa

Abaixo desses dois níveis de consciência há uma tremenda quantidade de atividade na mente submersa. A vasta e poderosa base do iceberg é o lar das partes mais profundas da faculdade da memória – seu centro mental de armazenamento de dados. O banco de memória armazena uma enorme quantidade de dados, coletados ao longo de toda a sua vida útil, que podem ir e voltar da ponta do iceberg até suas profundezas. Em termos neurológicos, esse banco de memória corresponde ao *cérebro límbico*, o centro de formação de emoções e memória localizado na parte de trás da cabeça, perto da base do crânio. Na tradição védica, ele é chamado de *chitta*, que se refere ao "subconsciente": o vasto depósito de experiências passadas que dita a maneira como reagimos às coisas no presente. É o que cria as nossas percepções de vida e nossas reações emocionais imediatas e instintivas a tudo que experimentamos.

> *O banco de memória armazena uma enorme quantidade de dados, coletados ao longo de toda a sua vida útil, que podem ir e voltar da ponta do iceberg até suas profundezas.*

Chitta mantém o registro de tudo que você já vivenciou. Está repleto de impressões de toda a sua vida – algumas delas armazenadas conscientemente, algumas processadas e arquivadas sem qualquer consciência de sua parte. Você não precisa estar ciente do que está acontecendo para que ele faça seu trabalho. Experiências, percepções, informações, emoções e desejos – tudo isso fica armazenado abaixo da linha da água, com o material mais recente e relevante mais próximo à superfície. Lá no mais fundo da parte submersa do iceberg também se encontra tudo o que reprimimos ou bloqueamos de nossa percepção consciente – pensamentos desagradáveis, emoções difíceis, lembranças dolorosas e partes de nós mesmos que temos dificuldade de aceitar. Você pode empurrar tudo isso para baixo da superfície da água, mas esses elementos continuam existindo nas profundezas do banco de memória.

Drenando o cérebro

Se você olhar para o iceberg como um todo, ficará óbvio que a parte mais poderosa é a base. É ela que determina a forma do bloco de gelo e a direção em que ele se deslocará. Mas onde passamos todo o nosso tempo? Não é lá no fundo, na poderosa camada da base. Estamos sempre na pontinha, acima da superfície da água, operando a partir do nosso córtex frontal. Uma parte enorme da nossa vida é gasta em atividades do córtex frontal, pensando, processando, raciocinando, planejando, decidindo, nos preocupando e julgando. Ele praticamente não para. O intelecto está constantemente processando a informação a que temos acesso no momento, quer precisemos dela ou não.

Nós usamos essa parte da mente mais do que qualquer outra, mas é óbvio, se você olhar para o iceberg inteiro, que o córtex frontal é, na verdade, o menor aspecto, a partir do qual funcionamos. É apenas a camada superficial da mente. Quando nos restringimos à superfície, bloqueamos o acesso às nossas potencialidades mais profundas, como o insight, a intuição e a criatividade. Essa parte da mente e sua atividade incessante drenam uma quantidade *significativa* de energia e potencial. Sabe quando você clica no ícone da bateria no computador e ele lhe informa qual aplicativo está usando uma quantidade enorme de energia? Esse aplicativo seria o intelecto.

Não estou dizendo que o intelecto é bom ou ruim. Ele não é uma coisa nem outra. O problema é que o utilizamos muito além do necessário e não sabemos desativá-lo. Pense no seu intelecto como sendo um dos muitos cômodos de uma casa grande. Imagine se você ficasse limitado a apenas um cômodo para fazer tudo que precisa. Certamente seria possível, mas essa não é uma maneira muito inteligente ou eficiente de fazer as coisas. Quando você se limita a um cômodo, está ignorando todas as possibilidades que os outros têm a lhe oferecer.

A atividade do intelecto consome uma quantidade tremenda de força vital. Não sei se você já notou isso, mas, na minha observação de milhares de pessoas, percebi que as que são mais intelectualizadas são frequentemente as menos animadas e espontâneas, e sua força vital costuma ser a mais baixa da sala. Elas estão tão ocupadas com pensamentos, informações e conceitos que perdem a alegria da experiência. Gastam a maior parte de sua energia analisando cada pequena coisa em suas vidas, e isso esgota sua bateria. Recentemente, a área médica rotulou uma nova doença cujo tratamento agora pode ser coberto pelos planos de saúde. É a chamada "síndrome de burnout". Curiosamente, os profissionais da área da saúde, cujo trabalho exige uso intenso do intelecto, sofrem com isso mais do que qualquer outro – os advogados estão em segundo lugar! Basta perguntar a si mesmo: quantas pessoas você conhece que são altamente intelectualizadas, mas também vibrantes, alegres e expressivas? Elas existem, mas são raras.

O verdadeiro custo do pensamento

O intelecto, com seu pensamento incessante, consome muito mais energia do que imaginamos. Desde o momento em que acordamos até o momento em que dormimos à noite (e às vezes durante o sono também), o intelecto mantém um fluxo interminável de pensamentos repetitivos e julgamentos. O custo energético dessa atividade ininterrupta é enorme. Olhe para sua própria mente: enquanto faz qualquer coisa, você também está pensando. Enquanto está fazendo café, conversando com um amigo, dirigindo para o trabalho, executando tarefas, se exercitando, cuidando de seus filhos ou assistindo à TV, há milhares de pensamentos simultâneos: interpretando, julgando, comentando, divagando, conversando consigo mesmo. E adivinhe só? Em 95% do tempo, sua mente está falando sobre coisas que não têm a menor importância. Ela está usando sua preciosa força vital sem motivo nenhum.

A realidade de nossa vida moderna hiperconectada e sempre ocupada é que o intelecto quase nunca desliga – nem mesmo quando você está dormindo. Durante o sono, ele ainda usa (e drena) energia. Sua cabeça ainda está repassando cada pequena questão e preocupação: como foi seu dia, a conversa com sua sogra, planejando suas próximas férias. O córtex frontal continua ligado a noite toda – embora um pouco mais silencioso, ele ainda processa um grande volume de informação. Sabe aquela sensação quando você está meio dormindo, meio acordado? Uma parte do seu cérebro está adormecida, mas o intelecto ainda está em pleno funcionamento. Você sente como se estivesse pensando a noite toda – e é isso mesmo! – e acorda exausto. De certa forma, mais exausto do que quando foi dormir. Isso porque você deixou o computador ligado a noite inteira. O córtex frontal ainda estava ativo! O computador continuou usando energia para executar e processar arquivos, por isso ele não recarregou totalmente. Você não chega a 100% da bateria. O seu intelecto estava pensando e se preocupando e seu cérebro límbico passava pelo depósito de memórias enquanto você dormia e sonhava a noite toda. Pode ser que uma lembrança de algo que aconteceu durante o dia ou antes tenha sido acionada, mas você não dormiu o suficiente para processá-la e soltá-la. Não é nenhuma surpresa que você acorde com o pé esquerdo e fique o dia todo se sentindo mal.

Sabemos que os pensamentos nada mais são que impulsos elétricos de inteligência. Os cientistas podem medir os pensamentos em sinais eletromagnéticos, à medida que surgem. De acordo com o cardiologista e escritor Deepak Chopra, temos entre 60 mil e 80 mil pensamentos em um dia. Você acha que algum de nós tem 60 mil pensamentos originais numa quarta-feira qualquer? Nada disso! Temos sorte se tivermos seis pensamentos originais num dia. O resto não passa de redundância improdutiva. Ficamos nos contando a mesma história repetidas vezes – em dias diferentes, com gatilhos diferentes, mas sempre as mesmas frustrações e ansiedades. Todo esse pensamento é como ter muitos arquivos abertos num computador, o que drena a bateria e deixa todo o dispositivo lento. Imagine se você pudesse reduzir os 60 mil pensamentos para 50 mil. Você já seria muito mais vibrante! Teria um brilho em sua pele e um impulso extra a cada passo do caminho. As pessoas começariam a lhe perguntar o que tem feito de diferente, se você perdeu peso ou começou a praticar yoga. Você se tornaria muito mais vivo, conectado, dinâmico e criativo – e também estaria economizando muita energia, que poderia ser usada para atividades mais significativas, que melhorassem sua vida.

> *Quando você está mentalmente exausto, sua resposta ao que está ocorrendo na sua vida (mesmo que seja uma coisa boa!) é: Não consigo lidar com isso. É demais. Estou esgotado. Eu me sinto fora de controle.*

Quanto menor o número de pensamentos em sua mente, mais presente, consciente, decidida, focada, perceptiva, clara, estratégica, criativa e inovadora ela será. Quanto menor a atividade, mais otimizada será a função de todas as faculdades mentais. Existe uma relação direta entre a quantidade de energia voltada para suas faculdades mentais, o número de pensamentos que você tem e a função da sua mente. Baixos níveis de energia significam mais pensamentos e menor função. Níveis mais altos significam melhor função e menos pensamentos. Espero que você esteja percebendo que a maneira mais simples de se tornar mais atento, focado, claro e criativo é carregar sua mente com o poder da energia vital.

Estresse: A mente no modo sobrevivência

Nas culturas ocidentais, somos levados a achar que pensar é bom. O pensamento tem seu valor, mas pensar a mesma coisa de forma repetitiva – muitas vezes por cinco, 10 ou sabe Deus quantos anos – é claramente ineficiente. Para funcionar na vida, precisamos planejar, pensar, entender, julgar e interpretar. Mas continuar fazendo a mesma coisa de forma repetitiva é um desperdício de tempo, esforço e energia… e, na verdade, da própria vida. Quando eu era advogada, muitas vezes ficava obcecada com um caso. Ele passava pela minha mente de manhã, de tarde e de noite, até depois de já terminado. Olhando para trás agora, isso parece loucura. Eu tinha muitos casos para cuidar e estava com o tanque quase vazio, mas, no nível do intelecto, ficava acelerando o motor repetidamente sem ir a lugar nenhum. Eu estava estressada o tempo todo. Então comecei a perder o foco e a eficiência, o que só criava ainda mais pensamentos de autocrítica e preocupação. A minha mente estava sobrecarregada.

Esse é um estado muito familiar para a maioria das pessoas. Muitos arquivos abertos na mente criam o que chamamos de "estresse" no sentido mais amplo da palavra. O estresse é fundamentalmente um subproduto da baixa força vital no nível mental e é um estado energeticamente dispendioso, que desgasta todo o organismo ao longo do tempo. Quando a mente está sobrecarregada e cansada, pensamentos, percepções e perspectivas tornam-se mais fracos, nossas reações aos acontecimentos da vida tornam-se negativas e todo o organismo entra em "modo de defesa", direcionando enormes quantidades de recursos internos para se proteger de ameaças percebidas e para sobreviver. Quando você está mentalmente exausto, sua resposta ao que está ocorrendo na sua vida (mesmo que seja uma coisa boa!) é: *Não consigo lidar com isso. É demais. Estou esgotado. Eu me sinto fora de controle.*

Eis uma definição simples de estresse do ponto de vista da energia: o estresse é quando a demanda excede a sua capacidade. Muita demanda e pouca capacidade (pouco tempo e pouca energia) para atendê-la. Você tem muitas coisas para fazer, mas não tem tempo nem energia suficientes para fazer tudo isso. E o que está drenando todo o seu tempo e sua energia? Alguns elementos externos, sobre os quais você tem pouco controle, podem estar contribuindo para isso, mas a atividade mental sem fim também está minando sua eficiência, sua produtividade, sua clareza e sua vitalidade.

De maneira geral, cada um de nós nasce com uma bateria totalmente carregada de força vital, e todos temos 24 horas por dia para fazer as coisas. Supondo que todo mundo tenha a mesma quantidade de recursos interiores disponíveis, ainda assim alguns constroem impérios e movem montanhas, enquanto outros lutam para dar conta das exigências básicas da vida diária. Por que isso acontece? Se uma pessoa está mentalmente esgotada e com pouca força vital, enquanto outra tem energia mental elevada, esta se mostrará capaz, disposta e pronta para lidar com muito mais coisas na vida – e com um sorriso no rosto!

Quando você tem menos energia mental, também é menos eficiente – o que significa que tem menos tempo para fazer as coisas que precisa ou quer fazer. Como resultado, até mesmo as menores coisas parecem exigências das quais você não consegue dar conta. Não há energia, tempo ou espaço suficientes na mente para lidar com a vida diária, então você experimenta a vida como "estressante" – mesmo que o "fator de estresse" seja algo alegre, como um casamento ou uma nova e emocionante oportunidade de negócio. Se você quiser reduzir o seu estresse tentando remover as exigências externas da sua vida, não me parece a melhor solução. A realidade é que talvez não seja possível encurtar sua lista de tarefas. Para mim, ter energia suficiente apenas para fazer o que precisa ser feito não deve ser uma vida muito boa. E quanto ao entusiasmo, à animação e à energia para as coisas que você realmente quer fazer? Essa é a diferença entre existir e viver de verdade. E a melhor maneira de fazer isso é conservar e recarregar a sua energia mental, livrando-se do falatório do intelecto, repleto de dúvidas, reclamações, julgamentos e negatividade. É preciso enfatizar sempre: mais energia significa níveis mais altos de função cognitiva e níveis mais altos de felicidade.

Otimize o seu intelecto

Lembre-se do princípio de ausência de esforço da mente: se você quer que sua mente funcione de maneira ideal, o segredo é reduzir a atividade mental desnecessária.

O que qualquer bom pai ou amigo dirá a alguém que esteja obcecado com um problema é: "Deixe isso para amanhã", ou "Tente não pensar nisso por algumas horas". Dizemos isso porque precisamos desligar o córtex frontal, pois quando a atividade dele diminui, conseguimos entrar num estado de fluxo, clareza mental, criatividade e insights. Novas informações se tornam disponíveis quando nos aquietamos. De repente, descobrimos a melhor coisa a fazer. Subitamente, vislumbramos uma nova ideia ou um novo logotipo, ou lembramos onde deixamos as chaves. Para esse momento "eureca" surgir, são necessários energia e espaço mental. Largar o pensamento, mesmo que por um instante, conserva a energia e dá à mente um momento para se estabelecer numa camada mais profunda de consciência, para que uma nova perspectiva possa surgir.

Você já percebeu que, quando está em uma situação inesperada ou um ambiente desconhecido, consegue tomar decisões mais rápidas do que quando está preso na mesma rotina? É porque numa circunstância nova, você é forçado a inovar, a transcender o intelecto, e não pode simplesmente retornar ao pensamento repetitivo. Quando eu estou falando diante de grandes plateias, não tenho tempo para pensar muito. Minhas palestras costumam ser sessões de perguntas e respostas, em que as pessoas me questionam sobre a vida delas e o que é mais importante. É como uma improvisação. Há 500 espectadores com desafios pessoais únicos na sala, todos competindo pela minha atenção. Quando alguém faz uma pergunta, sou forçada a estar focada no momento. Meu intelecto julgador e analítico é desligado e minhas respostas são espontâneas. Isso é o que acontece em estado de fluxo. Nós nos movemos para além do pensamento repetitivo e nos estabelecemos no momento presente.

Esse desligamento temporário do intelecto durante um momento de fluxo pode realmente ser observado em um nível neurológico. Quando você está em fluxo – completamente presente e absorto no que está fazendo, naquele estado fugaz em que perde toda a noção de tempo e sua criatividade e seu desempenho alcançam nível máximo –, acontece algo no cérebro chamado de *hipofrontalidade transitória*.[7] Literalmente, isso significa que a atividade no córtex frontal é temporariamente diminuída ou desativada. Quando isso acontece, você mergulha na enorme base submersa do iceberg, e momentos de clareza, intuição e insight profundo emergem das profundezas do oceano. Quando o intelecto finalmente se acalma, você é capaz de acessar todas as outras partes da mente que estavam sendo ofuscadas pela tirania da mente pensante. Recarregue a sua mente com força vital e você vai mergulhar naturalmente e sem esforço no estado de fluxo.

Na sua mente, o que é antigo é novo

Não é apenas o pensamento incessante do intelecto que consome energia e deixa o sistema lento. Sob a superfície da água existem centenas de programas ativos consumindo energia o tempo todo, dos quais nem sequer estamos conscientes.

> *Se quisermos novas ideias, novas escolhas e ações diferentes – se quisermos nos aventurar para fora da caixa de nossas crenças limitantes –, precisamos excluir os cookies armazenados ou, pelo menos, fechar as janelas abertas.*

A direção de nossos pensamentos e o movimento de todo o iceberg são determinados por sua base submersa. É aí que a maioria dos dados é armazenada. É o disco rígido da mente. A maioria dos computadores mantém um histórico que prevê o que você vai pesquisar com base nas suas pesquisas anteriores. Isso resume mais ou menos a sua vida. Não há muitas coisas novas acontecendo! Agimos a partir dos acontecimentos do passado, girando em círculos. É aqui que nascem as nossas crenças limitantes: no armazém de memórias passadas, muitas delas remontando à primeira infância, que nos levam a chegar a certas conclusões sobre quem somos e sobre como o mundo funciona. Se quisermos novas ideias, novas escolhas e ações diferentes – se quisermos nos aventurar para fora da caixa de nossas crenças limitantes –, precisamos excluir os cookies armazenados ou, pelo menos, fechar as janelas abertas.

A esmagadora maioria dos seus pensamentos é controlada por experiências, crenças e padrões emocionais antigos que você formou na infância. Isso é o que chamamos de "mente condicionada". É como um seriado de comédia ruim a que você assiste de novo, de novo e de novo. A reprise é engraçada uma ou duas vezes, mas, na terceira vez, é apenas uma maneira de manter-se ocupado e, na quarta ou quinta vez, você fica entediado, frustrado e cansado daquilo. A mesma coisa está acontecendo dentro da sua mente, com seus pensamentos. Você também está ficando cansado do mesmo pensamento antigo e das mesmas emoções antigas. Internamente, está fazendo as mesmas coisas, alcançando sempre os mesmos resultados, ficando frustrado e vivendo uma vida morna. A única coisa que muda é o objeto externo do seu foco e da sua atenção. Uma das principais coisas a entender é que o córtex frontal é praticamente responsável apenas por pensamentos, ideias e crenças repetitivas. Ele realmente não produz grandes resultados. Você continua fazendo a mesma coisa repetidas vezes, como o cachorro de Pavlov ou um rato de laboratório num labirinto.

As memórias a que você se agarra e que envia de um lado para outro no intelecto criam um enorme desgaste em sua força vital. Arquivos no cérebro límbico, inclusive pensamentos, emoções e memórias parcialmente processados e não resolvidos, gastam energia mantendo-se abertos. Se eu lembrá-lo de um arquivo negativo – um antigo relacionamento que partiu seu coração, um negócio que azedou ou um amigo que o traiu –, a rapidez com que você sente a emoção associada a ele indica quão poderoso ele é e quanta energia está drenando. Mesmo que você não saiba como deletar o arquivo do disco rígido, deve ao menos aprender a fechar a janela. Esses arquivos abertos drenam a vida em você e, potencialmente, deixam todo o seu sistema lento. Mais uma vez, o sistema operacional da sua mente contém uma quantidade quase inimaginável de dados, mas não pode conter tudo. Pode haver uma quantidade infinita de espaço de armazenamento, mas talvez você não tenha a capacidade de manter tudo isso sem travar ou ficar lento.

Se houver 100 arquivos abertos no computador da sua mente, mesmo que você não os veja, eles estão gastando sua bateria. Eles consomem sua capacidade mental, seus talentos, sua energia, sua inteligência, sua sabedoria e sua intuição, impactando tudo.

É preciso ter energia para manter as coisas de que você não precisa e de que não tem consciência ocupando o espaço interno – crenças e suposições que funcionaram para você há 10 anos, mas não fazem o menor sentido em sua vida hoje. Talvez seja a crença de que ninguém liga para você, criada quando você era criança e sua mãe era muito ausente, ou a suposição baseada em um trauma passado de que o mundo não é um lugar seguro e você tem que se defender constantemente contra potenciais ameaças. Voltar à mente de iniciante, à mente livre e espontânea que você tinha quando era criança, é o necessário para um funcionamento mental ideal. Quanto mais olhar as situações com uma mente de iniciante, menos esforço você fará e mais poderá deixar de lado tudo que não lhe serve. Mas, em vez de se desapegar, você desperdiça toda a sua energia tentando se agarrar às coisas e manter tudo em seu lugar.

As coisas a que você se agarra ocupam espaço e consomem energia. Se continuar baixando aplicativos no seu telefone até o armazenamento ficar quase esgotado, o celular eventualmente vai parar de funcionar. Se você tem muita coisa baixada, seja aplicativos úteis ou não tão úteis, isso deixa o disco rígido lento. Quando eu compro um novo telefone, a primeira coisa que faço é me livrar dos aplicativos que não quero. Sei que, se houver muitos aplicativos em execução, a bateria do meu telefone vai durar menos e eu precisarei carregá-lo com mais frequência. Internamente, ter programas demais abertos entulha e atravanca nossa paisagem mental. Você precisa recarregar sua bateria todos os dias. Potencializar a sua força vital inata é a maneira mais rápida de recarregar a sua mente inteira *e* deletar os arquivos antigos do disco rígido para que o computador e todo o hardware e o software funcionem melhor.

EXERCÍCIO: Quais programas estão abertos no seu sistema?

Eu gostaria de fazer um exercício rápido para ajudá-lo a identificar alguns dos programas em execução na sua mente que mais consomem energia. Quero que você descubra como sua mente está usando seus recursos internos, suas habilidades e sua energia desnecessariamente. Além disso, este exercício será importante para o próximo capítulo, em que a proposta será entrar em contato com as coisas a que você está se agarrando nas camadas mais profundas da mente e da emoção.

Como você pode ver, na página 91 há um quadro em branco dividido em quatro colunas. Por favor, pegue uma caneta e dedique de 5 a 10 minutos para fazer este exercício. Na primeira coluna, escreva uma lista com 10 coisas que estão na sua mente recentemente. Estamos falando de coisas em sua vida que estão tomando sua atenção e consumindo sua energia: o lançamento de um produto, seu chefe, seus colegas, problemas financeiros, filhos, pais, mudança climática... Seja o que for, basta escrever uma única palavra ou frase para representá-lo. Se estiver cogitando uma mudança de carreira, escreva "mudança de carreira". Você não precisa incluir detalhes. E se estiver com dificuldade para identificar as coisas nas quais você anda pensando, procure observar o que anda *falando* com amigos e familiares. O que mais comentamos é geralmente uma boa indicação do que está acontecendo internamente. Veja um exemplo de como sua lista pode ser:

- Mudança de carreira
- Dívidas
- Ganho de peso recente
- Conflito com parceiro ou parceira
- Preocupações com a situação política
- Problema de saúde recorrente
- Nova dieta
- Cuidados com uma mãe idosa
- Compra de carro
- Economias para voltar a estudar

Na segunda coluna, ao lado de cada item, indique a emoção gerada quando você pensa na situação em questão, usando um sinal de "+" para uma emoção positiva ou um sinal de "-" para uma emoção negativa. Às vezes, você pode perceber que uma situação – particularmente algo importante, como uma mudança de carreira – cria emoções positivas e negativas; nesse caso você pode colocar um sinal de "+" e um sinal de "-".

Quando terminar, some todos os pontos positivos e negativos. Como estão seus resultados? Sua lista é 10%, 50%, 90% positiva ou negativa? Ao longo de quase três décadas de trabalho e observação de milhares de pessoas, o que descobri é que, em média, o conteúdo principal da mente da maioria das pessoas é cerca de 80% negativo. Eu pergunto: como está a sua mente?

Voltaremos a este exercício no próximo capítulo para explorá-lo mais profundamente (é quando você preencherá as colunas restantes). Por enquanto, basta dizer que pensamentos positivos geram emoções positivas e pensamentos negativos geram emoções negativas. Obviamente, pensamentos e emoções negativas drenam nossa vida e nossa energia, enquanto pensamentos e emoções positivas elevam nossa energia e melhoram nossa qualidade de vida. Se quisermos potencializar nossa energia e criar o espaço para que mais emoções positivas surjam, precisamos abordar a negatividade a que a mente se agarra.

10 COISAS NA SUA MENTE	EMOÇÕES	EMOÇÕES ESPECÍFICAS	PASSADO, PRESENTE, FUTURO

CAPÍTULO 5

O passado é presente

Há um ótimo filme que você deve ter visto chamado *Feitiço do tempo*, sobre um meteorologista de TV (interpretado por Bill Murray) que acorda certa manhã e fica horrorizado ao descobrir que está revivendo o dia anterior: os mesmos acontecimentos, experiências e pessoas, até os mínimos detalhes. O personagem de Murray se vê vivendo esse estranho evento inexplicável, dia após dia, preso num eterno ontem.

O filme (que foi dirigido por um cineasta budista) oferece uma boa visão de como a mente funciona da perspectiva védica. Os *rishis* perceberam que uma das tendências básicas da mente é ficar agarrada ao passado. Mas, ao contrário do filme, na vida real você não tem ideia de que sua mente está revivendo o passado repetidas vezes. As coisas ao seu redor parecem diferentes, então você acha que elas mudaram. Mas, internamente, ainda está apenas reprisando a mesma fita antiga da mente condicionada. É isto que a mente faz: ela traz o passado para o presente e, então, pega o presente, que é baseado no passado, e o utiliza para criar o que parece ser o futuro – que na verdade é apenas outra recriação do passado! Isto mesmo: o seu futuro nada mais é do que o ressurgimento do passado num "novo" formato!

Nós não estamos totalmente conscientes disso, mas passamos a vida inteira repetindo as mesmas experiências e, frequentemente, os mesmos erros. A mente fica presa em algo que aconteceu no passado, não consegue se desapegar, e isso gera pensamentos mais ou menos do mesmo tipo, que então produzem ações similares, que levam a resultados iguais ou semelhantes. Os resultados podem parecer diferentes porque a situação, a pessoa ou o objeto de foco mudou, mas não se engane, ainda estamos andando em círculos.

Lembra-se do ditado "Insanidade é fazer a mesma coisa esperando resultados diferentes"? Bem-vindo ao Dia da Marmota!

Se quisermos trazer a mente de volta ao momento presente, ao estado de fluxo, conectado à fonte de energia e inteligência interior, primeiro precisamos descobrir onde ela está presa. Quando estamos no momento presente, a mente fica imóvel, calma, poderosa e focada. Não há atividade desnecessária. A atividade mental que nos tira do momento está inevitavelmente relacionada ao passado ou ao futuro. Se você olhar para a própria mente, perceberá que está constantemente agarrado a pensamentos sobre o passado e o futuro – e às emoções negativas geradas por eles. Esse é o círculo vicioso mental que está minando nossa vitalidade mental e causando estresse em todo o sistema.

Se quisermos trazer a mente de volta ao momento presente, ao estado de fluxo, conectado à fonte de energia e inteligência interior, primeiro precisamos descobrir onde ela está presa.

Você já se perguntou de onde vêm os pensamentos? Eles surgem na nossa cabeça o dia todo, sem aviso, e muitos deles nós nem queremos. Então, que diabos?! De onde eles vêm? Segundo o vedanta, a raiz de todo pensamento é o passado (*smriti*). Todo pensamento, positivo ou negativo, é criado pelo passado. Nós gostamos de pensar que estamos respondendo à vida no momento presente, com uma mente aberta, mas a realidade é muito diferente. Aprendemos no capítulo anterior que os pensamentos dos quais estamos cientes estão na ponta do iceberg e vêm do banco de memória na parte submersa. Vemos algo no ambiente que estimula nossa faculdade de percepção (de forma consciente ou inconsciente), e isso faz com que um pensamento borbulhe até a superfície a partir da profunda e submersa vastidão do banco de memória. Para mim, essa é uma ideia muito assustadora. Será que estamos mesmo condenados a apenas reviver a mesma porcaria de novo e de novo? Em um certo nível, sim.

Quando você vê um pitbull na rua, não vê apenas um pitbull – você pode estar vendo o pitbull que o atacou quando era criança ou o pitbull doce e amoroso que seu amigo resgatou recentemente. A mesma coisa acontece com os estímulos em sua paisagem interior. Digamos que você planeja se casar em breve e imagina como seria seu futuro casamento. Seus pensamentos sobre o assunto não são apenas uma resposta pura, no momento presente, à ideia de se casar. Eles são influenciados por todos os dados que sua mente reuniu, armazenou e identificou como "casamento", "divórcio", "família" e o restante de tópicos relacionados – que são intermináveis: observação das interações dos seus pais quando você era criança, filmes que você viu que exploram os temas casamento e divórcio, fotos no Instagram de seus amigos casados, parecendo felizes, e conversas com amigos sobre os problemas que eles têm com seus respectivos cônjuges. Você pode pensar que está apenas imaginando sua futura vida conjugal, mas, abaixo do nível consciente, sua mente está fazendo uma jornada pelo passado.

Quando um pensamento borbulha para a superfície, o intelecto o julga, analisa e disseca. Ele observa o pensamento de todos os ângulos e o divide em 1 milhão de pedaços pequenos. Mesmo que estejamos vivenciando ou aprendendo algo pela primeira vez, a mente ainda assim desenterra arquivos antigos para influenciar a maneira como o percebemos. É o que chamamos de *condicionamento*, e é por isso que as mesmas coisas acontecem com a gente repetidas vezes. Também é em grande parte a razão pela qual é tão difícil se libertar de antigos padrões. Se queremos algo novo em nossas vidas, precisamos estar cientes do que estamos guardando em nosso banco de memória para que possamos escolher de forma consciente se vamos usar ou descartar essas informações. Isso é uma coisa que nunca nos ensinaram a fazer. É possível remover os arquivos que estão sobrecarregando o banco de memória, e adiante aprenderemos técnicas para isso. Mas o primeiro passo crucial é compreender quanto o passado está nos roubando do presente – e do futuro.

> *A pessoa que somos, a maneira como vivemos agora e a forma como criamos nosso futuro estão todas sendo decididas pelo passado. E não acho que seja necessário lhe dizer que não são apenas as memórias alegres e os momentos agradáveis que moldam o nosso jeito de ver as coisas.*

A compreensão védica da mente diz que *chitta*, a memória, é o que define nossa personalidade e determina a maneira como vemos o mundo. Tendo crescido na Índia, por exemplo, eu estava programada para ter um pensamento comunitário. No lado positivo, gravito naturalmente em direção à colaboração e a atividades em grupo. No lado negativo, minha reação automática é sempre pensar no que é melhor para o grupo, muitas vezes sem levar em conta minhas próprias necessidades e meus desejos.

O passado controla a direção dos nossos pensamentos, que determinam como agimos, o que, por sua vez, determina o que criamos na nossa vida, e isso fortalece ainda mais as crenças e perspectivas que construímos com base em experiências passadas. Isso significa que a pessoa que somos, a maneira como vivemos agora e a forma como criamos nosso futuro estão todas sendo decididas pelo passado. E não acho que seja necessário lhe dizer que não são apenas as memórias alegres e os momentos agradáveis que moldam o nosso jeito de ver as coisas. A maior parte do que guia as nossas ações e gera as dificuldades que continuamos enfrentando é o *passado negativo*. É esse ciclo interminável de emoções e pensamentos negativos gerados pelo passado que drena mais energia mental do que qualquer outra coisa que possamos imaginar. Não sofremos apenas o dano do que quer que tenha acontecido no passado que nos desagradou ou consideramos injusto; sofremos novamente e drenamos ainda mais energia, porque continuamos carregando esse acontecimento conosco no presente e para o nosso futuro. O evento passado está contaminando *este momento*, o momento a partir do qual nós criamos o nosso futuro.

E o futuro? Por mais que sua mente esteja agarrada ao passado, ela também pode ficar presa ao futuro. Se você pudesse ver todos os arquivos do seu banco de memória, descobriria que o que está armazenado ali são não apenas lembranças de coisas que já aconteceram, mas também memórias de preocupações, sonhos e desejos para o futuro... que são inteiramente baseados nas suas experiências do passado. No nível da mente, *o futuro nada mais é do que as expectativas do passado*. Nós pegamos todas as informações que reunimos – tudo que aprendemos, experiências, dados, ideias, suposições, ideologias e sistemas de crenças coletados ao longo dos anos – e as projetamos num presente que ainda não chegou. Essa jornada de passado e futuro – de ficarmos remoendo algo que aconteceu e nos preocupando com algo que pode vir a acontecer – é um dos programas mentais mais ineficientes em termos energéticos. Por quê? Porque ele nunca para de rodar!

Tire um momento para olhar sinceramente para si mesmo. Quanto tempo e energia você gasta pensando sobre o que aconteceu ontem ou cinco anos atrás? E sobre o que pode acontecer amanhã ou daqui a seis meses? Você sabe que não pode mudar seu passado e que o futuro pode ou não acabar sendo como você imagina, mas já parou para pensar quanto tempo desperdiça nisso? Se estiver sendo sincero, a resposta será *muito*. Essa constante oscilação entre o passado e o futuro é simplesmente a natureza da sua mente. Para a maioria das pessoas, como vimos, pelo menos 80% desses pensamentos sobre o passado e o futuro são negativos. Se oito de 10 arquivos abertos na sua mente forem negativos, isso naturalmente dará o tom de sua percepção e seu ponto de vista sobre o que está acontecendo agora. Você verá as coisas não com clareza, mas pelo filtro dessa negatividade: *Isso sempre acontece comigo. Isso nunca é uma boa ideia. Eu não sei se posso fazer isso. Eu não tenho certeza.* E assim por diante.

Observe a sua própria vida: se 10 coisas positivas e uma negativa acontecerem com você, de qual vai se lembrar? Alguém lhe dirige 10 elogios e um insulto. O que tem mais energia, o insulto ou os elogios? Dez coisas incríveis acontecem ao longo do seu dia de trabalho – você encontra um novo amigo para almoçar, tem uma boa conversa com seu chefe, suas tarefas correm bem –, mas você fica preso no engarrafamento por 30 minutos a caminho de casa e está atrasado para um jantar. No que você se concentra mais? O que ocupa mais do seu tempo – a positividade ou a negatividade? Para a maioria de nós, é a negatividade. Mais uma vez, essa é apenas a natureza da mente. Freud afirmou que todas as memórias armazenadas têm uma carga energética específica, e a carga de memórias negativas é muito mais forte do que a de memórias positivas ou neutras. A ciência moderna também nos diz que o nosso cérebro foi programado com um viés negativo tão automático que pode ser detectado já no estágio inicial do processamento da informação. Nós somos simplesmente construídos com uma sensibilidade maior a notícias desagradáveis. Claro que isso é valioso na medida em que pode nos manter fora de perigo. No entanto, esse viés nos impacta em todos os aspectos da nossa vida.

Dizer que a negatividade tem uma carga elétrica maior significa que ela consome mais energia. Isso é verdade quer estejamos ativamente nos lembrando das coisas ruins que aconteceram conosco ou tentando reprimi-las. É preciso dispender *muita* energia para manter as memórias dolorosas ou traumáticas submersas abaixo da linha da água, onde não podemos vê-las. Quanto maior a carga negativa, mais frequentemente a memória é acionada e mais energia é necessária para varrê-la para baixo do tapete.

É claro que refletir sobre o passado nem sempre é ruim. Podemos olhar para o passado em busca de lições para nos ajudar a entender o presente e melhorar o futuro. Mas sejamos honestos: isso não é realmente o que fazemos na maior parte do tempo. Vivemos pensando no passado porque estamos agarrados a alguma coisa que não conseguimos deixar pra lá. Há alguns anos, uma amiga estava dirigindo e sofreu um acidente na via expressa. Desde então, dirigir para ela sempre está associado a pensamentos como: *Isso é demais pra mim. Não é seguro. Eu dirijo mal. Eu não gosto disso.* Ela pode tentar bloquear esses pensamentos na própria consciência, mas eles sempre estão lá. A mente dela ainda está apegada ao acidente, e isso afeta seus sentimentos sobre dirigir (e sobre suas habilidades como motorista) agora – algo que ela carrega para o futuro. Em vez de aprender a lição, de refletir sobre o que ela fez de errado para causar o acidente, ela permite que a experiência gere arrependimento, ansiedade e julgamento em relação a si mesma e ao ato de dirigir. É isto que fazemos: a lição é muito simples, mas criamos uma enorme história em torno do que aconteceu e ficamos presos nela. Ela não pode voltar no tempo e desfazer o acidente, e mesmo assim a mente dela não se desapega. Não há nada no mundo que possamos fazer para mudar o passado, mas ele sempre afeta a nossa vida: nosso trabalho, nossos relacionamentos, nossa saúde, nosso bem-estar e nosso prazer de viver. No caso da minha amiga, não é difícil ver como esse ciclo está drenando sua vitalidade mental e seu ânimo toda vez que é acionado. Ele gera mais esforço mental, mais pensamentos e mais carga negativa quando ela entra no carro.

Gostamos de pensar que estamos "resolvendo as coisas" quando nos preocupamos com elas. Mas me diga: alguma vez a preocupação já ajudou você a encontrar uma solução para o que quer que fosse?

Ficar preso ao futuro pode ser igualmente desgastante. Os pensamentos sobre o futuro podem trazer entusiasmo e esperança, mas frequentemente causam medo, preocupação, ansiedade e, no extremo, pânico. Isso também nos rouba do momento presente! Muito do que acontece na vida está além do nosso controle, e as coisas podem ou não sair como planejamos. Mesmo que o futuro que tanto tememos chegue, agir no presente a partir da preocupação não nos ajuda no agora.

Gostamos de pensar que estamos "resolvendo as coisas" quando nos preocupamos com elas. Mas me diga: alguma vez a preocupação já ajudou você a encontrar uma solução para o que quer que fosse? Se está preocupado com a possibilidade de perder o emprego, você não consegue se concentrar nem se sair bem no trabalho. Se está tão preocupado com sua situação financeira que não consegue dormir à noite, isso rouba a energia criativa de que você precisa para encontrar fontes alternativas de renda. A preocupação e a ansiedade provavelmente estão afetando sua saúde – o que exige ainda mais energia – e atrapalhando seu pensamento e sua capacidade de tomar decisão. Você consegue perceber como está criando uma profecia autorrealizável? É assim que o seu futuro está matando o seu presente.

Dreno emocional

Como regra geral, quanto mais tempo passamos pensando no passado e no futuro, mais ficamos presos recriando o passado e as emoções negativas que o acompanham. O maior dreno está nas emoções e na autocrítica sobre as emoções que se desencadeia. Emoções são pura energia. Elas são simplesmente movimentos da força da vida para cima ou para baixo no sistema (a palavra *emoção* vem do latim *motio*, que significa movimento). Se deixarmos que sigam seu curso, as emoções vêm e vão facilmente. Uma emoção com carga negativa *consome* energia, enquanto uma emoção carregada positivamente *potencializa* a energia. Quando nossa força vital está alta, somos menos críticos em relação às nossas emoções e permitimos que elas venham e vão como uma ondulação na água. No entanto, quando a força vital está baixa, uma emoção negativa pode criar uma fenda profunda como o Grand Canyon.

Toda emoção negativa é uma resposta ao passado ou ao futuro, nunca ao momento presente. Observe a raiva: ela é sempre sobre algum acontecimento, situação ou pessoa de que você não gosta e que se recusa a aceitar. Já a ansiedade surge quando você está se preocupando com a possibilidade de algo dar errado no futuro. Não chamamos essas emoções de negativas porque elas sejam ruins ou erradas em si mesmas, mas porque criam perturbações na mente que afetam negativamente sua energia, sua perspectiva e sua qualidade de vida. Pense no que acontece quando você está irritado ou triste. Você fica com mais energia e foco ou distraído e tenso? E quando sente alegria ou amor

– como isso afeta sua energia e seu foco? Uma emoção positiva é chamada assim porque aumenta e reabastece sua força vital. Ela o traz de volta ao momento presente. Quando está tomado pela gratidão por um ente querido ou recebe boas notícias, perceba que você passa o resto do dia com mais resiliência, entusiasmo e energia.

Os *rishis* perceberam que tudo que queremos na vida está diretamente relacionado à nossa capacidade de nos desapegarmos do passado e do futuro e retornar ao momento presente. Esse é o caminho espiritual – é todo o propósito de praticar yoga, meditar, fazer terapia, aplicar técnicas de redução do estresse e realizar todas essas coisas com as quais procuramos melhorar a nós mesmos. Na medida em que a mente está no presente, experimentamos tudo aquilo que queremos na vida: felicidade, amor, conexão, clareza, foco, vitalidade, a sensação de estar plenamente vivo.

Quando não estamos presentes, sentimentos e momentos positivos são fugazes. Para voltar ao exemplo do casamento, decidir se casar pode ser uma das experiências mais felizes da sua vida. Mas leva apenas algumas horas ou alguns dias para a mente entrar em cena e dizer: "Cara, eu espero que isso dure." Ou você começa a ficar com medo de não conseguir pagar a cerimônia. Talvez algo em seu parceiro ou parceira de repente passe a aborrecê-lo constantemente. Você perceberá que isso acontece ainda mais rapidamente quando o sistema está esgotado. Se os níveis de energia estão baixos, a mente fica ainda mais presa na jornada do passado e do futuro. E isso traz mais pensamentos e emoções negativas. Como resultado, a experiência positiva se torna ainda mais curta porque você não consegue estar presente para ela. Você gostaria de poder aproveitar o momento, mas a mente está apegada demais a outro lugar para desfrutar o aqui e agora.

Emoções do passado: O espectro da raiva

Quando pensamos no passado, podemos sentir saudade ou amor ao refletir sobre as coisas boas que aconteceram. Mas é nisso que a sua mente se demora? Provavelmente não. Ela rapidamente gravita para o que não foi tão bom assim. Nós nos fixamos nas dificuldades do passado, que geralmente trazem sentimentos de raiva, arrependimento, culpa e acusação – o que eu chamo de "espectro da raiva" da emoção. A raiva está sempre relacionada a algo que aconteceu, nos desagradou e não conseguimos aceitar. Ela começa com impaciência, aborrecimento e irritação, transformando-se em ainda mais agitação e frustração e, finalmente, em raiva explosiva, hostilidade, fúria e violência – e isso é apenas a Fase 1. E depois, o que acontece?

Digamos que você ficou com raiva do seu marido ou dos seus filhos. Depois da explosão, o que geralmente surge é um sentimento de arrependimento. Com isso, entramos na Fase 2. *Sei que estou cansada e foi um dia longo, mas eu não deveria ter gritado com meus filhos. Eu não quero que eles cresçam me odiando.* A fase do arrependimento começa com um questionamento sutil do momento que já passou. Se nesse instante você fosse capaz de dizer *Ah, bem, fiquei com raiva, perdi a paciência e gritei com as pessoas que amo*, você se desculparia e iria em frente para o momento seguinte. Mas você não deixa pra lá. Você apenas continua se questionando e se lamentando pelas suas ações: *Por que eu fiz aquilo? Eu não deveria ter agido assim. O que há de errado comigo?*

Se você não parar na segunda fase, esse questionamento aumenta, levando à Fase 3: culpa. Não se trata mais de apenas questionar; agora há a autocrítica, você se menospreza e se sente defeituoso ou inadequado. Então começa a duvidar do seu valor próprio. Na fase da culpa, você usa sua energia contra si mesmo para se punir. Você começa a "eternizar" seu comportamento: *Eu sempre faço isso. Deve haver algo de errado comigo.*

O teste para ver se você aprendeu uma lição do passado é: você está feliz com o fato de ter crescido ou continua lamentando e reclamando do que deu errado?

Por quanto tempo você pode seguir se punindo? Em algum momento não há mais energia para continuar batendo em si mesmo. O corpo e a mente estão machucados. Você fica dizendo a si mesmo: *Eu sou ruim. Eu não sou uma boa pessoa. Sempre faço besteira.* E então reabsorve toda essa negatividade direcionada a você. E isso o leva à Fase 4: acusar e culpar os outros ou as circunstâncias. Você começa a precisar justificar as suas ações e fazer algo para aliviar a própria culpa, então cria histórias, explicações e razões para ter feito o que fez. É uma maneira de tentar se livrar do enorme peso da culpa. *Fiz aquilo porque meu marido me deixou com raiva. Fiz aquilo porque é o que minha mãe costumava fazer comigo quando eu era criança. Fiz aquilo porque o trabalho anda muito estressante ultimamente.* Não estou afirmando que esses motivos não sejam válidos, eles podem ser, sim. Mas você fica repetindo-os para si mesmo apenas para conseguir suportar a culpa. Na maioria das vezes, você começa se culpando. Mas isso só é possível por algum tempo. Depois é inevitável apontar o dedo para alguém ou outra coisa. E se fizer isso por tempo suficiente, mais cedo ou mais tarde o ciclo dará a volta e você recomeçará a se culpar.

Aqui está a pior parte disso tudo: a cada vez que o ciclo da raiva se repete, ele se torna mais intenso. Você vai um pouco mais longe no espectro da raiva. A irritação se torna frustração, a frustração se torna hostilidade e a hostilidade se torna fúria. À medida que você vai mais fundo no espectro, a menos que você encontre uma maneira de rejuvenescer e voltar ao centro, os pensamentos e as emoções da raiva vão se tornando mais fortes e passam a consumir cada vez mais energia. Quanto mais baixo estiver seu nível de energia, mais você ficará preso nesse ciclo.

É bem possível ficar preso num ciclo de raiva por causa de uma única situação por anos e até mesmo décadas, embora você não possa fazer nada para mudar a situação. Você pode dizer que está olhando para o passado para aprender a lição, mas, se tivesse realmente aprendido a lição, não estaria mais sentindo raiva e ressentimento. No momento em que você aprende a lição, em que encontra significado na situação, sua energia se inverte. Você se sente expandido, entusiasmado e empoderado, pronto para se libertar do passado e seguir em frente. A raiva naturalmente desaparece, e você volta ao momento presente, pronto para viver agora mesmo. O teste para ver se você aprendeu uma lição do passado é: você está feliz com o fato de ter crescido ou continua lamentando e reclamando do que deu errado?

Culpa: Lentamente minando a sua força vital

No ciclo da raiva, o estágio mais arrastado, o que mais consome energia, é a culpa. Essa é uma das emoções mais tóxicas e desgastantes que podemos experimentar, capaz de manipular e alterar nossa estrutura celular – e é provável que até mesmo influencie a expressão de nossos genes. Estudos mostraram que pessoas que têm tendência a desenvolver o sentimento de culpa têm maiores quantidades de marcadores inflamatórios conhecidos como *citocinas*, que contribuem para uma enorme variedade de doenças crônicas.[8]

Há alguns anos, um querido amigo foi diagnosticado com leucemia. Uma semana depois de terminar a quimioterapia, ele passou por uma recaída agressiva do câncer, e seus médicos acabaram recomendando um transplante de medula óssea. Descobriu-se que o médico que liderava seu transplante fizera extensos estudos no sítio nuclear de Chernobyl, examinando os impactos da radiação sobre a saúde. Ele estudou como algumas pessoas desenvolvem cânceres agressivos, resistentes ao tratamento, enquanto outras passam pela quimioterapia e permanecem saudáveis por muitos anos depois. O que ele descobriu foi que as emoções desempenham um papel *enorme* na progressão e na recuperação da doença. Sua teoria é que a culpa faz nossas células e nossos genes sofrerem uma mutação que enfraquece a função imunológica e todo o sistema corpo-mente. Curiosamente, meu amigo era alguém que lutou com uma enorme quantidade de culpa ao longo da vida.

Muitas vezes usamos a culpa inconscientemente como forma de manter um comportamento ruim. Se você se sente culpado por alguma coisa, sua mente considera isso um sinal de que você "não é tão mau assim". Sentir-se mal com o que aconteceu cria um certo distanciamento em relação à ação, oferecendo a você uma justificativa sutil para continuar com o mesmo comportamento e a mesma mentalidade condicionada.

Você tem duas escolhas melhores aqui: 1) Pare de se sentir culpado, simplesmente faça o que quiser e aceite as consequências ou 2) Pare de pensar sobre isso e simplesmente mude seu comportamento. Se você fizer alguma dessas duas coisas, voltará ao momento presente a partir de um lugar de aceitação. Mas não. Em vez disso, continuamos repetindo o mesmo comportamento e nos sentindo culpados. O ciclo é mais ou menos assim: *Eu fiz algo ruim, mas se me sinto mal com isso, não sou tão mau assim, então deixe-me continuar fazendo.* Isso é um exemplo do que é estar totalmente preso no passado, separado de sua própria vitalidade, de sua potencialidade e dos seus sentimentos. Deixe-me esclarecer: muita culpa leva à desconexão e ao distanciamento em relação ao próprio coração e aos próprios sentimentos. Eu vejo isso o tempo todo nos perfeccionistas: eles estão presos em um ciclo tóxico de raiva voltada a eles mesmos, frustração, acusação e culpa. Eu me lembro de quão presa estava nesse ciclo antes do retiro de silêncio. De vez em quando ele ainda ergue sua cabeça feia, embora não tanto quanto antes. Perfeccionistas são pessoas que sentem raiva de si mesmas, mas uma raiva muito reprimida e submersa. Ela se manifesta como frustração e rapidez em julgar a si e os outros silenciosamente. Mais cedo ou mais tarde, quando há toxicidade demais dentro de si, você precisa liberá-la culpando os outros ou internalizando tanto a culpa que acaba se isolando das pessoas. Essa é uma maneira infalível de ficar com energia zero, criando nem mesmo uma vida morna, mas uma vida morta.

Você já reparou que os perfeccionistas não são muito criativos? Ninguém quer um deles à frente de seu departamento de inovação. Eles fazem o que precisa ser feito, mas não são muito bons em gerar novas soluções e possibilidades. Um perfeccionista simplesmente não tem energia, clareza ou espaço mental para brincar com ideias ou criar algo novo, porque grande parte de sua energia mental está sendo consumida pelo passado. Eles até podem ser bem-sucedidos, mas pagam um preço alto por seu sucesso: estresse crônico, problemas de saúde, ansiedade e depressão, isolamento e, por fim, esgotamento.

Emoções do futuro: O espectro do medo

Se você não se identificou até aqui, preste atenção agora. Pois, se não passa a maior parte do tempo preso no passado, é porque você passa a maior parte do tempo preso no futuro.

Pensamentos sobre o futuro trazem consigo o espectro do medo, que também começa pequeno e vai crescendo lentamente. No início ele pode parecer algo como: *Eu não sei, eu não tenho certeza, mas e se...?* O medo começa com dúvida e insegurança, falta de confiança em si mesmo, que evoluem para a preocupação e, finalmente, o medo. Quando se prolonga, ele se torna ansiedade crônica e, por fim, gera ataques de pânico. Ele pode estar nas formas mais sutis de insegurança, talvez num nível inconsciente, e chegar a exigir medicação para você conseguir permanecer calmo o suficiente para funcionar em sua vida diária. Todas essas emoções derivam de uma apreensão negativa do futuro; a única diferença é a intensidade. Você pode estar preocupado com uma apresentação que tem que fazer no trabalho, ou duvidar de sua capacidade para fazer seu novo negócio dar certo. A certa altura, a preocupação se torna uma bola de neve e você não consegue dormir bem ou dorme demais; você não consegue pensar direito nem se concentrar no que está fazendo. Você então começa a encolher para se proteger e se autopreservar, criando ainda mais insegurança e dúvida. Esse é o círculo vicioso do espectro do medo.

> *Nossa mente é como uma máquina de pinball, indo e vindo sem parar do ontem para o amanhã. O preço que pagamos por essa jornada exaustiva é a qualidade do momento bem à nossa frente.*

Da Fase 1, que é de dúvida e insegurança, você passa para a Fase 2: o medo propriamente dito. É quando memórias do passado são ativadas de forma poderosa. Você volta ao passado e começa a abrir arquivos antigos na mente que podem ser semelhantes ou talvez apenas vagamente relacionados ao futuro que o preocupa. Você vai se lembrar daquela ocasião em que foi demitido, de quando acumulou uma dívida ou daquele primeiro encontro que foi horrível. Esses exemplos do passado justificam e fortalecem seu medo e, assim, você age não a partir de uma mentalidade criativa e flexível, mas de uma posição em que tenta evitar o pior e controlar danos. Observe que esse ciclo de medo acaba com o entusiasmo e a energia do novo relacionamento, do novo empreendimento ou de qualquer outra oportunidade ou possibilidade que você queira trazer para a sua vida. Quando o medo se torna espesso o suficiente, você alcança a Fase 3: ansiedade e pânico. Internamente, você fica totalmente fechado, bloqueado. O medo se estende além da situação específica e passa a cobrir tudo em sua vida. Você fica atormentado com o mal-estar e a sensação constante de que "algo está errado".

Observe como as emoções do passado e do futuro estão conectadas. O que você precisa perceber é que por trás das emoções do futuro estão sempre as emoções do passado. É por isso que o vedanta diz que a raiz de todo pensamento (mesmo dos pensamentos sobre o futuro) é *smriti*, o passado. Se alguém me procura se queixando de ansiedade, sei que, em 99% dos casos, o que vamos realmente trabalhar é a raiva reprimida. Essa pessoa pode estar ansiosa em relação à própria carreira, mas isso é apenas o que está em sua mente consciente. Essa é somente a ponta do iceberg. Abaixo do nível superficial da consciência, o passado e as emoções que ele evoca são os responsáveis por esses medos. Por trás da ansiedade e da insegurança há raiva. Frequentemente, raiva de si mesmo pelos erros cometidos e pelas formas como as próprias expectativas não foram atendidas. Há a tendência a se culpar e se autocriticar, que leva essa pessoa a não confiar em sua capacidade de criar a vida que deseja. A culpa é um enorme arquivo aberto que aciona centenas de outros arquivos afins, gerando pensamentos e sentimentos negativos em relação ao futuro. A simples verdade é que, na vida, nós criamos mais daquilo em que colocamos o nosso foco. É a lei básica da atração. Quando somos capazes de entender, reconhecer e lidar com as raízes mais profundas do problema que estão na mente inconsciente, os pensamentos e emoções no nível da consciência naturalmente mudam. Essa é a premissa da psicoterapia. Mude a direção do iceberg na base, e a superfície seguirá espontaneamente.

Percebe quão louco é tudo isso? Nossa mente é como uma máquina de pinball, indo e vindo sem parar do ontem para o amanhã. O preço que pagamos por essa jornada exaustiva é a qualidade do momento bem à nossa frente. Pode não parecer muito agora, mas se você somar todos os momentos de arrependimento, culpa ou preocupação, verá quanto da vida está desperdiçando. Some tudo: quanto do seu dia você desperdiça com algo que não pode mudar? Agora imagine numa semana, num mês, num ano. É para aí que sua preciosa energia, sua força vital, está indo: não para as coisas que quer construir e criar, não para as pessoas e atividades que você ama, não para o seu bem-estar, mas para um passado e um futuro que são reais apenas dentro da sua mente.

EXERCÍCIO: Identificando sua programação emocional

Pare por um momento e volte ao exercício no final do capítulo anterior. Agora vamos terminar de preencher as duas últimas colunas. Olhando para os itens que você escreveu na primeira coluna, pergunte a si mesmo quais emoções positivas ou negativas específicas cada pensamento gera. Rotule os sentimentos e seja o mais específico que puder: alegria, amor, entusiasmo, raiva, frustração, insegurança, ansiedade. Seja o que for, escreva na terceira coluna. Na quarta coluna, anote se cada item está relacionado ao passado, ao futuro ou ao agora (agora significando não "recentemente" ou "ultimamente", mas *neste exato momento*). Escreva P para o passado, F para o futuro e A para agora.

> Veja quanto tempo você gasta pensando no passado e no futuro! Quase tudo que você anotou está relacionado a um ou outro. Qual é mais dominante? Você tende a ficar mais preso na raiva, na culpa e no arrependimento em relação ao passado ou na ansiedade e na preocupação com o futuro? Quando soma tudo, quanto do seu tempo e da sua energia está indo para esses pensamentos? Eles estão drenando sua energia mais rápido do que você imagina, e isso é apenas a superfície, acima do nível da água do iceberg. Você é capaz de imaginar o que está acontecendo na base?

O que é irreal não é

Há um famoso verso na *Bhagavad Gita*, a grande escritura védica de 700 versos, que diz: "O que é real é, e o que é irreal *não é.*" O irreal *foi* e *será*, mas nunca é. Isso parece meio complicado, eu sei, mas, por mais abstratas e esotéricas que soem, essas palavras contêm uma verdade muito prática: *O passado e o futuro não são reais.* Eles não são "realidade" da mesma forma que o momento presente é. Você nunca pode mudá-los pela simples razão de que eles não existem fora da sua mente!

O que significa isso? O futuro é apenas nossa imaginação de como a nossa realidade deveria e poderia ser. É uma fantasia. E o que nós consideramos passado são apenas memórias armazenadas – memórias que, para começo de conversa, são marcadas pelos nossos pontos de vista e têm uma grande tendência a mudar e desaparecer com o tempo. Uma memória nada mais é do que nosso relato do que aconteceu e nunca poderá ser fiel aos fatos. Estudos científicos sobre depoimentos de testemunhas oculares mostram que o mesmo acontecimento é lembrado de maneira radicalmente diferente pelas pessoas que estavam presentes.[9] Os relatos de testemunhas oculares são tão notoriamente imprecisos que frequentemente interferem nos procedimentos legais. Não sou capaz de contar quantas vezes, quando eu era promotora, quatro testemunhas viram a mesma coisa e cada uma contou uma história diferente. Foi aí que eu comecei a perceber que o que chamamos de "memória" não é a verdade de uma situação.

Mesmo se você acha que recorda algo claramente, neste momento o fato existe apenas na sua mente, não é real. Nunca é. Já passou e não existe mais, como num sonho. Quando sonhamos, o sonho é real. Assim que acordamos de um sonho em que alguém nos está perseguindo, o coração ainda bate rápido e nossas pernas continuam enroladas nos lençóis, como se estivéssemos tentando fugir. Parece muito real enquanto está acontecendo, mas, logo que termina, ficamos desorientados e confusos. O sonho rapidamente esmaece e se torna uma lembrança. Às vezes acordamos e nem lembramos o que aconteceu; ficamos apenas com a vaga sensação de que o sonho não era tão bom. Algumas horas depois, até isso já desapareceu completamente. Não existe mais, assim como nada disso existia antes de sonharmos.

Se você olhar para a sua vida, para o que aconteceu ontem e o que aconteceu há um mês, essas coisas não existem mais, mas determinam o que existe para você no presente. Talvez sua mãe ou seu pai o tenham abandonado quando você era jovem, ou uma carreira em que colocou todas as suas esperanças e seus sonhos nunca deu certo. Enquanto você estava vivendo essas situações, era tudo muito real e criava um impacto. Mas, depois de passado algum tempo, ainda está aqui. Em algum momento, você precisa acordar e perceber que tudo não passou de um sonho. Está no passado. Já era. Já foi. Não existe agora. E, nesse sentido, não é real. Você aprendeu uma lição e passou. Agora você tem um novo momento para começar de novo. Ao se agarrar ao que aconteceu e tornar o fato real em sua mente, revivendo a história várias vezes, sempre lembrando que "isso aconteceu comigo", você transforma a si mesmo em vítima e dá ao passado ainda mais poder. Neste momento, você está vivendo a partir do poder do passado, não do poder do agora.

Deixar o passado para trás é uma escolha que está sempre à nossa disposição. Alguns dos mais célebres líderes e visionários da história sobreviveram a situações indescritíveis de injustiça e trauma, e depois tiveram uma vida incrível. O que eles passaram foi real quando aconteceu e moldou quem se tornaram, mas, para seguir com a vida, eles tomaram a decisão de viver o agora. Você acha que Nelson Mandela passou seus 27 anos na cadeia irritado e ressentido com as horríveis injustiças que havia suportado? Não. Ele aceitou o passado e escolheu fazer o que podia no presente para criar a mudança. Mas nem precisamos pensar nessas raras exceções. Há pessoas bem debaixo do seu nariz, inclusive você, que muitas vezes deram a volta por cima, abandonaram o passado e abraçaram o presente para criar um futuro incrível. Uma delas é Anthony Ray Hinton, um homem do Alabama que passou 30 anos no corredor da morte por um crime que não cometeu. Pouco depois de ser libertado da prisão em abril de 2018, ele disse à ABC News: "A amargura mata a alma. Eu não posso odiar porque minha Bíblia me ensina a não odiar. O que eu ganharia odiando?"[10]

> *Em algum momento, você precisa acordar e perceber que tudo não passou de um sonho. Está no passado. Já foi. Agora você tem um novo momento para começar de novo.*

O que é real é o que você tem agora na sua frente. Por que ficar zangado com o que não deu certo? Por que ficar com raiva do namorado, da namorada, da mãe ou do pai que maltrataram você? Todas essas coisas que se prendem a você são um desperdício de tempo, esforço e, acima de tudo, de força vital. Você está gastando grande parte deste momento precioso ficando lá atrás, revivendo a dor. Mesmo que esteja revivendo as glórias do passado, ainda será um desperdício do momento presente.

Uma das coisas mais bonitas no vedanta é que ele olha para a mente de uma perspectiva holística, livre de julgamentos de bem e mal, positivo e negativo. Não estamos apenas buscando o positivo e fugindo do negativo. O vedanta nos diz que eles sempre coexistem. Ambos são parte da vida; um potencializa e dá legitimidade e valor ao outro. Valorizamos o positivo por causa do negativo. Pensar muito sobre o passado e o futuro, ainda que seja no que é bom, tira seu foco do que está disponível para você agora mesmo. As expectativas boas que você cria em torno do futuro também tendem a levar à decepção, que se transforma em arrependimento – e aí está você, preso novamente no passado! Se você esperava faturar 100 mil dólares com um novo empreendimento e consegue 90 mil, posso apostar que não vai se concentrar no sucesso dos 90 mil. Você vai pensar no que deveria ou poderia ter feito para conseguir 100 ou 110 mil. É assim que a decepção dá início a uma espiral descendente de arrependimento, culpa, acusação e frustração – e lá vamos nós pelo buraco do coelho.

O ciclo interminável do pensamento sobre o passado e o futuro é parte da natureza básica da mente, mas isso não significa que você esteja condenado a repeti-lo para sempre. O primeiro passo para se libertar é fazer o que você está fazendo agora: tomar consciência do fato de que está preso nesse ciclo e saber que sua preciosa energia mental está sendo empregada em algo que fundamentalmente não é real.

Em segundo lugar, você precisa acordar para o preço que está pagando por ficar preso ao passado. Veja bem o que isso está lhe custando. Em algum nível, você permanece em meio a um nevoeiro, vivendo a partir da suposição de que isso é valioso, de que ficar no passado é bom para você. Mas se for sincero consigo mesmo, verá que não é! Isso está matando você. O cérebro gosta do passado porque é familiar e seguro. Mas quando reconhecemos quanto isso está nos machucando, aprendemos nossa lição. Essa percepção eleva a nossa energia. Não se julgue por isso, apenas perceba que está acontecendo, aceite e seja grato por estar fazendo alguma coisa para criar uma mudança. Quando você passa da mentalidade do julgamento para a gratidão, a sua energia vai lá em cima. Isso é o que começa a quebrar o padrão. As ferramentas e técnicas que você aprenderá mais adiante neste livro – respiração, meditação védica, práticas corporais diárias e mudanças de mentalidade – também podem ajudar a trazer a mente de volta para o presente. Mas, por enquanto, o mais importante é realmente dar uma boa olhada na maneira como seu mundo interior funciona. Precisamos entender nosso sistema operacional antes de atualizá-lo.

Uma boa maneira de mudar sua percepção do passado é lembrar-se de dois aspectos importantes:

1. O passado não passa de um sonho.

2. Embora não consiga enxergar isso agora, o que aconteceu no passado lhe serviu de alguma forma.

Quando trata o passado como um sonho – quando realmente entende que *já passou, acabou, está feito* –, você se liberta do peso dele. Além disso, é importante perceber que as coisas foram como *tinham que ser*. Existe um plano maior para a sua vida, maior do que você pode imaginar. Não se julgue. Tinha que ser assim para o seu bem. Hoje você pode enxergar isso ou não, mas um dia você vai. Na maioria das vezes, o máximo que dá para fazer é conectar os pontos olhando para trás, não para a frente. É quando você desenvolve uma fé e uma capacidade de ver a vida a partir de um contexto mais amplo. Não vou arriscar falar em Deus, mas saiba que há muito a ganhar com a fé no que não podemos ver.

Se você for capaz de viver com a confiança de que há um plano maior, de que as coisas precisaram ser como foram, estará convidando a autoaceitação, o amor-próprio, a autocompaixão para a sua vida e reduzindo sua autocrítica negativa. Assim você passará a operar a partir de um lugar de profunda compaixão, não apenas por si mesmo, mas também por aqueles que, consciente ou inconscientemente, podem tê-lo machucado.

Retornando ao presente

Manter uma visão mais ampla da vida nos ajuda a retornar à expansividade do momento presente. Este é o objetivo principal do vedanta: nos ensinar a viver uma vida plena e vibrante, totalmente absortos no aqui e agora. No momento em que saímos do passado e do futuro em que estamos presos e ancoramos a mente no presente, transcendemos a caixa rígida do pensamento condicionado e mergulhamos no oceano da pura consciência – aquele campo de energia e inteligência que é a base da vida em si. Quando mergulha nesse oceano, você lava a limitação, a rigidez e a constrição junto da raiva, do arrependimento, do medo, da preocupação e das acusações. É como tomar um banho de cachoeira. Você acessa esse estado mental muito amplo chamado momento presente e, com isso, experimenta uma explosão de energia.

Eckhart Tolle não inventou o "poder do agora". A tradição da sabedoria indiana fala dele há milhares de anos. Os Vedas sempre descreveram o poder do presente como algo inato à nossa existência. Nós nascemos com ele. Quando éramos crianças, vivíamos completamente no presente. O poder em nossa voz, em nosso olhar e em nosso sorriso era ilimitado. A verdadeira jornada espiritual é a jornada de volta para casa, para esse lugar de poder dentro de nós mesmos. Como chegamos lá? O sistema védico oferece um roteiro cheio de ferramentas e técnicas infalíveis para descobrirmos *como* nos reconectar com o poder do agora.

CAPÍTULO 6

A armadilha da atenção plena

É impressionante que a parte de quem somos que afeta tudo na nossa vida – nossa mente – venha sem um manual de instruções. Ela é essencial para cada coisa que fazemos e, no entanto, ninguém realmente nos ensinou como funciona ou como otimizar suas funções. Aprender a lidar com o que está acontecendo no espaço entre as nossas orelhas é um dos nossos maiores obstáculos e uma das jornadas mais longas da vida.

Depois de tudo o que acabamos de discutir, tenho certeza de que você concorda que precisa de ferramentas para interromper o falatório incessante do córtex frontal e começar a excluir da memória os arquivos antigos e desnecessários. E com todo o caos acontecendo não apenas dentro da nossa mente, mas no mundo lá fora nos dias de hoje, a necessidade de ferramentas eficazes para lidar com tudo isso só aumentou. Estamos nos tornando mais desconectados de nós mesmos e dos outros com a mesma rapidez com que estamos inovando e evoluindo. Há muita ansiedade para fazer e realizar mais e mais, e o ritmo acelerado em que o mundo está mudando cria ainda mais pressão. O que é construído hoje já estará obsoleto amanhã. O que é influente agora será esquecido daqui a um ano. A vida útil das nossas conquistas encurta cada vez mais – junto da nossa capacidade de concentração. O que nós internalizamos de tudo isso é a noção de que, se não estamos acompanhando, estamos ficando para trás.

Essa pressão é tão implacável que as camadas mais profundas da mente não conseguem descansar. A tecnologia é grande parte do problema: estamos tão conectados aos nossos dispositivos que nossa mente nunca desliga. Verificar nossos smartphones é a última coisa que fazemos no fim do dia e a primeira que fazemos quando acordamos de manhã – e o que fazemos no meio não é muito melhor que isso. O sono se tornou um fenômeno fugidio à medida que a mente vai ficando mais tensa. O excesso de pensamentos, o planejamento e a criação de estratégias constantes são tão normais para nós que não conseguimos parar, mesmo quando estamos tentando descansar.

> *"Foco" parece ótimo. Mas quantos de nós realmente têm a capacidade de se concentrar no que têm à sua frente por mais de alguns poucos segundos, quanto mais em algo tão sutil quanto a respiração?*

O que falta é descanso e relaxamento para a mente – e um lugar onde podemos encontrá-los é na meditação. Você provavelmente já ouviu falar da atenção plena (também conhecida como *mindfulness*), que hoje é uma das técnicas mais populares no Ocidente. Há muitos benefícios nessa prática e ela é um excelente ponto de partida para a meditação. Mas, como qualquer um que já tenha experimentado lhe dirá, os primeiros estágios da prática não são lá muito relaxantes. Uma razão para isso é o que você acabou de ler aí em cima. Nós nunca fomos treinados em casa ou na escola para lidar com a atividade incessante da mente. Nunca fomos educados na arte de relaxar. Por isso o *mindfulness* pode, na verdade, fazer o oposto de descansar a mente. Ele treina os músculos da atenção através do foco e do monitoramento do pensamento. Isso tem seu valor, mas você não chega a um estado de calma e tranquilidade até alcançar os estágios mais avançados da prática. Como veremos, existe uma maneira mais fácil de aquietar e descansar a mente quase imediatamente por meio da meditação sem esforço. Mas primeiro vamos dar uma olhada em alguns dos desafios e oportunidades dessa prática que se tornou uma maneira tão popular de lidar com a mente.

O que é atenção plena (e o que não é)

A que exatamente estamos nos referindo quando falamos em *mindfulness*? A atenção plena vem sendo aplicada o tempo todo a todos os contextos possíveis (alimentação com atenção plena, sexo com atenção plena, investimento com atenção plena, criação de filhos com atenção plena), mas muitas vezes temos apenas uma vaga noção do que isso significa. *Mindfulness* costuma ser definido como uma "atenção focada e sem julgamento no momento presente", cultivada mais comumente pela prática de concentrar o foco na respiração.

Vamos examinar essa definição por um momento: "Foco" parece ótimo. É o que estamos procurando quando nos interessamos pela atenção plena. Como não somos capazes de nos concentrar tanto quanto queríamos e vivemos estressados com a nossa mente, que fica divagando o tempo todo, nós nos voltamos para a prática de *mindfulness*. Mas quantos de nós realmente têm a capacidade de se concentrar no que têm à sua frente por mais de alguns poucos segundos, quanto mais em algo tão sutil quanto a respiração? Afinal, não é como se houvesse uma aula na escola sobre como se concentrar. Eu acho que você pode perceber qual é a dificuldade aqui. Além de ser o resultado que se está procurando, em algum nível o foco é também um *pré-requisito* para a prática. Isso é como perguntar o que veio primeiro, o ovo ou a galinha. Esse é o primeiro desafio que enfrentamos.

A segunda exigência da atenção plena é manter-se "sem julgamentos". Essa é outra montanha a ser escalada. Quantos de nós podemos dizer honestamente que somos capazes de observar qualquer coisa – quanto mais a própria mente – sem julgamento? A partir dos 2 anos de idade, a época em que nosso intelecto começa a se desenvolver, temos uma tendência humana básica a julgar algo assim que o vemos, ouvimos, saboreamos ou tocamos. Então vejamos como isso acontece na prática de meditação *mindfulness*: aí está você, sentando-se para meditar, e no simples ato de se preparar para se sentar você sente surgir uma resistência. O fato de que há resistência significa que já existe algum julgamento ali. Então você percebe alguns pensamentos e se julga por ter esses pensamentos. Mesmo que não julgue o conteúdo real deles, você se julga porque "não deveria estar pensando". E em seguida diz a si mesmo: "Pare de julgar" – outro comando intelectual, mais atividade do córtex frontal. Isso pode acontecer mesmo se você já pratica há algum tempo. Aí você começa a se perguntar: *Por que minha mente ainda está tão louca mesmo depois de todo esse tempo praticando* mindfulness? E isso se torna uma bola de neve. Não estou dizendo que tem que ser assim, mas essa é a tendência natural da mente. Porém a razão pela qual você se interessou pela atenção plena em primeiro lugar foi para desfazer essa tendência. Mais uma vez, nos encontramos em uma posição em que estar sem julgamentos é tanto o pré-requisito da prática quanto o resultado que se espera alcançar.

O terceiro aspecto da prática é a "consciência do momento presente", que nos traz o mesmo desafio. Estar atento significa estar consciente. Estar consciente é estar presente. O propósito do *mindfulness* é estar no momento presente, trazer a mente para o agora. E, novamente, em algum nível, um dos pré-requisitos da prática é estar consciente e presente. Como você faz para manter a sua mente no presente? Colocando o foco na respiração, que está no momento presente – e é exatamente isso que "não conseguimos fazer". Para muitas pessoas, esse é um círculo vicioso que cria apenas a sensação de que meditar é muito difícil.

A pegadinha da atenção plena

Você percebe o problema aqui? A metodologia da atenção plena está interligada ao resultado. Falamos de *mindfulness* como uma técnica – um conjunto de ferramentas para se tornar mais consciente – e também como um objetivo em si mesmo. Para se tornar consciente, você precisa de certo grau de atenção já de saída. É uma pegadinha. Não estou lhe dizendo para não praticar esse tipo de meditação, nem estou sugerindo que, se já a pratica, ela não teve qualquer serventia. Em vez disso, estou sugerindo que existe uma maneira mais fácil e mais rápida de meditar e se tornar mais consciente.

Mas, primeiro, vamos separar as técnicas do objetivo por um momento. As técnicas da prática moderna de *mindfulness* são um conjunto específico de ferramentas cuja origem está em princípios budistas de 2.500 anos atrás (que, por sua vez, remontam ao vedanta, muito mais antigo!) e que foram traduzidas e reembaladas para o consumo ocidental. A ferramenta principal é a *atenção concentrada*, a prática de manter o foco num único objeto, geralmente a respiração. Depois há o *monitoramento mental*, o processo de observar a própria atividade física ou mental e rotulá-la: "Eu estou sentado, sentado", "respirando, respirando", "pensando, pensando", "me preocupando". A ideia básica é focar a atenção na respiração ou na atividade mental e trazer a sua mente delicadamente de volta a cada vez que você perceber que ela se distraiu. E, nossa, como a mente se distrai! Na prática da atenção plena, assim como na vida diária, nosso foco está constantemente sendo afastado do aqui e agora. Essa nossa mente mal-acostumada é o que torna a prática "difícil".

> *Se você já viu um filme de Woody Allen, sabe que seu personagem está constantemente envolvido em alguma catástrofe imaginária. O que a prática de* mindfulness *basicamente faz é pedir que ele fique calmo, quieto e livre de julgamentos. Que observe a si mesmo de uma perspectiva desapegada e neutra – o que vai contra a sua própria natureza.*

É na divagação da mente que a verdadeira dificuldade entra em cena. Pense nisso da seguinte maneira: é como se você estivesse andando por aí o dia todo, todos os dias, com um personagem de Woody Allen na cabeça – com um comentário negativo constante sobre tudo que você pensa, diz e faz. Lamento dizer, mas, se você pudesse ouvir o seu diálogo interior, descobriria que, em alguma medida, está mesmo andando por aí com um Woody Allen na cabeça. Todos nós estamos.

Se você já viu um filme de Woody Allen, sabe que seu personagem está constantemente envolvido em alguma catástrofe imaginária. O que a prática de *mindfulness* basicamente faz é pedir que ele fique calmo, quieto e livre de julgamentos. Que observe a si mesmo de uma perspectiva desapegada e neutra – o que vai contra a sua própria natureza.

Em geral estamos completamente absorvidos em nossos próprios problemas – é claro que não conseguimos ver a nós mesmos com clareza! A única maneira de encontrarmos paz de espírito é com a ajuda de alguém de fora da nossa cabeça: um amigo ou um terapeuta. O terapeuta oferece a perspectiva neutra necessária para nos observarmos com clareza. Mas imagine apenas conversar consigo mesmo, não com um psicólogo. Tudo o que você conseguirá é acrescentar mais neurose, mais julgamento, mais confusão, além do que já tem! Sentar-se numa sessão de terapia com você mesmo não vai ajudá-lo a alcançar maior clareza. Em vez disso, você simplesmente ficará mais agitado. Isto é o que costuma acontecer quando praticamos a atenção plena: ficamos pedindo à mente – que já está distraída, repleta de julgamentos e envolvida no passado ou no futuro – que de repente se torne um Buda sábio e compassivo. O que precisamos é de uma ferramenta de fora da mente para transformar seus hábitos.

Quando eu olho para o burburinho atual em torno da atenção plena, o que eu vejo é Woody Allen tentando se acalmar e, muitas vezes, ficando ainda mais preso nos próprios pensamentos. O que eu *não* vejo é uma maneira de se tornar consciente que seja rápida e simples desde o início para a maioria das pessoas.

Mindfulness versus meditação védica

Com base em anos de experiência ensinando meditação védica a milhares de pessoas – mas não a atenção plena como a conhecemos no Ocidente –, passei a acreditar que, embora seja muito valioso para muitas pessoas, o *mindfulness* não é meditação. Em vez disso, ele é um ponto de partida bastante difícil *para* a meditação. Na tradição védica, a meditação é definida como o processo de encontrar um estado de alerta e relaxamento. É uma ferramenta para *descansar profundamente a mente como um todo* para que sejamos capazes de viver naturalmente com maior consciência. Por essa definição, novamente, devo dizer que a atenção plena não é meditação. Talvez tenha sido o que precisávamos há 50 anos, quando foi trazida para o Ocidente, mas hoje precisamos de algo melhor. Precisamos de algo mais profundo e simples do que a capacidade de nos concentrar, concorda? O que realmente está faltando – o que precisamos além do foco e da atenção aguçados – é a capacidade de descansar profundamente todos os níveis da mente e da memória e ao mesmo tempo expandir a consciência sem esforço. A solução para otimizar as funções da mente deve abordar o iceberg inteiro, de cima a baixo. Qualquer técnica que lide apenas com o topo será incompleta.

Sou instrutora de meditação védica há mais de 30 anos. Viajei o mundo todo instruindo milhares de pessoas em antigas técnicas meditativas. Vivo encontrando muitas pessoas que precisam e querem acalmar o falatório e o trauma na própria mente. Elas tentam a atenção plena como uma solução, mas não "conseguem" e acabam desistindo por completo. Resolvem tentar uma nova dieta, um treino diferente ou remédios para dormir. Eu acho isso desolador. Não posso lhe dizer quantas vezes falei: "Não, não, não, volte para a meditação! Por favor!"

Se os *rishis* e o próprio Buda pudessem ouvir a maneira como falamos sobre *mindfulness* hoje, eu acho que eles dariam uma boa gargalhada. Por que estamos trabalhando tão duro com a mente quando o objetivo é relaxá-la? O que estamos fazendo é acrescentar mais esforço mental em cima de toda a porcaria que já está lá. O que observei é que o *mindfulness* moderno é uma jornada difícil, árdua e incompleta. Quando essa prática foi trazida para o Ocidente, apenas um minúsculo pedaço dela foi introduzido. Hoje fico feliz em ver que muitos praticantes estão incluindo lentamente outros elementos, como cânticos ou preceitos. Eu não estou negando o valor do *mindfulness*, mas gostaria de sugerir que existem técnicas mais rápidas e mais fáceis para reduzir o estresse e nos tornar mais presentes.

Essas técnicas não são uma novidade ou inovação. Em vez disso, estão enraizadas nas origens mais antigas da própria meditação. Discutiremos isso em detalhes no Capítulo 8, mas, por enquanto, vamos continuar analisando algumas das armadilhas e limitações comuns da prática da atenção plena como a conhecemos.

O poder do AGORA, mas COMO?

Acredito sinceramente no "poder do agora", mas a grande questão é: *Como?* Como estar mais consciente? Como trazer a mente de volta ao momento presente? Pelo que vejo, a atenção plena não vem fornecendo respostas fáceis e práticas a essas perguntas.

> *Acredito sinceramente no "poder do agora",*
> *mas a grande questão é:* Como?

Por mais que todo mundo goste de falar sobre *mindfulness*, você ficaria surpreso com quão poucas pessoas conseguem perseverar na prática até chegar a estágios mais avançados de meditação. Já ouvi mais histórias do que você poderia imaginar sobre "tentativas frustradas". No fim das contas, não são realmente tentativas fracassadas. Todo esforço faz alguma diferença, mas a prática não tem o efeito desejado porque a maioria das pessoas perde a paciência e desiste. O que mais ouço é: *Eu quero aprender a ser mais calmo e presente, mas a atenção plena não funciona para mim.* A maioria das pessoas desiste quando seus pensamentos se recusam a se acalmar, enquanto outras ficam tão intimidadas que nem sequer tentam. Mesmo praticantes experientes me dizem que ainda lutam para manter o foco na respiração por mais de um minuto. Outros dizem que sentar e estar presente aos próprios pensamentos de alguma forma os deixa ainda mais estressados, ansiosos e agitados.

Todo o burburinho em torno do *mindfulness* promete tantas coisas – saúde radiante, paz interior, sucesso nos negócios e nos relacionamentos –, mas a realidade é que a maioria das pessoas não consegue ficar quieta e focar a atenção na respiração por mais de 30 segundos e, portanto, poucas conseguem alcançar esses benefícios milagrosos. Pouco antes de escrever este livro, eu estava dando uma palestra numa empresa que investiu pesadamente em levar a prática da atenção plena para seus funcionários. Durante a palestra, fiz um pequeno exercício com o grupo durante o qual pedi que conscientemente se lembrassem, sem julgamento, de uma situação estressante com a qual estivessem lidando em casa ou no trabalho. Depois de alguns minutos simplesmente recordando e estando presente com a situação estressante, perguntei como estavam se sentindo. A resposta foi o que você espera: aumento dos batimentos cardíacos, pensamentos acelerados, emoções negativas, temperatura corporal elevada, uma sensação de angústia e um falatório interior frenético. Então pedi que passassem alguns minutos apenas sentados, se concentrando na própria respiração e no que estavam sentindo. Depois de 10 minutos, me virei e perguntei: "Como vocês se sentem agora? Todos vocês estão presentes e ouvindo? Vocês se sentem menos estressados? Estão mais no momento presente? Onde está a atenção de vocês?" De um lado a outro da sala, quase todas as 200 pessoas levantaram as mãos para indicar que ainda se sentiam estressadas. O resíduo do estresse que havia sido trazido à mente delas permanecia ali. Elas estavam menos presentes e menos atentas à sessão. Ainda continuavam presas na reação da adrenalina no corpo. Então fiz as perguntas óbvias. "A lembrança do acontecimento estressante é um arquivo aberto no fundo da sua mente. O que você vai fazer para resolver isso? Como vai fechar o arquivo? Ele está sugando toda a sua energia. Como você lida com ele?" Ninguém tinha uma resposta – nem mesmo o principal instrutor de *mindfulness*! Sentar ali observando a respiração por mais 20 minutos não era uma opção no meio do dia de trabalho.

Eu estava sentada em uma sala lotada com mais de 200 ávidos praticantes de *mindfulness*. A maioria dessas pessoas tinha uma prática diária de pelo menos 30 minutos. Estavam conscientes do que estava causando estresse na vida delas, mas não sabiam o que fazer em relação a isso. "Estar atento" não aliviou o estresse nem as tornou mais presentes. Tampouco foram capazes de experimentar os acontecimentos estressantes livres de seus julgamentos negativos. Quando eu digo que a meditação da atenção plena, como a conhecemos, é um processo incompleto, é isto que quero dizer: ela pode nos tornar mais conscientes de onde a mente está presa, mas não necessariamente ajuda a nos libertar.

Por que isso acontece? A verdade é que o *mindfulness*, como um conjunto específico de técnicas para aumentar a atenção, é difícil. *Muito* difícil. Ele tem um valor incrível, mas exige tempo, esforço, disciplina e trabalho – trabalho interior, que a maioria de nós não tem tempo nem sente que consegue fazer. É uma abordagem que funciona perfeitamente no ambiente para o qual foi projetado: sentando-se num mosteiro, sem pressões e demandas mundanas para alcançar altos níveis de desempenho. Mas na vida moderna as coisas são um pouco mais complicadas.

Até mesmo mestres da atenção plena e ávidos praticantes descrevem essa prática como algo difícil. No tom mais delicado, você ouvirá Jon Kabat-Zinn, fundador da terapia de Redução do Estresse Baseada em Atenção Plena, que é frequentemente creditado por haver trazido a prática para o Ocidente, descrever o processo como uma subida íngreme. A atenção plena "exige esforço e disciplina porque as forças que atuam na direção contrária à nossa atenção deliberada – ou seja, a desatenção e o automatismo – são extremamente obstinadas", escreve ele em seu livro *Aonde quer que você vá, é você que está lá*. Ele acrescenta: "Esse processo não acontece sozinho, num passe de mágica. Ele exige energia." Observe que ele está dizendo que a prática exige energia de saída. Infelizmente, são a falta de energia e uma mente cansada que nos fazem querer meditar, para começo de conversa. Para nossa sorte, existem ferramentas mágicas disponíveis no vedanta.

Os especialistas em *mindfulness* admitem que pode levar anos de trabalho duro para se chegar a algum lugar – mas quem tem tanto tempo assim? Quem pode dedicar tanto esforço e energia? Eu me deparei com o relato de uma instrutora de atenção plena que disse que, após mais de 10 anos de prática, ela ainda "fracassa 90% do tempo". Novamente, pare e observe o vocabulário: *Esforço. Fracasso.* Eu fico exausta só de pensar!

Você já sabe, a partir do que discutimos até agora, que a mente alcança seu estado de funcionamento ideal pelo princípio da *ausência de esforço*. Trata-se de menos trabalho e atividade mental para que possamos experimentar o momento presente mais diretamente, permitindo que a intuição e a percepção venham à tona. Esse é o benefício. Mas com o *mindfulness*, até que esteja muito avançado, você não alcança esse objetivo. Você fica nesse lugar de "mais trabalho mental".

Como pudemos entender tudo ao contrário?

Explorando a superfície da mente

A razão pela qual a atenção plena cria mais esforço mental e menos tranquilidade é simples: é que essa técnica nos mantém no nível superficial da mente, onde todo o pensamento acontece.

Essas abordagens de atenção focada e monitoração mental são funções mentais controladas que ocorrem na ponta do iceberg, a minúscula fatia de consciência que conhecemos e sobre a qual temos algum domínio. Como o pensamento racional e estratégico, elas ativam o córtex frontal do cérebro. Os cientistas que estudam o *mindfulness* descobriram que a prática na verdade aumenta o volume e a densidade do córtex frontal. Isso traz o benefício de melhorar funções como atenção e regulação de emoções, tomada de decisões, aprendizado, memória de nível superficial e controle cognitivo. Mas a desvantagem dessas práticas mais restritas é que elas limitam nossa consciência à superfície do oceano. Elas nos isolam da base mais poderosa do iceberg e nos separam do próprio oceano. Práticas de *mindfulness* restringem a capacidade de alcançar os estados mais profundos da consciência, inclusive o estado de fluxo, que exige a redução da atividade do córtex frontal.

Quando pratica o monitoramento mental, você só está monitorando o que pode controlar, que é a camada mais superficial de pensamento. Apenas o córtex frontal está envolvido, não o cérebro inteiro. É como nadar na superfície da água, olhar para as ondas que se aproximam e gritar para si mesmo: "Onda de um metro!" "Onda de um metro e meio!" "Distância de um metro entre as ondas!" Claro que você fica mais consciente das ondas na superfície, mas não percebe a profundidade, a envergadura e o poder do oceano abaixo de si. Você pode aprender a surfar melhor as ondas, mas, abaixo da superfície – no banco de memória, nos níveis mais profundos de intelecto e percepção e no subconsciente –, os pensamentos e sentimentos que criam essas ondas não são afetados. A atividade sob a superfície é o que exaure a mente e faz com que a sua consciência se contraia com mais medo, agitação e reatividade.

> *Quando pratica o monitoramento mental, você só está monitorando o que pode controlar, que é a camada mais superficial de pensamento. É como nadar na superfície da água, olhar para as ondas que se aproximam e gritar para si mesmo: "Onda de um metro!" "Onda de um metro e meio!" "Distância de um metro entre as ondas!" Você não percebe a profundidade, a envergadura e o poder do oceano abaixo de si.*

Basicamente, essas técnicas *tentam resolver os problemas da mente no nível da mente*. Ficamos tentando consertar a falha usando o próprio computador bugado em vez de chamar um técnico. Embora seja possível fazer isso, é mais difícil do que precisa ser.

Concentrar a atenção nas perturbações no nível superficial da mente também pode ter o efeito colateral indesejado de amplificá-las. Você já percebeu isso? Quando novos praticantes vão a um retiro de *mindfulness* pela primeira vez, eles ficam surpresos ao descobrir que, em vez de sentirem uma sensação de paz e tranquilidade, terminam tomados por emoções muito intensas. Não é que essas emoções não existissem antes, mas você fica extremamente consciente delas, muitas vezes junto de sentimentos de julgamento. Por exemplo, você pode estar praticando *mindfulness* e tomar consciência do fato de que sente muita ansiedade quando está sozinho. Então você observa e repete para si mesmo: "Ansioso, ansioso, ansioso." Num nível sutil, isso alimenta a sua ansiedade. Os pensamentos não se dispersam; ao invés disso, você se agarra a eles ainda mais. Em vez de se permitir experimentar completamente o sentimento de ansiedade e depois deixá-lo ir, você se fixa nele. Apenas perceber o pensamento e dizer isso a si mesmo não é o suficiente para mudá-lo ou dispersá-lo. Lembre-se do que aconteceu com aquele grupo corporativo de praticantes de *mindfulness*. Eles tomaram consciência do estresse e da ansiedade que estavam sentindo, mas não conseguiram fazer nada a respeito disso e apenas entraram na próxima reunião com os arquivos antigos abertos e o estresse a pleno vapor.

O efeito zumbi

A longo prazo, monitoramento e regulação da atenção em excesso podem, na verdade, diminuir nosso brilho e nossa vitalidade. Se estamos criando "disciplina" interior em vez de pura consciência, isso pode entorpecer nossas emoções e desativar nossos níveis mais profundos de intuição e força criativa, levando a uma desconexão e a certo embotamento ao longo do tempo. Nós estamos destinados a viver, experimentar e expressar nossa vida interior, não apenas a observá-la ou controlá-la. Você já notou que alguns praticantes experientes de *mindfulness* não parecem tão vivazes e ativos? Talvez eles estejam monitorando e rotulando a vida em vez de vivê-la. É como a diferença entre ler uma receita de um bolo delicioso e realmente comê-lo.

Pode haver certa placidez e sedação na expressão de vida e na paixão dos praticantes de *mindfulness* a longo prazo. Eu vi muitos deles sentados, falando sobre prosperidade, mas eles não *exalam* prosperidade. Não há paixão em sua voz! Muitas pessoas percebem isso e, quando chegam a mim, demonstram temer que a atenção plena vá tirar sua sagacidade, abafar sua paixão e sua criatividade. O que posso dizer? Um efeito entorpecedor pode acontecer e acontece quando você vive monitorando em vez de viver.

Acredito que não devemos monitorar tudo na vida. Devemos apenas viver. Um monitoramento muito ativo é o que nos entorpece e nos deixa meio bobos. Isso transforma o fluxo criativo, que antes era um rio caudaloso, num pequeno riacho. Basta olhar para alguém como o Dalai Lama: ele não é hiperfocado nem parece tentar monitorar nada. Ele é o ser humano mais natural e livre que você poderia imaginar. O Dalai Lama simplesmente existe como ele mesmo. Ele exala essa abundância de felicidade, paz e confiança sem sequer tentar. Sua risada é suficiente para fazer até a mais cínica das pessoas sorrir! Percebo essas mesmas qualidades em Sri Sri. Ele tem muita energia e vigor. Viaja pelo mundo todo encontrando centenas de milhares de pessoas, cumprimentando a todos com alegria e conexão tão profundas que é absolutamente eletrizante. Isso é o que realmente estamos procurando em nossa prática – não andar como zumbis, mas sermos seres humanos naturais, animados e vibrantes.

Se você é um praticante espiritual, mesmo que seja de *mindfulness*, a grande pergunta a ser feita é: você se sente mais animado, cheio de energia, inspirado e livre? Ou sente-se mais moderado, contido e aparentemente no controle? Se sua vida e sua energia estão se tornando maiores e mais exuberantes, então continue o que estiver fazendo! Siga em frente. Mas se essa vivacidade não está aparecendo em sua vida, então acho que você deveria pensar em procurar algo diferente. Se não está se sentindo mais dinâmico e vibrante, então há algo errado no que quer que você esteja fazendo, seja *mindfulness*, yoga, meditação transcendental ou qualquer outra coisa.

A alegria natural do Dalai Lama nos lembra que o budismo, em sua plena expressão, não ensina o *mindfulness* de maneira tão fragmentada e isolada. Concentrar a atenção na respiração, rotular e monitorar pensamentos e emoções são apenas alguns dos aspectos da tradição que o Ocidente pegou e reembalou. Eu não acho que o próprio Buda vivia sentado apenas focando a respiração, monitorando e rotulando a própria atividade mental, andando como um zumbi. O budismo tem suas raízes na tradição védica e o Buda praticou todas as coisas que vinham do vedanta: os preceitos éticos, os princípios de mentalidade, as técnicas de respiração e as práticas energizantes – tudo que você aprenderá ao longo deste livro. Nas tradições espirituais orientais, a prática da atenção plena em geral era o resultado natural, o ponto final de algo que incluía muitas outras práticas e técnicas, não apenas para trazer paz e tranquilidade, mas também brilho e poder.

"Sem mente", não "mais mente"

Lembre-se do que eu disse no início deste capítulo: atenção plena e meditação védica não são a mesma coisa. Na tradição védica, meditação tem a ver não com manter, mas com *relaxar* o foco para que a mente e os pensamentos possam naturalmente relaxar, resultando em mais foco e clareza. Os *rishis* dizem que não há necessidade de rotular ou monitorar seus pensamentos e, mais importante, você não precisa se concentrar! A palavra em sânscrito para meditação é *dhyana* – *dhya* significa "focar, prestar atenção, concentrar-se", e *na* é a negação do foco, da atenção, da concentração. É um estado "sem foco" ou de "foco aberto" – "sem concentração", "sem mente", não "mais mente"! Esse estado "sem foco" é algo que já fazemos naturalmente. A mente naturalmente divaga e perde o foco quando precisa repousar. Utilizar essa tendência natural para expandir o foco no processo de tornar-se consciente tem muito mais valor e exige muito menos esforço do que tentar direcionar o foco. Quer pratiquemos atenção concentrada ou "nenhuma atenção concentrada", ambas as estradas levam ao mesmo lugar. A diferença é quão longa e árdua será a jornada.

A meditação, no sentido yógico, se resume a qualquer prática ou atividade que conduza os sentidos, juntamente com a mente, a estados mais calmos de consciência. Repare que eu usei as palavras *natural* e *sem esforço*: nada de forçar, disciplinar, insistir. Ao usar ferramentas que estão *fora* da mente, podemos simplesmente permitir que os sentidos se aquietem para que a mente se aquiete. A maneira de fazer isso é muito simples: deixe a mente divagar, pensar, convide-a a pensar, dê-lhe permissão para ela fazer o que quiser. Não faça nada diferente com sua mente. Apenas seja.

Na tradição védica, meditação tem a ver não com manter, mas com relaxar o foco para que a mente e os pensamentos possam naturalmente relaxar, resultando em mais foco e clareza.

Trabalhar mentalmente para aquietar a mente é um paradoxo. Você força a barra, quando o objetivo é que a mente não faça nada. O objetivo é trabalhar menos, pensar menos, fazer menos e conseguir mais. Aqui está o meu conselho para você: pare de tentar! Pare de trabalhar. Pare de se esforçar e pare de controlar. Dê uma pausa à sua mente. Você não precisa nadar contra a correnteza nem se agarrar à margem do rio por medo de ser arrastado pela corrente de pensamentos e emoções. Como os Beatles (que praticavam a Meditação Transcendental) disseram: "Desligue a sua mente, relaxe e flutue rio abaixo." A mente irá fluir naturalmente em direção a águas mais profundas se você simplesmente permitir.

Quando a mente relaxa e o pensamento se acalma – inclusive o processo de monitoramento, rotulagem e foco –, a consciência naturalmente se expande. À medida que nos movemos para além dos processos de pensamento controlados, a mente segue para estados mais profundos de relaxamento até se fundir ao oceano da pura consciência. A partir desse lugar, a força vital dispara. E, novamente, quando há mais energia, você fica naturalmente consciente, não precisa sequer tentar. Nós chamamos isso de "consciência sem esforço". Quando a mente está relaxada, você fica no momento presente. Não é necessário "tentar" ser assim, você apenas é! É a sua natureza. Já viu como um recém-nascido é consciente e alerta? Estar consciente não é uma *ação*; é apenas um estado de ser. Nascemos assim, mas essa verdade fica encoberta por camadas e camadas de atividade mental. A meditação é uma prática para se liberar dessas camadas de maneira que quem você é – consciência – possa brilhar. Estar atento ou consciente não é uma ação, mas a nossa natureza mais profunda. Descasque as camadas da mente e você verá que o que resta é a pura consciência.

Há milhares de anos, foram codificadas nos textos védicos – como parte de um roteiro mais abrangente para gerenciar a mente – ferramentas de *fora da mente* para aumentar a consciência. Práticas respiratórias controladas e *dhyana* não exigem meses e anos de trabalho duro. Você verá os benefícios imediatamente. Quando falo de respiração e meditação, estou falando sobre usar a respiração como um exercício, não monitorá-la. E não me refiro a meditação no sentido de concentrar a atenção com esforço mental. O estilo de meditação que ensino e pratico é uma técnica do vedanta conhecida como meditação Sahaj Samadhi, ou meditação "natural sem esforço". É uma técnica simples e eficaz, próxima da Meditação Transcendental, na qual o praticante "transcende" sem esforço a mente controlada – a mente rotuladora, julgadora, pensante – para alcançar o estado de pura consciência. Voltaremos a isso no Capítulo 8.

Mas primeiro começaremos com a respiração. Como mostra a antiga ciência do vedanta – assim como a neurociência moderna –, a respiração tem um impacto direto sobre nosso estado mental, mas não é uma faculdade da mente. A respiração não viaja apenas pela superfície da mente, mas por toda ela, movendo-se da mente controlada, do intelecto e da memória até os sistemas subconsciente e inconsciente, do ego até a própria fonte de todo pensamento e emoção no oceano da consciência. Usamos um processo físico para criar mudanças no nível mental. Existe uma maneira rápida, simples e fácil de estar não apenas consciente, mas também calmo e energizado. O segredo está literalmente debaixo do seu nariz: a respiração. Só que não se trata de monitorar a respiração, mas de *usá-la*.

PARTE 3

REINICIANDO E RECARREGANDO

CAPÍTULO 7

O segredo da vida

Qual foi a primeira coisa que você fez quando chegou ao mundo? E qual é a última coisa que fará quando sair dele? A resposta para ambas as perguntas está bem debaixo do seu nariz. A primeira coisa que você fez foi inspirar profundamente e é certo que o último ato de sua vida será expirar. A respiração é algo tão óbvio que nós nem sequer lhe damos valor, mas pare para pensar sobre ela por um instante. Respirar é a coisa mais importante que fazemos diariamente. É a própria vida. É a faculdade que nos mantém não só vivos, mas ativos e indo atrás de tudo que consideramos mais importante. Certamente algo tão crítico para a nossa existência deve ser mais do que uma função mecânica passiva. E é: na respiração está o segredo da própria vida, o segredo para mudar o estado de nossos pensamentos, emoções, percepção e vitalidade. O único problema é que ninguém nunca nos ensinou a utilizar o seu poder.

A respiração é a ferramenta mais simples e eficaz para liberar a mente. Nós apenas precisamos aprender como usá-la. É impressionante pensar que, na correria frenética de nossa vida cheia de exigências, nos esquecemos de respirar e, como resultado, perdemos o contato com nossa maior fonte de energia. Quantas vezes você se pega prendendo a respiração durante momentos de estresse? Acontece com tanta frequência que nem percebemos, mas não há dúvida de que isso tem um impacto enorme em nossos pensamentos, emoções e em nossa maneira de enxergar as coisas.

Por sorte, os *rishis* sabiam que o segredo para dominar a mente era elevar nossa força vital inata introduzindo o ritmo natural da respiração. Eles entenderam que quando as tensões da vida nos tiram do eixo, isso cria ritmos caóticos dentro de nós e sentimos uma sensação de desconforto e descontentamento. A mente divaga, oscilando entre preocupações sobre o futuro e arrependimentos do passado. Percebemos que não estamos totalmente vivos ou desfrutando da vida no momento presente, aqui e agora. Um conjunto específico de técnicas para explorar o poder da respiração é a ferramenta mais importante que a ciência dos *rishis* de melhoria da vida nos legou. E o mais incrível sobre a respiração é que é uma atividade física, como a ginástica, que qualquer um pode fazer, mas que não exige nenhum foco, concentração ou manipulação dos pensamentos e da atividade mental. Respirar é a forma mais rápida e simples de reduzir o estresse e mudar naturalmente a maneira como você pensa, sente e age. É a chave mestra para desbloquear o potencial de todo o seu sistema. Ao praticar a respiração, você ficará surpreso com a rapidez com que o tempo passa e com o benefício instantâneo não apenas em se energizar, mas em se tornar mais presente e consciente.

O grande segredo antigo é este: *há um interruptor para "desligar" a mente, e esse interruptor é a respiração*. Os textos védicos descrevem em detalhes surpreendentes o que os cientistas só "descobriram" recentemente: que a respiração age como uma espécie de painel de controle do sistema nervoso. É o único meio de que dispomos para desativar a resposta ao estresse que surge no *sistema nervoso simpático* (a resposta de luta ou fuga) e ativar o *sistema nervoso parassimpático* (a resposta de descanso, relaxamento e rejuvenescimento). Usando apenas a respiração, podemos sair do modo de sobrevivência do sistema simpático e passar para o modo próspero do sistema parassimpático.

Preso no modo de sobrevivência

Passamos a maior parte da vida operando a partir do sistema simpático, que, embora seja um grande consumidor de energia, não é inerentemente mau. Na verdade, ele é essencial para nossa capacidade de lidar com as circunstâncias da vida. Se você estiver sendo perseguido por um leão, essa resposta de luta ou fuga vai salvar a sua vida. Mas quando o interruptor simpático fica preso na posição "ligado", você responde às menores coisas como se um leão o estivesse perseguindo. Nesses momentos, você está operando a partir do cérebro límbico, reagindo a partir do passado negativo, não com uma mente clara e calma apoiada no presente. Você adota uma mentalidade de resistência e evasão, focando no negativo e enxergando tudo a partir da perspectiva do copo meio vazio – que discutiremos mais a fundo no Capítulo 11. Seu sistema está liberando poderosas explosões de energia e hormônios, como a adrenalina, para ajudá-lo a escapar do leão imaginário. Como resultado, você está queimando toda a sua força vital.

> *Respirar é a forma mais rápida e simples de reduzir o estresse e mudar naturalmente a maneira como você pensa, sente e age. É a chave mestra para desbloquear o potencial de todo o seu sistema.*

O problema aqui é que nossa biologia não acompanhou a vida moderna. Quando ouvimos o alerta de um e-mail chegando, quando notamos que estamos alguns minutos atrasados para uma reunião, quando levamos uma fechada no trânsito ou lemos manchetes de notícias preocupantes, agimos como se estivéssemos sendo perseguidos por um leão. Quando não conseguimos encontrar o telefone ou a carteira, nossos sistemas registram isso como uma ameaça à nossa sobrevivência. O cérebro é simplesmente incapaz de distinguir entre algo que está realmente acontecendo e algo que apenas imaginamos. Em ambos os casos, a reação química é de medo. Mais rápido que um piscar de olhos, milhares de sinais químicos atravessam o cérebro, colocando o sistema nervoso em estado de alerta máximo e desencadeando respostas físicas numa bola de neve (coração acelerado, palmas das mãos suadas, pupilas dilatadas, músculos tensos e respiração rápida). Isso se torna outro círculo vicioso: acontece algo que desencadeia um pensamento negativo, o pensamento cria uma emoção, que cria um conjunto de sensações físicas, que gera um padrão respiratório específico, que recria pensamentos semelhantes. Esse é o ciclo do que chamamos de *karma* – "escravidão ao passado", em que criamos a mesma resposta de novo e de novo. Então como diabos podemos rompê-lo?

Dizer a si mesmo para se acalmar não mudará seus pensamentos e emoções. O que você *pode* mudar é sua respiração. Este é o segredo de ouro: a respiração é a única parte da resposta de luta ou fuga que podemos controlar, então é isso que usamos para romper o ciclo. É o único mecanismo que está ligado tanto ao sistema simpático quanto ao parassimpático – um processo que ao mesmo tempo é automático e sobre o qual você tem algum controle. Ele acontece sozinho se você não prestar atenção, mas também pode ser conscientemente manipulado para reiniciar e reequilibrar todo o seu sistema.

A maneira como funciona é muito simples. Quando muda conscientemente o padrão da sua respiração, você muda o que está acontecendo na sua mente. Ao acalmá-la, acelerá-la, prendê-la, soltá-la, inspirar depressa ou expirar com força – ao mudar sua respiração de qualquer forma –, você muda seus pensamentos e emoções. Você muda as sensações físicas que estão sendo interpretadas pelo seu sistema neurológico e dando origem a certas respostas mentais. O que sabemos é que quanto mais longa e suave a respiração, menos lacunas há nela e, assim, mais conscientes, calmas, controladas e dinâmicas são nossas faculdades mentais. Quanto mais tempo você consegue reter o fôlego, mais seus processos de pensamento mudam em direção à resposta parassimpática – de calma e relaxamento –, a qual, por sua vez, altera suas emoções. Esse processo também muda as suas sensações físicas, que alteram ainda mais as mensagens disparadas em suas sinapses – um círculo virtuoso!

Quando você respira num ritmo tranquilo, envia um sinal para o sistema nervoso entrar no modo de descanso e relaxamento. As glândulas suprarrenais param de liberar hormônios do estresse, a frequência cardíaca diminui, a pressão arterial cai e o sistema nervoso parassimpático assume o controle.[11] Com a resposta fisiológica ao estresse desligada, pensamentos e emoções negativos começam a se dissipar. Você passa então a conservar e até mesmo ganhar energia. Essa não é apenas uma boa ideia; é um fenômeno muito real e poderoso. Pesquisas sobre os efeitos das práticas de respiração do yoga, como as descritas nos Vedas, mostraram quão eficaz e rapidamente elas são capazes de romper o ciclo do estresse ao reequilibrar o sistema nervoso. Cientistas que estudaram o Sudarshan Kriya, a série de técnicas de respiração que venho ensinando nas últimas três décadas, descobriram que essa prática reduz os níveis do hormônio do estresse, melhora a qualidade do sono, fortalece o sistema imunológico e diminui ou elimina sintomas de ansiedade, depressão, TEPT e vícios.[12] A respiração age como o que os herbalistas chamam de *adaptógeno*. Ela ajuda o corpo a se adaptar melhor ao estresse, de modo que os processos físicos e mentais em todo o sistema possam retornar a um estado de harmonia e homeostase.

O poder do *prana*

Tudo acaba sempre nos trazendo de volta à nossa energia inata. Quando cortamos a respiração, perdemos enormes quantidades de energia. Nossos níveis energéticos ficam baixos, a mente fica presa à negatividade, e a maneira como nos sentimos e agimos – e, portanto, o que atraímos na vida – reflete esse estado de baixa vibração. Mas quando voltamos aos nossos padrões naturais de respiração, todo o sistema recebe uma recarga. Quando a energia está alta, entramos num estado positivo de pensamento e emoção, agimos a partir de um lugar de clareza e calma, somos resilientes diante dos desafios e criamos coisas surpreendentes em nossa vida. É tolice deixar o acaso decidir que, quando nos sentimos bem, temos muita energia, e quando não nos sentimos, temos pouca energia. Vejo que as pessoas deixam a própria energia a cargo do acaso e depois se perguntam por que não se sentem mais no controle da própria vida. Para mim, isso não é nenhum mistério. Há milhares de anos já se sabe como mudar rapidamente nosso estado mental e impactar diretamente o estado da nossa vida como um todo.

Há um ditado simples e poderoso no vedanta: "Sem força vital, você não está vivo". Para os *rishis*, isso é a coisa mais óbvia do mundo. Mas nós, pessoas modernas, negligenciamos completamente esse fato básico sobre como funcionamos. Não dedicamos nossa atenção a potencializar nossa força vital por meio da respiração e, portanto, deixamos passar o recurso natural mais precioso que está disponível para nós. Não importa onde nos encontramos ou o que estamos fazendo, a respiração está sempre com a gente. É como ter o nosso próprio carregador, convenientemente acessível 24 horas por dia, sete dias por semana.

> *Respirar não tem a ver apenas com dióxido de carbono e oxigênio. Senão você poderia colocar uma máscara de oxigênio no rosto e seguir para o seu dia em potência máxima.*

Esquecemos que a respiração é literalmente o que traz vida ao nosso sistema. A inspiração é o que nos dá energia; é o que traz o *prana* para dentro. Em nossa vida, entre a primeira respiração e a última, respiramos milhões de vezes. Toda vez que fazemos isso, há um fenômeno surpreendente acontecendo: a inspiração traz força vital e a distribui por todo o sistema, enquanto a expiração libera o que não é mais necessário e desintoxica a mente e o corpo. Pense nisto: quando você está deprimido, um suspiro profundo, que empurra certa quantidade de ar viciado para fora do corpo, lhe traz alívio. Quando você está estressado, uma longa expiração o ajuda a se acalmar, liberando qualquer tensão que exista em seu sistema. Não é apenas o ar que é liberado ao expirar: você expira porque isso cria espaço na mente, permitindo que ela acomode mais coisas.

Respirar não tem a ver apenas com dióxido de carbono e oxigênio. Senão você poderia colocar uma máscara de oxigênio no rosto e seguir para o seu dia em potência máxima. Não é tão simples assim. Há algo muito mais profundo e essencial acontecendo. A respiração tem a capacidade de trazer tanta *Shakti*, tanta energia vital para o sistema, que é difícil imaginar até que você tenha experimentado por si mesmo. Você só precisa se recarregar por um curto período de tempo para ter a carga necessária em sua bateria que o manterá funcionando durante o dia inteiro. Um curto período de tempo gasto respirando reinicia todo o sistema. E então, totalmente recarregado, você fica muito mais vibrante e vivo. Você leva a vida num nível diferente. Ao longo de milhares de anos, sábios, xamãs, monges e yogis vêm usando esse poder – a respiração – para diminuir o volume da mente pensante e expandir a consciência até a iluminação.

Uma história nas Upanishads, alguns dos textos mais fundamentais dos Vedas, descreve as faculdades mentais e os cinco sentidos lutando uns contra os outros para tentar provar qual deles é o mais importante. Mente, respiração, fala, audição, olfato, tato e visão estão determinados a provar sua superioridade no sistema humano. Para decidir quem é o melhor de todos, eles resolvem deixar o corpo um por um para ver qual deles fará mais falta. A audição vai embora, mas o corpo surdo continua funcionando, ainda desfrutando de todas as outras funções. A visão vai embora e o corpo fica cego, mas continua seguindo em frente. O tato vai embora, mas o corpo permanece vivo e funcionando. Mesmo quando a mente vai embora (levando todos os sentidos consigo), o corpo continua existindo em estado inconsciente. Finalmente, com a partida da respiração, o corpo começa a morrer. Todas as outras faculdades perdem sua energia. Assim, a respiração é coroada a faculdade mais elevada. Sem o *prana* que é trazido por ela, o sistema simplesmente não consegue funcionar. Outra história nas Upanishads compara a respiração a uma abelha-rainha. Em uma colmeia, a rainha é a mãe de praticamente todos os milhares de outras abelhas, e, como única reprodutora, ela é a única responsável por fazer a colônia prosperar ou não. Segundo a história, quando a abelha-rainha voa para longe, todas as outras abelhas – ou seja, todas as nossas outras faculdades físicas e mentais – também voam para longe. Mas quando ela se assenta, "todas as outras abelhas se sentam ao seu redor". A moral de ambas as histórias é a seguinte: o segredo para controlar todas as nossas faculdades está no controle da nossa respiração.

O mestre de yoga B.K.S. Iyengar diz que ignorar o uso e o desenvolvimento da respiração é como ter uma fortuna guardada numa conta bancária cuja senha você esqueceu. É como estar sentado em cima de uma mina de ouro e ficar pedindo esmola! Você toma café, suco verde e faz aulas de crossfit para conseguir pequenas doses de energia e ser capaz de manter-se em movimento quando, na verdade, toda a imensa energia do universo está acessível a você a cada momento pelo cordão umbilical da respiração.

A esta altura você deve estar pensando que nada disso se aplica à sua vida, que você já está respirando muito bem, obrigado. Se acha que "não precisa trabalhar a sua respiração", estou aqui para dizer que você está errado. A verdade é que a maioria das pessoas usa apenas cerca de 30% de sua capacidade pulmonar. Isso significa que sua bateria fica apenas 30% carregada! Você está usando apenas um terço da sua capacidade energética e um terço da sua capacidade de liberar e desintoxicar seu sistema. Quase todo mundo inspira e expira parcialmente e prende a respiração, cortando o contato com essa fonte de energia. Não é difícil aprender a respirar de novo, mas exige algum tempo e disposição da sua parte. No entanto, saiba que, seja qual for a parcela de tempo e energia que investir nisso, você rapidamente a recuperará.

Se você for capaz de mudar a respiração só um pouco (e você é, acredite em mim), então também será capaz de mudar seu estado mental e sua qualidade de vida. Claro, não espero que acredite em nada disso até que tenha experimentado por si mesmo. É quase impossível imaginar a diferença que a respiração pode fazer antes de ter experimentado em primeira mão. Afinal, você considera a respiração apenas algo que faz o tempo todo. É tão normal quanto piscar os olhos, comer ou fazer cocô. Venho ensinando isso há quase três décadas e, acredite, nem sempre é fácil convencer as pessoas. Eu sinto que estou tentando vender neve a um esquimó quando digo a um novo grupo corporativo: "Olhe, aqui está sua respiração, use-a!" Eles olham para mim como se eu fosse louca ou concordam com a cabeça vagamente e ficam com os olhos perdidos. Ou dizem: "Do que você está falando? Já estou respirando. Eu não preciso aprender isso." Então, se agora você está se sentindo um pouco cético, isso é bom. Tente não ser crítico demais por enquanto. À medida que continuarmos, você aprenderá a desenvolver uma superpotência energética que vai contribuir e empoderar tudo que fizer na vida.

Aprofundando-se na conexão entre a emoção e a respiração

Essa conexão entre a respiração e a mente não é algo complicado. É uma observação simples que qualquer um faria se olhasse com cuidado. Observar a respiração revela que emoções específicas sempre estão associadas a padrões específicos de respiração. Nós dizemos às pessoas para "respirar fundo" quando precisam se acalmar porque sabemos que uma respiração profunda e constante está conectada à sensação de paz e tranquilidade. Existe um ritmo específico de respiração para todas as emoções que os seres humanos têm. A respiração influencia as emoções, e o inverso também vale: as emoções impactam a respiração.

Na Índia antiga, eles não precisavam de máquinas de ressonância magnética ou de eletroencefalograma para provar que a qualidade da respiração está intimamente ligada à qualidade dos pensamentos e emoções. Os *rishis* observaram metodicamente padrões específicos de respiração para descobrir quais tipos de emoções, estados mentais, níveis de energia e sensações físicas estavam ligados a eles. Hoje neurocientistas estão fazendo sua própria versão dessa observação com estudos em que mostram às pessoas imagens escolhidas para evocar certas emoções e, em seguida, medem seus padrões de respiração durante o processo. O que eles descobriram é que quando os participantes veem a imagem de uma arma ou uma cena violenta, a respiração automaticamente encurta e fica constrita, mas quando olham para uma borboleta ou um bebê rindo, a respiração se torna mais profunda e alongada.

Vamos observar a respiração em um estado de raiva. Quando a raiva começa a vir à tona, a respiração se move num padrão muito claro: é rápida, curta e entrecortada. A temperatura da respiração se eleva e o volume de ar que entra e sai diminui. Como a nossa respiração está intimamente ligada à nossa maquinaria física, também experimentamos reações corporais muito específicas:

ocorrem o enrijecimento e a contração de diferentes áreas, o coração fica acelerado, a temperatura do corpo e a pressão sanguínea sobem. A cabeça se contrai, e essa contração se irradia para o pescoço e faz os nervos latejarem. A raiva também desencadeia a atividade de partes específicas do cérebro que são muito diferentes das que são ativadas quando estamos tristes, relaxados ou alegres, e isso afeta os impulsos eletromagnéticos enviados pelos neurônios. Os pensamentos se tornam negativos, a visão e a percepção se tornam obscuras, e experimentamos a sensação de estarmos "cegos" de raiva. Isso nos afeta até mesmo no nível do DNA, e ao longo do tempo encurta nossos telômeros, os limites nas extremidades de nossos cromossomos que determinam a saúde e a longevidade. Quando estamos passando por muito estresse – o que quase sempre está ligado a emoções negativas como tristeza, medo e frustração –, dizemos coisas do tipo: "O mês passado foi tão estressante que parece que eu envelheci cinco anos." Em algum nível, podemos sentir o que está acontecendo dentro da nossa anatomia.

Minha respiração era terrível antes de eu aprender a usá-la. Quando entrei na palestra de Sri Sri uma advogada supercética e agitada – achando ridículo aprender a respirar – eu mal conseguia inspirar por dois segundos.

Quando respiramos num ritmo tranquilo, por outro lado, sensações de relaxamento, calma e alegria surgem naturalmente. A mente retorna ao momento presente. Quanto mais longa e profunda for a respiração, mais energia temos e mais sensíveis e conscientes naturalmente somos. Esse é o nosso padrão *natural* de respiração – a forma como respirávamos quando éramos crianças –, mas não é o modo como respiramos na maior parte do tempo depois de adultos. A respiração, da mesma forma que a mente, fica presa. Ela se estreitou e se restringiu. Perceba a sua respiração por um momento. Inspire profundamente e repare: o seu abdômen se expande ou se contrai? Para muitas pessoas, a barriga vai para dentro e os ombros e o peito se erguem – o que é exatamente o oposto do modo como respiramos naturalmente. Se você olhar para os bebês, verá que o abdômen deles se expande quando inspiram. Parte da razão pela qual as crianças têm tanta energia é porque respiram no ritmo diafragmático mais natural. Elas trazem muita energia para dentro pela inspiração e liberam tudo o que está preso na expiração. À medida que envelhecemos e vamos acumulando tensão na mente e no corpo, o padrão se inverte. Nós começamos a reter o estresse e a tensão na região do abdômen, a área conhecida na tradição japonesa como *hara*, o centro do poder no corpo. Quando invertemos esse processo, naturalmente mudamos o estado da mente, que deixa de ser marcado pela letargia e pelo esgotamento e se torna expandido e elevado.

A respiração nunca mente

Há muitos segredos escondidos na respiração. Você ficaria chocado com quanto se pode descobrir sobre as pessoas apenas observando a respiração delas. Se você souber o que procurar, pode fazer praticamente uma sessão de psicanálise completa! Quando começo a trabalhar a respiração com novos alunos, rapidamente é possível determinar se eles têm mais ansiedade em relação ao futuro ou raiva do passado. Posso ver claramente qual é seu estado emocional atual e sou capaz de dizer se eles estão confortáveis em se expressar ou se tendem a se reprimir. A respiração trai o que realmente está acontecendo na mente e no corpo – e ela nunca mente.

Desequilíbrios na respiração indicam agitação e desconforto na mente. Se você começar a perceber como costumamos respirar, uma das primeiras coisas que verá é que não inspiramos totalmente. Para a maioria das pessoas, a inspiração é muito curta e a expiração é ainda menor. Eu não sou uma exceção. Minha respiração era terrível antes de eu aprender a usá-la. Quando entrei na palestra de Sri Sri uma advogada supercética e agitada – achando ridículo aprender a respirar – eu mal conseguia inspirar por dois segundos. Não havia alongamento. Quando os instrutores nos ensinaram a primeira técnica de respiração – uma inspiração prolongada em que você retém o ar e depois expira contando até seis –, parecia que eu estava sufocando. Minha garganta e minha barriga estavam tão tensas que impediam a minha respiração. Eu não conseguia evitar! Era assim que eu estava acostumada a respirar o dia inteiro no escritório, e continuava quando eu voltava para casa à noite, com minha enorme pasta de arquivos de casos para revisar.

Eu segurava a respiração como uma maneira de controlar o estresse que estava sentindo e me dissociar dele. Minha respiração era um pouco mais profunda quando eu estava fazendo exercícios ou caminhando na praia, o que me trazia algum alívio, mas não era suficiente para acessar o estresse que havia no fundo da minha mente. Ela não conseguia alcançar todas as coisas que eu tinha varrido para baixo do tapete para agir no mundo: um trauma de infância não resolvido, medo de falar em público, preocupação com o que outras pessoas pensavam de mim, necessidade de provar meu valor. Mas, ao final de dois dias e meio, meu estado mental se transformou. As fontes mais profundas do estresse na base do iceberg começaram a sair do meu sistema.

Durante o curso, também notei que minha expiração estava muito entrecortada e saía muito rapidamente. A maioria das pessoas respira com uma espécie de palpitação. Não tem uma inspiração e uma expiração suaves. Em vez disso, apresenta muitos sobressaltos na respiração. Isso indica que há algo acontecendo na mente que a pessoa está tentando controlar. Há algo se manifestando no cérebro límbico: são as memórias e emoções por trás da resposta pragmática e controlada do córtex frontal. *Eu estou bem. Está tudo bem. Eu tenho tudo sob controle.*

Outro erro extremamente comum que cometemos é prender a respiração. Nós retemos o ar entre os fôlegos, e então fazemos uma inspiração súbita e curta, seguida de uma expiração que dispara o ar para fora. O impulso da expiração quase faz o som *ha!*. Isso me diz muito sobre o estado mental e emocional de alguém. No ano passado, comecei a trabalhar com uma escritora talentosa, uma jovem que mora em Nova York. Ela havia acabado de publicar seu primeiro livro e recebera ótimas críticas. Minha impressão imediata ao conhecê-la e ao saber sobre a carreira dela foi que ela era uma pessoa muito criativa, cheia de ideias e entusiasmo. Para mim, ter criatividade significa que a pessoa é muito informal, tranquila, relaxada, próspera, *livre*. Mas não foi isso que eu percebi em sua respiração. Quando nos sentamos juntas pela primeira vez para abordar as técnicas de respiração, pude ver imediatamente quanto ela se continha, quanto reprimia a si mesma e a própria expressão. Ela quase não respirava! A principal razão pela qual me procurara era que ela sentia uma falta de ar terrível havia vários anos. Sua respiração era tão superficial que era praticamente imperceptível, e então, de vez em quando, ela subitamente inspirava e expirava com tudo. Também tinha sobressaltos ao expirar porque estava tendo dificuldade para liberar completamente o ar de seu sistema. Antes mesmo de conversarmos, eu poderia dizer que ela estava fazendo a mesma coisa em sua mente: reprimindo as emoções, guardando as coisas que queria dizer, duvidando de si mesma e da própria capacidade. Quando eu lhe disse isso, ela me confidenciou que sua escrita estava muito bloqueada e descobrimos que era porque sua mente estava muito presa no futuro. Seu medo do fracasso a impedia de se deixar levar e, portanto, ela não conseguia se permitir respirar completamente. Ela temia não estar à altura do sucesso, temia, em algum nível, que não fosse digna dele, então reprimia as coisas que queria dizer.

Por meio da respiração, ela começou a liberar toda a ansiedade e a insegurança, toda a raiva enterrada e voltada para si mesma por trás desses sentimentos. Depois de alguns meses fazendo a respiração, ela me ligou para dizer que estava escrevendo de novo. Ela se sentia inspirada e estava usufruindo seu processo criativo pela primeira vez em anos. Sua mente tinha se soltado de todas as suas preocupações sobre o futuro, e ela estava gostando de explorar seu potencial. Mesmo que houvesse alguns fracassos ao longo do caminho, isso não importava mais, porque ela havia recuperado a autoconfiança.

Nós prendemos a respiração como uma maneira de colocar uma "tampa" em nossos pensamentos e emoções. O passado negativo está no comando e algo está preso em algum lugar na mente. Preso no banco de memória e, portanto, preso na respiração também. Prender a inspiração é uma maneira de evitar liberar quaisquer que sejam esse pensamento ou essa emoção que estamos reprimindo. Ficamos nos segurando por causa do estresse e do medo de trazer à tona lembranças e emoções profundas e sombrias que estejam ocultas sob a superfície da mente controlada. Há alguns anos, quando recebi a ligação com a notícia de que meu pai havia falecido, corri imediatamente para o aeroporto e comprei a minha passagem na hora. Enquanto esperava o meu voo, comecei a notar que eu estava prendendo a respiração. Eu não queria liberar minhas emoções porque estava em público, então a minha respiração instintivamente as mantinha sob controle.

Quando guardamos tanta coisa, mais cedo ou mais tarde começamos a ofegar. Quando você está com falta de ar, isso significa que há muitas emoções que reluta em liberar na frente dos outros ou, mais provavelmente, que nem sequer está disposto a aceitar e reconhecer em si mesmo. Então você as joga para baixo do tapete, desligando a respiração. Trata-se de uma restrição artificial, uma maneira de se dissociar e se desconectar. Quanto mais nos desconectamos do que estamos vivenciando internamente, mais ofegamos em busca de ar e depois suspiramos para soltar. É um sinal de que não estamos nos permitindo vivenciar nem aceitar nossa experiência mental e emocional.

Isso não é motivo para se julgar ou se sentir mal; esse é um comportamento natural. É claro que não queremos perder as estribeiras – ninguém quer! Preferimos "manter tudo sob controle" em vez de acessar os níveis mais profundos do que estamos vivenciando. Em vez de usar a nossa energia para esvaziar, o que nos daria *mais energia*, nós a usamos contra nós mesmos para manter tudo guardado. Se eu tiver um balde de água suja, vou precisar de um pouco de energia e esforço para levantá-lo e esvaziá-lo. Mas colocar uma tampa no balde e carregá-lo exigirá muito, mas muito mais energia, e eu nunca estarei livre desse peso. Em algum momento terei que levantar esse balde e esvaziá-lo.

Não estou sugerindo que você ande o dia todo chamando atenção para suas emoções mais profundas e sombrias. Certamente não é o que quero dizer quando falo de prosperar. Em vez disso, faça algumas das práticas de respiração enquanto estiver sentado, em pé ou caminhando, por 5 ou 10 minutos, para acessar as coisas mais profundas que estão acontecendo internamente e esvaziá-las. Então, quando sair para o mundo, você não estará mais lutando contra si mesmo ou usando sua energia para conter suas emoções. Você será mais como quando era criança. Quando algo o incomodava, você tinha a liberdade de expressá-lo e deixar ir. Depois de adultos, a respiração nos dá a liberdade de nos aprofundarmos no que estivermos vivenciando e então seguir em frente, sem ficar presos *nem* precisar expressá-lo externamente.

Limpando o banco de memória

O mais incrível sobre a respiração é que ela *sempre* está no momento presente. Ela não vai a lugar nenhum nem fica presa como a mente fica. Você percebe a incrível verdade que está escondida aqui? É que nós podemos usar a respiração para tirar a mente de onde ela está presa e guiá-la para fora do passado e do futuro, ancorando-a no agora.

Imagine a sua respiração como a linha de uma pipa. A pipa que voa na brisa é a sua mente, e a pessoa no chão segurando a linha é o seu corpo. Todas essas três partes – a mente, o corpo e a respiração – estão interconectadas e cada uma depende das outras. Juntas, formam uma unidade. Como a linha da pipa, a respiração é a ligação entre a mente e o corpo, a ponte entre o nosso mundo interior e o mundo exterior. Quando o vento aumenta e a pipa começa a voar para o passado e o futuro, como você a estabiliza? Você brinca com a linha! Conversar com a pipa e gritar "Volte aqui!" quando ela está voando descontroladamente não vai funcionar. Em vez disso, você precisa ajustar a linha. Você aumenta ou diminui a folga, tensiona a linha ou a puxa numa certa direção até alcançar o ponto ideal onde ela pega o vento perfeitamente.

Se você já soltou pipa, sabe que quando a pipa está completamente centralizada, a linha parece um cabo de ferro. Não é mais aquela coisa solta e molenga – é muito firme e fica estável e centrada. Ela não se move. Mesmo se você largar a linha, a pipa ainda permanece lá. É como a mente no momento presente: firme, poderosa, inabalável, ancorada no fluxo da vida. Então brincamos com a linha para trazer a pipa de volta ao fluxo constante do presente e, uma vez lá, a mente funciona a partir de um foco calmo – o que, por sua vez, afeta a respiração. Quando a mente está em fluxo, nossa respiração é tão forte quanto a linha de ferro da pipa.

A respiração viaja não apenas pelo nível superficial da mente, mas também pelos seus recessos mais profundos. Ela se move por todo o iceberg, até as profundezas do banco de memória, onde pode se concentrar e liberar antigas toxinas – os pensamentos e emoções antigas a que não temos mais por que nos agarrar. O sistema precisa que alguma força vital entre nele para isso acontecer. É como se você abrisse a tampa para soltar o vapor. Quando começa a trabalhar com a respiração, você pode perceber que muitos pensamentos e emoções vêm à superfície. Fique com isso. É apenas um sinal de desintoxicação mental. Deixe os pensamentos virem à tona ou permanecerem por ali; não lute contra eles. Se a sua mente está a mil ou você passa por mudanças de humor piores do que uma mulher grávida, apenas convide tudo isso a entrar. Quando trabalhamos com a respiração, começamos a limpar o banco de memória e as emoções que estão armazenadas ali.

Não subestime o poder e o potencial transformador desse processo. Alguns dos que tiveram mais sucesso com essas técnicas são veteranos com transtorno de estresse pós-traumático, que encontraram uma maneira de confrontar e, finalmente, se libertar das memórias traumáticas mais profundas, quando nada mais funcionou. Tom, um veterano da Guerra do Iraque de 33 anos, estava por um fio quando buscou a respiração como a última tentativa de tratamento para seu TEPT. Nada do que a Associação de Veteranos lhe oferecera (punhados de medicamentos diferentes e várias formas de terapias tradicionais) tinha ajudado a aliviar a constante ansiedade, os danos morais, o estresse e a insônia que ele enfrentava. Desesperado após vários de seus amigos das forças armadas cometerem suicídio, Tom decidiu atravessar o país caminhando como uma forma de tentar se libertar da própria mente. Quatro mil e 300 quilômetros depois, ele percebeu que só precisava se sentar em silêncio consigo mesmo.

Em três dias ele aprendeu as técnicas de respiração. Tom respirou mais fundo do que havia conseguido durante anos e contou que, pela primeira vez desde que estivera em combate, havia expirado *de verdade*. Ele começou a limpar memórias antigas, mesmo as mais resistentes. As experiências ainda estavam lá com ele, mas a carga energética e emocional não era mais tão forte. Ele não precisava lutar para manter as memórias enterradas. Pela primeira vez em muitos anos, experimentou uma sensação de presença e alegria. Tom se lembra de sair da sessão do curso, olhar para o céu cinzento e pensar que era uma das coisas mais lindas que já tinha visto. Aprender a respirar novamente lhe permitiu apertar o botão de "reiniciar" do seu sistema nervoso. Isso apenas prova que o passado negativo pode ser retirado do presente e colocado de volta onde ele deve ficar: no passado. Quando isso acontece, o sistema nervoso pode parar de reagir ao presente e ao futuro imaginado pelas lentes do trauma passado. A mente consegue se soltar.

Temos relatos de centenas de milhares de pessoas em todo o mundo, além de evidências científicas, que comprovam os benefícios do trabalho respiratório para os sobreviventes com TEPT. Num estudo piloto de 2010 com um grupo de veteranos do Iraque e do Afeganistão com TEPT, a equipe de pesquisa da Universidade de Wisconsin-Madison estudou os efeitos do Sudarshan Kriya, a prática de respiração yógica para aliviar o estresse oferecida aos veteranos pela Arte de Viver junto à iniciativa Welcome Home Troops.[13] O estudo, publicado no *Journal of Traumatic Stress*, mostrou que, após uma semana de prática dessas técnicas de respiração, os veteranos já apresentavam menores níveis de ansiedade, uma frequência respiratória mais baixa (que indicava uma respiração mais profunda e alongada) e menos sintomas de TEPT. As memórias negativas do passado perderam seu poder de controlar o presente e o futuro. Como explicou a Dra. Emma Seppälä, uma psicóloga da Universidade Stanford que trabalhou no estudo: "Nós sabemos que a memória é muito maleável. O que acho que está acontecendo é a associação entre o trauma e a mudança de memória – eles lembram o que aconteceu, mas os fatos não estão mais presentes no agora."[14] Resumindo: a carga emocional da memória é desalojada da mente, deixando na pessoa um sentimento de calma e presença.

Melhorando a sua respiração

O processo de reaprender a respirar tem duas partes: 1) descobrir a respiração como ela é e 2) aprender a brincar um pouquinho com ela – o que você pode fazer caminhando, deitado ou sentado no sofá. Sua respiração se tornará diferente não apenas enquanto você estiver praticando os exercícios, mas pelo resto da vida. De repente, durante um momento estressante, sem esforço algum, você vai calmamente tomar consciência dos seus pensamentos, das suas emoções, da sua respiração e do seu corpo. Armado com a ferramenta da respiração, você será capaz de regular seu estresse e suas emoções naturalmente, à medida que surgirem. No momento em que perceber que está prendendo a respiração, você vai relaxar e a sua respiração vai se alongar novamente. O resultado disso será um estado natural de consciência elevada. Essa é a verdadeira atenção plena.

Como eu disse, a única maneira de entender o poder da respiração é experimentá-lo. Se você está pronto para começar, tente fazer os exercícios de respiração a seguir. Faça um teste. Experimente-os por uma ou duas semanas e observe as mudanças nos seus níveis de energia e no seu modo de enxergar as coisas. Se estiver interessado em aprender mais sobre essas técnicas e desenvolver uma prática regular, visite o site https://www.artofliving.org/br-pt para encontrar um curso perto de você.

EXERCÍCIOS: Práticas de respiração

Ciclo de respiração noturna: A maneira como pegamos no sono determina a qualidade da noite de sono. Para relaxar e entrar num estado de repouso, experimente este exercício de respiração simples: Deite-se de barriga para cima e apoie as palmas das mãos no abdômen. Comece respirando normalmente, inspirando e expirando, prendendo o ar por um instante no fim da inspiração. Perceba o movimento suave das palmas das mãos para cima e para baixo, assim como do umbigo, subindo e descendo. Suas mãos começarão a ficar pesadas, você sentirá sua percepção se interiorizando, voltando-se para dentro, e começará a ficar sonolento. Faça até 10 inspirações e expirações constantes, ritmadas, permitindo que a respiração se acalme naturalmente à medida que se dá a transição para o sono. No momento em que se sentir sonolento, durma. Use este exercício quando acordar durante a noite para ajudá-lo a voltar a dormir.

Ciclo de respiração da manhã: Em vez de se virar e imediatamente pegar o seu telefone ao acordar, comece o dia tirando alguns minutos para respirar. Assim que você despertar, coloque as mãos sobre o abdômen novamente e faça 10 ciclos completos de respiração profunda. Esta prática rápida pode ajudá-lo a completar um ciclo de sono inacabado e a começar o dia mais revigorado e cheio de energia. Durante o sono, a mente processa antigos estresses e tensões. Quando você acorda no meio de um ciclo de sono, esses arquivos antigos podem permanecer abertos, fazendo com que você se sinta inquieto, fora do eixo ou agitado. Fazer as 10 respirações imediatamente ao acordar é uma maneira de completar o ciclo de processamento de estresse, efetivamente "fechando" qualquer arquivo que tenha ficado aberto.

Respiração poderosa: Esta prática energizante de respiração esvazia a mente, trazendo uma descarga de energia para o corpo instantaneamente – e leva apenas dois minutos. O ritmo é uma inspiração natural seguida de uma expiração curta e vigorosa pelo nariz. Para começar, sente-se com os cotovelos dobrados ao lado do corpo, bem perto da cintura, e as mãos relaxadamente fechadas perto dos ombros. Ao inspirar pelo nariz, eleve os braços acima da cabeça e abra bem as mãos. Ao expirar com um forte impulso, traga os braços de volta, levando os cotovelos para perto da cintura e fechando as mãos novamente. Faça três séries de 15 a 20 respirações para obter uma descarga de energia no sistema livre de cafeína. Nós chamamos isso de "café yógico".

Respiração de mudança de atitude: Todos nós conhecemos os benefícios de respirar fundo, mas poucas pessoas estão cientes dos benefícios de respirar *além* da nossa capacidade respiratória. Experimente esta poderosa "inspiração expandida" sempre que precisar mudar sua atitude e eliminar pensamentos insistentes. Funciona assim: ao inspirar profundamente pelo nariz, faça uma breve pausa com os pulmões completamente cheios. Depois de alcançar a capacidade total de sua inspiração, tome mais alguns pequenos goles extras de ar. Pause e segure todo esse ar por um momento antes de soltá-lo completamente pelo nariz. Apenas duas ou três repetições podem clarear a mente instantaneamente e reenergizar o sistema.

Respiração de aceitação ativa: Como discutiremos mais a fundo na Parte 4, a resistência da mente consome uma quantidade tremenda de força vital. Quando você se encontrar lutando ou evitando alguma situação em sua vida, feche os olhos e observe os sintomas em sua mente e em seu corpo: aperto no peito ou nos ombros, respiração superficial, tensão na região do umbigo, pensamentos acelerados ou emoções negativas. O que você está vivenciando são sintomas do estresse, a resposta do sistema nervoso simpático (de luta ou fuga). Observe tudo isso e, em seguida, respire de forma alongada. Retenha o ar por um momento e depois expire profundamente fazendo o som *humm*. Repita três vezes e toda a sua fisiologia será reiniciada, numa resposta do sistema nervoso parassimpático (de descanso e digestão). Depois de perceber essas mudanças fisiológicas, volte e repita a respiração de mudança de atitude descrita anteriormente.

Por que *humm?* Esse som que naturalmente fazemos com tanta frequência (como quando concordamos dizendo "aham") atinge bem o centro da cabeça. É uma maneira sutil de vibrar o hipotálamo e a glândula pineal, eliminando qualquer negatividade.

Novamente, seja o seu próprio cientista. Faça um biohacking de si mesmo e veja o que esses exercícios simples de respiração podem fazer pela sua energia e a sua percepção. Em seguida, decida se você quer explorar outras técnicas.

CAPÍTULO 8

Meditação para pessoas ocupadas

Nos anos 1960, o *mindfulness* chegou aos Estados Unidos trazido por professores que haviam viajado para o Extremo Oriente e passado meses estudando em mosteiros budistas. Eles aprenderam as práticas dos monges, técnicas isoladas como concentração e monitoramento dos pensamentos, depois as secularizaram e levaram de volta aos Estados Unidos para ajudar as pessoas a aprenderem a gerenciar a própria mente. Muitas vezes esquecemos que as técnicas de atenção plena, tão populares hoje, são na verdade práticas *monásticas*. Elas foram desenvolvidas para ser usadas por monges cujo caminho espiritual exige que eles se afastem da sociedade e da vida cotidiana para buscar sabedoria e conexão divina.

Você e eu não somos monges vivendo nas montanhas. Não acordamos às quatro da manhã para meditar três horas e passar o resto de nossos dias em solidão e contemplação silenciosa. Somos apenas pessoas comuns com uma vida ocupada, talvez morando em cidades barulhentas, fazendo várias coisas ao mesmo tempo, usando a tecnologia, cuidando da nossa família, da carreira e da conta bancária. Embora possamos pegar emprestadas essas técnicas monásticas e usá-las para cultivar o foco e a consciência, vale a pena nos perguntarmos se essas práticas destinadas aos monges são o que mais faz sentido para o nosso estilo de vida e nossos objetivos de hoje.

A meditação védica (ou o que descrevi como "meditação sem esforço") não foi criada para monges. Essas técnicas foram pensadas para serem usadas por "chefes de família" ou, como diz a *Bhagavad Gita*, para "o homem de ação". Elas foram desenvolvidas há 5 mil anos na Índia como uma ferramenta para ajudar pessoas como você e eu a nos envolvermos mais na nossa vida, a sermos mais eficazes e dinâmicos em nosso trabalho, nos relacionamentos, na família e na comunidade. Essas práticas tinham menos a ver com buscar a iluminação (embora elas também pudessem ajudar você a chegar lá) e mais com maximizar a energia, a vitalidade, a alegria, a conexão e a sabedoria – qualidades a serem desfrutadas aqui no mundo material em que vivemos. O objetivo não era retirar-se da vida, mas, ao contrário, tirar o máximo proveito dela.

A meditação védica é e sempre foi para pessoas com a vida e a mente ocupadas. Não é necessário já ter a tranquilidade e a disciplina mental de um monge para poder fazê-la, e você não precisa praticar horas a fio por meses e anos para chegar a algum lugar. Essa é uma meditação para a mente ativa, não para a mente treinada para a quietude, vivendo em silêncio e solidão. Você não precisa tentar acalmar a mente ou parar de pensar. O que essa meditação nos ensina é a apenas permitir que a mente faça o que ela faz naturalmente. Não há a tentativa de controlar os pensamentos, de concentrar, focar ou monitorar a mente de qualquer forma. Na verdade, não há *tentativa de nada*, ponto final. Nada de esforço. Como eu já disse, é uma prática sem esforço para permitir que os pensamentos e as emoções relaxem naturalmente. A forma como isso é feito é através de uma ferramenta vibracional chamada *mantra*.

O propósito dessa meditação é descansar a mente, certo? É dar uma folga à atividade mental. Na vida, a forma como nosso sistema naturalmente funciona é alternando entre atividade e descanso. É assim que somos projetados: temos ritmos circadianos que passam do repouso à atividade e vice-versa ao longo do dia. Com base nessa percepção, o vedanta divide o dia em três ciclos de descanso: você tem oito horas de sono e também precisa acrescentar dois ciclos de meditação ao longo do dia para descansar a mente, pois ela precisa de repouso para estar vibrante e viva. Precisa estar em um estado de inatividade para se recarregar. É por isso que dizemos que é uma meditação "sem esforço". Quando a mente se expande e se acomoda, a força vital começa a se elevar naturalmente, trazendo você ao momento presente com maior clareza e foco. É importante reconhecer que, na meditação védica, a concentração e o foco são resultado de *libertar-se* da cognição controlada. O processo de meditação em si não exige qualquer esforço mental. Essa meditação também é uma forma de ganhar tempo, porque torna a faculdade mental mais eficiente. Além disso, se você medita diariamente, seu sono se torna muito mais profundo e, portanto, você precisa passar menos tempo dormindo. Isso lhe deixa mais tempo para dedicar às atividades da vida e você acaba realizando mais coisas no mundo.

> *A meditação védica é e sempre foi para pessoas*
> *com a vida e a mente ocupadas.*

O vedanta e o budismo concordam que a meditação é a chave para alcançar o autodomínio. Mas há dois segredos importantes da meditação védica que a tornam particularmente apropriada ao objetivo de melhorar a vida e a energia. O primeiro é a respiração (não o foco na respiração, mas o *uso* da respiração) e o segundo é o que eu chamo de "fluxo mental", que é o elemento da ausência de esforço.

Depois de ensinar meditação védica a milhares de pessoas, inclusive a muitos praticantes de *mindfulness* e outras formas de meditação, sinto-me obrigada a destacar que a meditação que ensino é ideal para nos ajudar a sermos simultaneamente mais calmos, mais ativos e mais envolvidos na vida. A meditação do sistema védico transcende o eu e é uma das maneiras mais rápidas e fáceis de desenvolver a coerência mental, a calma e o dinamismo – não importa quão agitada seja a sua mente.

Talvez você esteja se perguntando: Será que eu não posso simplesmente usar um aplicativo para aprender meditação védica? Bem, acho que depende do aplicativo e do instrutor. Se o aplicativo for altamente customizado, com centenas de diferentes opções voltadas para questões específicas da vida, então o que deveria acalmar a mente acaba por agitá-la. A neurociência nos mostra que a variedade de opções para além de certo número só causa mais estresse.

Tentativas de reduzir o estresse lidando com gatilhos específicos – como pessoas, lugares ou coisas – nunca levaram ninguém a encontrar a paz. Outro desafio que vejo em aplicativos é que eles seguem o "modelo consumista para a felicidade", ou seja, seguem a lógica de que quanto mais a pessoa tem, mais feliz ela é. Essa abordagem pode funcionar em vários aspectos da vida, mas com certeza não quando se trata da paz de espírito. E é uma das razões pelas quais aplicativos podem não ser a melhor estratégia para derreter o iceberg. Não precisamos dividir, fragmentar e compartimentalizar a mente ainda mais, com centenas de opções e customizações.

Eu me atrevo a dizer que tanto o Buda quanto os *rishis* não usavam um tipo diferente de meditação para cada dia ou de acordo com seu estado de humor. Eles usavam uma ferramenta e, com ela, refletiam fundo dentro de si mesmos.

Há milhares de anos a tradição védica trata a meditação como uma parte da higiene mental diária. Ela foi criada para abordar a complexidade da mente humana; há uma ciência e um sistema com anos de estudo, auto-observação e sabedoria por trás dela. Certamente não é algo para ser inovado casualmente por alguém que entende de tecnologia mas que não tem a menor ideia do que significa mergulhar fundo na própria consciência. Eu sei que existem milhões de aplicativos de "meditação" por aí que oferecem conveniência; eles podem proporcionar algum descanso e resultados superficiais, mas não oferecem a coerência completa e profundamente transformadora da meditação védica.

É claro que existem benefícios em utilizar um aplicativo para meditar. Mas escolha com sabedoria e tenha cuidado com o que convida para seu mundo interior. Minha sugestão é que você dedique algum tempo para ser pessoalmente guiado por um instrutor. Essa é uma dádiva preciosa que você poderá aproveitar pelo resto da vida. A meditação védica é uma prática antiga testada e comprovada, e existe até hoje como foi projetada por um cientista da Antiguidade. Será que você, a sua mente e a sua paz não valem algumas poucas horas de compromisso e "inconveniência"?

Há vantagens em usar um aplicativo, mas elas não representam nem uma gota no oceano do que é possível alcançar com a prática pessoal da meditação védica. E, em termos práticos, muitos aplicativos excessivamente customizados e com opções demais acabam envolvendo mais trabalho com uma recompensa menor.

Transcendendo a mente pensante

Você já sabe que a atenção plena não é meditação – pelo menos pelos meus padrões. Então o que é afinal meditação, se não é ficar sentado tentando se concentrar na própria respiração? Em sânscrito, a palavra para meditação é *dhyana*: *dhya* significa concentrar-se, focar, localizar a consciência e a atenção, enquanto *na* significa a negação do foco e da concentração. É um estado "sem foco" ou "sem mente". A palavra védica para meditação é o oposto do que tem sido entendido como meditação no Ocidente: é literalmente a prática de *deixar o foco de lado*.

Vamos considerar brevemente o que distingue as formas de meditação mais praticadas. Há 1 milhão de maneiras diferentes de meditar, mas todas se resumem a três categorias amplas: *atenção focada, monitoramento aberto* e *transcendência automática do eu*. As duas primeiras categorias são as práticas de concentração e monitoramento mental da atenção plena sobre as quais falamos no Capítulo 6. Já a meditação védica se enquadra na terceira categoria de meditação de transcendência do eu, amplamente conhecida e praticada na forma da Meditação Transcendental. A técnica que ensino se chama Sahaj Samadhi – que significa "meditação natural, sem esforço" – e é uma meditação de transcendência do eu que se origina da mesma linhagem que a MT.

Cada forma de meditação tem seus próprios benefícios, mas as duas primeiras categorias, pela minha definição, não são meditação. Elas são os primeiros estágios da regulação da atenção. Como os estudos de imagens cerebrais mostram claramente, há muita atividade mental e esforço envolvidos. Quando os cientistas examinaram a atividade elétrica no cérebro durante a meditação, eles descobriram que a atenção focada (isto é, a meditação *mindfulness*) desencadeia a atividade de ondas cerebrais associadas a um córtex frontal ativo, altos níveis de controle cognitivo (ou seja, dos processos controlados do pensamento do intelecto), regulação esforçada da atenção e pensamento orientado para a realização de tarefas.[15] Em outras palavras, ela desencadeia o tipo de atividade mental que usamos em nossa vida diária quando tentamos nos concentrar para cumprir tarefas. Ela aumenta a atividade do intelecto. Um alto nível de controle cognitivo é uma coisa boa no sentido de que é uma maneira de "manter tudo sob controle". Manter as coisas sob controle é útil em certos contextos, mas tem o efeito colateral de impedir o fluxo de novas ideias e soluções inovadoras. Se você está em busca de visão e inspiração renovadas, considere acessar a parte mais profunda de sua mente, da qual surgem os seus pensamentos.

A meditação de transcendência do eu tem o efeito praticamente oposto dos outros dois tipos. Ela desencadeia ondas cerebrais alfa, que estão ligadas ao relaxamento profundo, à criatividade, ao sono e a níveis muito baixos de atividade mental.[16] Ao contrário de formas mais reguladas de meditação, as práticas de transcendência do eu aumentam o que é chamado de *coerência das ondas cerebrais*, o que significa que há mais unificação e atividade sincronizada em todo o cérebro. O que essa prática essencialmente faz é deixar o cérebro mais integrado ou unificado, harmonizando todas as camadas do iceberg, do topo até as profundezas do oceano. Além disso, como resultado direto, também obtemos o benefício do controle cognitivo, da regulação da atenção e do pensamento orientado para tarefas sem o trabalho e o esforço intensos da atenção focada e das técnicas de monitoramento.[17] Esse é exatamente o significado de *yoga*. A palavra se traduz literalmente como "integração", "união", "atar um 'jugo'". Nosso maior poder está no que os *rishis* chamam de mente "em um único ponto" ou unificada – que é apenas outra maneira de chamar a mente estabelecida no momento presente.

Isso é algo que pode ser alcançado em um período muito curto de tempo, com resultados duradouros – até mesmo na primeira tentativa. Em um estudo publicado em 2016 no prestigioso periódico *Brain and Cognition*, o Dr. Fred Travis demonstrou cientificamente que a meditação de transcendência do eu é realmente um processo sem esforço. O estudo examinou 87 pessoas que praticavam a MT entre um mês e cinco anos, testando sua atividade cerebral durante e após a meditação e coletando relatórios de autoavaliação. Ele descobriu que meditadores de todos os níveis de experiência eram capazes de acessar estados de transcendência profunda. Travis disse: "Indivíduos praticando a Meditação Transcendental há apenas um mês relataram a mesma frequência de experiências de Consciência Transcendental durante a prática que indivíduos que meditam há cinco anos. Isso apoia a compreensão de que a Meditação Transcendental usa a tendência natural da mente para transcender – passar do pensamento ativo para o profundo silêncio interior. A prática extensiva não melhora em nada o processo natural."[18]

A meditação Sahaj Samadhi, assim como a Meditação Transcendental, é uma prática sem esforço, desenvolvida para trazer a mente e o corpo para um estado de repouso profundo e restaurador. Nós também dizemos que ela é sem esforço porque a mente naturalmente quer se mover em direção à fonte da alegria interior. Quando permitimos que o processo de pensamento relaxe, ele flui naturalmente de volta à sua verdadeira natureza, que é a alegria, a conexão, a sabedoria, a criatividade, a presença e o potencial infinito da nossa consciência. De acordo com a sabedoria védica, nós já temos tudo de que precisamos na vida – a criatividade, a confiança, a clareza, todos os ingredientes para o sucesso. Não temos que fazer nada em especial para alcançar essas coisas. Elas estão dentro de nós e simplesmente ficam bloqueadas pelo pensamento superficial. Ficam recobertas por todo o julgamento, os rótulos, a dissecação e a análise. Então, em vez de focar na superfície da mente, precisamos ir mais fundo, ao âmago do nosso ser.

A base do vedanta é o conhecimento de que a pessoa que você é – o modo como você é no seu âmago – é perfeita. A qualidade inata de quem somos é *sat*, *chit* e *ananda*: consciência viva e imutável e pura felicidade. Somos feitos dessas três coisas. De acordo com o vedanta, se você relaxar, essas três qualidades naturalmente vêm à tona. Isso é o oposto do esforço mental. Se você colocar a mente num esforço cada vez menor e menor, sua verdadeira natureza pode se manifestar. Ao relaxar, essas qualidades brilham naturalmente, como acontece com uma criança.

A maneira como guiamos a mente para estados mais profundos de consciência é pelo uso de um mantra, que é um som ou ressonância que não tem significado. A palavra *mantra* se traduz como "som". Não é uma palavra; é uma vibração. Assim como uma cítara tem um som, uma flauta tem outro som e um piano tem outro, cada mantra tem o seu próprio som, afetando o sistema nervoso de uma maneira muito específica. Os mantras que usamos na meditação trazem a ressonância de quando estamos em nosso estado mais calmo e tranquilo. Usamos essa vibração como uma ferramenta para levar a mente a estados mais e mais silenciosos. Sem esforço, a vibração, que funciona como um veículo, leva você além do mantra, além do processo de meditação, para um estado de pura consciência. O mantra é usado para "transcender" o próprio processo de meditação em direção a um estado de consciência aberta que é livre de pensamentos, emoções e percepções. Acessamos a fonte do pensamento em si para poder mudá-lo, e assim entramos em contato com a fonte de energia de forma a reenergizar todo o sistema. Deixamos a mente relaxar.

Fluxo mental

A beleza dessa prática é que ela permite que a mente entre num estado de não ação, de relaxamento total. É o que eu chamo de "fluxo mental". A mente naturalmente relaxa e flui em direção a águas mais calmas. A prática exige muito pouco de você, além do tempo necessário para fazê-la. Eu amo o que o músico Moby diz sobre sua prática de longa data de MT: "O que a torna eficaz é que você não precisa fazer muita coisa. Sendo uma pessoa profundamente preguiçosa, eu aprecio isso."[19] Essa é a forma mais simples e fácil de meditar. É relaxante, é ágil, economiza energia e lhe permite dormir melhor. Ninguém reclama que não consegue ficar sentado durante a prática, e se você faz a respiração antes da meditação, consegue ficar sentado por um longo tempo sem sequer notar. Você não luta para permanecer consciente, mas apenas observa naturalmente a sua paisagem interior e permite que a mente relaxe. Trata-se de um estado natural de aceitação. Se um pensamento negativo vem à tona, você não diz a si mesmo: "Estou pensando, estou pensando, estou pensando." Você apenas percebe que ele está lá – e ele não chega a tocá-lo.

Como um rio que flui para o oceano, a mente flui naturalmente para as águas tranquilas da pura consciência, para a fonte de energia e inteligência em nosso âmago.

Livrar-se dos pensamentos não é o objetivo. Na tradição védica, nós aceitamos os pensamentos como parte do processo meditativo. Nós até lhes damos boas-vindas! Ao tentar rotular ou resistir aos pensamentos – ao tentar meditar como um todo –, acabamos pensando mais ainda. Não monitoramos nem tentamos nos livrar dos pensamentos, e não importa se eles são positivos ou negativos. Simplesmente sabemos que a mente faz uma coisa e só sabe fazer esta coisa: pensar, pensar e pensar. É da natureza da mente gerar pensamentos. Tentar "consertar" ou rotular os pensamentos, julgá-los ou compartimentá-los apenas gera ainda mais atividade mental. Em vez disso, simplesmente fluímos ao longo do rio dos pensamentos.

Sabe aqueles macacos de brinquedo que tocam pratos, esses em que damos corda com uma manivela na parte de trás? Se você pensar nessa manivela do macaco como a sua mente, o que você faz o dia inteiro é dar mais corda, com mais e mais atividade mental. Pensar, analisar, processar, "certo", "errado", "deveria ser", "não deveria ser" – cada um entre as dezenas de milhares de pensamentos que temos todos os dias está girando a manivela. Cada giro cria mais tensão no corpo (no macaco) e na mente (na manivela). Portanto, se você quiser liberar essa tensão, precisará soltar a manivela e permitir que ela gire de volta sozinha. O que acontecerá a princípio é que a manivela vai girar de volta muito rápido, e o macaco vai até cair e se debater enquanto toca os pratos freneticamente! Mas é exatamente isso que queremos que aconteça. Veja bem: quando resiste ao pensamento, você está resistindo ao processo de relaxamento, mantendo a manivela tensionada. Você precisa saber que uma parte desse relaxamento é a onda de pensamento e emoção que vem à tona. Ela leva o tempo necessário para subir à superfície e depois desacelera por si só. Novamente, o processo de meditação está relacionado a deixar esses pensamentos e emoções fluírem naturalmente em direção à quietude.

Como um rio que flui para o oceano, a mente flui naturalmente para as águas tranquilas da pura consciência, para a fonte de energia e inteligência em nosso âmago. Há muito mais vida, força e quietude no fundo no oceano do que na superfície, onde o vento cria muitas ondas e agitação. Criatividade, entusiasmo, alegria e clareza são bem mais poderosos quando vêm do fundo do oceano, não da superfície.

Se não tomarmos cuidado, o que estaremos fazendo com práticas de atenção restritivas é, na verdade, colocar uma tampa na fonte de criatividade, insight e energia que brota do fundo do oceano. De fato, estudos mostraram que, embora a meditação da atenção focada melhore a concentração, o foco e a autorregulação, ela na verdade resulta em pontuações *mais baixas* em testes de pensamento criativo.[20] A meditação védica, por outro lado, tem mostrado em muitos experimentos que estimula o pensamento criativo.[21] O que você faz é transcender a mente pensante em vez de fortalecê-la e discipliná-la. David Lynch, que pratica MT há mais de 30 anos, descreve isso de uma forma linda em seu livro *Em águas profundas*:

> Se deseja usar o seu cérebro por completo, você precisa transcender. E toda vez que transcende, você leva consigo um pouco mais dessa consciência transcendental enquanto trabalha, canta ou faz qualquer outra coisa. O seu cérebro mantém essa coerência, não importa o que você faça. É uma experiência holística; é o funcionamento total do cérebro. E isso se torna cada vez mais um estado permanente... quanto mais essa consciência cresce.[22]

Então o que está realmente acontecendo quando você "transcende"? O momento de transcendência é quando o iceberg se derrete no oceano. Tudo se torna água fluindo. O elemento em comum entre a ponta do iceberg e as profundezas do oceano são duas moléculas de hidrogênio e uma de oxigênio. No momento de transcendência, você abandona todo pensamento, toda memória, todo julgamento e chega a essa poderosa sensação de "Eu estou aqui; eu sou". Às vezes, sentimos isso no instante em que passamos do sono ao estado de vigília, meio acordados. Nem sabemos onde estamos, mas temos essa clara consciência de *estar*. Nesse momento, derretemos o iceberg. Isso é transcendência. Tudo se reestrutura. Quando mergulhamos no oceano, levamos de volta conosco o poder do oceano e começamos a derreter o gelo. Em algum lugar no meio do iceberg, pedaços de gelo começam a se desfazer e um pequeno fluxo de água retorna ao oceano. Esse fluxo vai ficando cada vez maior e, em seguida, um pedaço enorme do iceberg cai no oceano. Parece que isso acontece de repente, mas na verdade foi algo que ocorreu ao longo do tempo, à medida que o gelo ia ficando mais macio. O oceano está cheio de vida, inteligência e energia bruta. É uma turbina para o sistema que ajuda a desfazer os bloqueios que nos mantêm presos. É isso que a prática da meditação faz ao longo do tempo.

Em um dos meus treinamentos recentes, havia uma mulher que buscara aprender meditação como o último recurso para lidar com seus esmagadores níveis de estresse. Ela parecia mais exausta do que qualquer pessoa que eu já vira. Era mãe solo e trabalhava em dois empregos, lutando para chegar ao fim de cada mês. Ela mal tinha tempo para si mesma e, nos últimos meses, também não estava dormindo. A mulher se queixava de que sua mente ficava tão perturbada à noite que ela não conseguia parar de pensar, e permanecia horas acordada. Após três minutos da primeira meditação com o grupo, ouvi um ronco – e eu sabia exatamente de onde vinha! Apenas três minutos repetindo o mantra e ela caíra em um sono profundo. O mesmo aconteceu nas três sessões seguintes. Se eu não a tivesse acordado depois que todos saíram, ela continuaria lá por horas. É isso que eu considero uma meditação bem-sucedida – adormecer! Em nossa tradição, não há problema em adormecer durante a meditação. É algo bem-vindo. O que quer que esteja acontecendo no seu espaço interior, você precisa permitir que aconteça. O sistema dessa mulher estava operando com uma bateria perigosamente baixa. Seu medidor estava piscando em vermelho. Quando ela conseguiu acalmar a mente o suficiente para entrar nesse estado de transcendência, a inteligência inata de cura de seu corpo imediatamente assumiu o controle. O que ela precisava era descansar, e o corpo lhe ofereceu um estado de repouso profundo para que ela pudesse começar a se regenerar. *Esse* é o valor da transcendência. Nós mergulhamos no oceano e seu poder é direcionado para onde for necessário, para servir o que é necessário.

O que é necessário, em muitos casos, é a mente confrontar e liberar memórias que estão criando bloqueios no subconsciente. Recentemente, ensinei

Sahaj Samadhi a uma mulher que acabara de perder seu filho para o câncer. Tudo o que você poderia imaginar estava passando pela mente dela: arrependimento, culpa, tristeza, sofrimento, ansiedade, acusações a si mesma, mesmo que não houvesse nada que pudesse ter feito. Quando ela entrou no meu escritório, mal conseguia se sentar parada. A mulher tomava um gole de água, depois se levantava e andava de um lado para outro, então se sentava de novo e começava a chorar. Ela me disse que achava impossível ficar quieta para a meditação, mas que tentaria. Após os primeiros minutos de sua primeira meditação, lágrimas rolavam por seu rosto, mas ela permanecia completamente imóvel. Quarenta minutos depois, ela moveu o corpo pela primeira vez. Ela então abriu os olhos e disse calmamente que se lembrara de tudo, desde o momento em que seu filho foi diagnosticado com a doença até o instante em que faleceu. Sua mente tinha passado por todas as memórias que estavam armazenadas no nível da água ou mais fundo, no banco de memória. Ela podia ver tudo, mas, ao mesmo tempo, conseguia enxergar além da dor; a carga energética fora removida. Depois de algumas sessões, ela me contou: "Eu sinto saudade do meu filho, mas estou encontrando uma maneira de dormir à noite."

Por esse processo, a prática também pode ter um impacto profundo no alívio da depressão. Um estudo novo e animador publicado em novembro de 2018 no prestigioso *British Journal of Psychiatry* mostrou que o Sahaj Samadhi reduziu a taxa de recaída da depressão em mais de 300%. O estudo, que durou cinco anos e incluiu oito cientistas da Western University de Ontário, acrescentou a meditação ao padrão-ouro do tratamento da depressão: antidepressivos e psicoterapia.[23] Quando conseguimos esvaziar o banco de memórias e deixar o passado para trás, ganhamos a energia necessária para retornar ao agora, experimentar emoções positivas e ter uma visão mais otimista da vida.

Preparando a mente para a meditação

Para tornar o processo de meditação ainda mais rápido e fácil, o vedanta sugere fortemente começar com a respiração. Se você é um praticante ávido de meditação transcendental, atenção plena ou qualquer outro tipo de meditação, eu recomendo que faça alguns minutos de respiração antes da sua prática. Confie em mim, isso vai transformar a sua prática. Em vez de passar os primeiros 10 minutos ou mais lutando contra pensamentos e a inquietação interior, você descobrirá que a respiração elimina a desordem mental em questão de minutos.

A meditação tem tudo a ver com não se esforçar, mas, para fazê-la funcionar, precisamos de um pouquinho de esforço no início. Sri Sri faz uma comparação com viajar de trem: "Você precisa ir à estação, comprar a passagem e ir para a plataforma certa com sua bagagem. Uma vez dentro do trem, ficar correndo pelo corredor com a mala na cabeça não fará o trem andar mais rápido." Quando você se senta para meditar, não há nada a fazer ou realizar. Mas, antes de fazer nada, você precisa fazer alguma coisa.

Mais uma vez é preciso relembrar que estamos falando de esforço físico, não de esforço mental. Fazer os exercícios de respiração não é diferente de fazer flexões de braço. Você apenas faz as repetições e pronto. Quer seu foco esteja na respiração ou não, os exercícios causarão uma mudança em seu sistema nervoso, que passará do estado de alerta máximo para o modo de repouso e rejuvenescimento. Se puder fazer algumas posturas de yoga antes da respiração para liberar a tensão do corpo e fazer com que seus canais de energia fluam, isso será ainda melhor. Como Sri Sri explica: "Se não há absolutamente nenhuma atividade, a meditação não acontece. O yoga e certas técnicas de respiração removem a energia inquieta e nervosa, ajudando você a ficar calmo, sereno e a mergulhar profundamente na meditação." Três minutos de respiração – algo que não exige foco nem concentração – já oferecem a capacidade de sentar-se por 10 ou 15 minutos a mais e permanecer imóvel. Mesmo uma meditação mais curta terá um impacto muito maior do que ficar sentado por meia hora com a mente cheia.

É por isso que os mestres do yoga se referem à respiração como a "porta de entrada para a meditação". É muito mais fácil meditar se o seu sistema não estiver preso num estado de ansiedade exagerada! O que acontece é que, no nível do intelecto, dizemos a nós mesmos que estamos relaxando, mas no corpo e nas camadas mais profundas da mente o estresse e as emoções difíceis ainda estão presentes. Quando você aborda o estresse e abre arquivos na mente *antes* de se sentar para meditar, sua experiência de meditação é mais fácil e benéfica.

EXERCÍCIOS: Descontraindo a mente

Dedicar algum tempo pelo menos uma vez ao dia à higiene mental é um requisito básico para uma vida interior saudável e altos níveis de energia. Tiramos os germes, as placas e as bactérias da nossa boca duas vezes por dia, assim como limpamos a poeira e a sujeira de nosso corpo diariamente. Tomamos banho e trocamos nossas roupas sujas por um pijama à noite. Mas nunca pensamos em fazer o mesmo com a mente. Se queremos prosperar na vida, temos que aprender a sacudir a poeira e os detritos da nossa mente. Isso não exige um foco intenso nem qualquer esforço mental, mas uma manutenção diária básica é essencial. Há milhares de anos está comprovado que uma prática curta e combinada de respiração e meditação é uma maneira altamente eficaz de fazer isso.

Um livro – até mesmo este livro – realmente não é capaz de ensinar você a meditar. Para aprender meditação védica, é necessária alguma instrução pessoal (se você estiver interessado, pode se inscrever em algum workshop num centro da Arte de Viver ou de Meditação Transcendental perto de você). No entanto, vou ensinar algumas práticas simples e sem esforço que você pode usar para entrar no estado de fluxo mental (no site RajshreePatel.com, você encontra informações sobre meu curso online – em inglês). Adoro usar esses exercícios como um pequeno intervalo no trabalho sempre que começo a sentir uma sensação de fadiga mental. Eles permitem que a mente se descontraia e o sistema rapidamente seja reiniciado.

1. **Água fluindo**: Quando a mente está presa na negatividade, isso significa que nossa energia também não está fluindo adequadamente. Nosso corpo é composto por 70% de água e simplesmente observar a água em movimento pode nos ajudar a nos conectar a esse movimento natural dentro de nós. Para esta prática, sente-se confortavelmente perto de um rio, do mar ou de qualquer corpo d'água e observe seu movimento. (Um chafariz, uma fonte doméstica ou um vídeo também funcionam!) Inicialmente, você pode notar que a mente está fazendo seus comentários ou se distraindo com muitos pensamentos. Apenas permita que os pensamentos venham e vão. Com o tempo, a mente começará a seguir o fluxo da água, e os pensamentos, as emoções e a atividade mental começarão a ser drenados. Sua mente *cheia* começará a se tornar uma mente em fluxo.

2. **Olhando através**: Faça a mente fluir com um simples exercício perceptivo de olhar alguma coisa sem olhar *para* ela. Basta escolher um ponto à sua frente, mas, em vez de olhar para ele, olhe para trás dele ou através dele. Mantenha um olhar suave e desfocado. Ao fazer

isso, você notará repentinamente que seu campo de visão se expande. Você estará percebendo outras coisas à esquerda ou à direita, acima ou abaixo. Sua atenção ainda estará favorecendo esse ponto, mas não exclusivamente. Outros elementos do ambiente interior também entrarão em seu campo de percepção – sons, cheiros ou sensações físicas. Este é um processo de abandonar a atenção localizada. Faça isso por alguns minutos e depois feche os olhos – então observe como a mente desacelerou.

3. **Além do horizonte:** Quando você se encontrar em algum lugar que tenha uma vista distante, passe alguns momentos olhando para o horizonte. Inicialmente, a mente está olhando – o mecanismo visual está envolvido nisso – enquanto o intelecto ainda está pensando, pensando, pensando. Mas se você continuar olhando para o horizonte, fechar os olhos, abri-los e fechá-los novamente, então sua atividade mental diminuirá. Trazer o elemento do *espaço* para dentro (que o vedanta considera um dos cinco elementos, juntamente com terra, ar, fogo e água) ajuda a expandir nossa percepção e a cessar a sobrecarga simpática do sistema nervoso, ativando a atividade parassimpática.

4. **Olhar para as mãos:** Mantenha as mãos diante de si com uma distância de 15 centímetros entre elas, as palmas voltadas uma para a outra, e olhe suavemente para o espaço no ponto central entre as duas palmas. Pode ser que você tenha consciência do que está abaixo ou ao redor do ponto para o qual está olhando e depois comece a perceber mais as palmas da mão direita e da esquerda. Observe como a percepção se expande. Você passou do centro para a lateral das mãos. Agora, passe pelas palmas das mãos e, simultaneamente, observe que ainda está no centro das mãos. Simplesmente esteja ciente do que está em seu campo visual. À medida que a percepção se expande para abarcar mais do espaço ao seu redor, o mecanismo de pensamento desacelera.

CAPÍTULO 9

Vivendo seus superpoderes interiores

Sou uma grande fã dos quadrinhos da Marvel e de filmes de super-heróis (nada muito "espiritualizado", eu sei!). Adoro quando todos se reúnem em *Os Vingadores*. É o único filme que voltei para ver de novo no dia seguinte. Eu acho que amo tanto essas histórias porque, por mais fantasiosas que sejam, elas realmente representam a vida humana. Cada personagem – o Homem de Ferro, Thor, Hulk, Viúva Negra, Homem-Aranha – tem suas próprias fraquezas humanas na superfície, mas em seu âmago eles têm superpoderes de bondade, coragem, compromisso, amor, compaixão e serviço. Se você olhar para o Homem de Ferro, por trás de sua arrogância não há nada além de bondade. Por trás da raiva do Hulk está um garotinho fazendo pirraça porque não consegue aceitar a ganância e a injustiça no mundo.

Para mim, a lição está no reconhecimento de que nós, assim como eles, também temos esses superpoderes em nosso âmago. Nascemos com essas habilidades e nunca as perdemos. Elas apenas ficam encobertas por nossas experiências, nossos traumas e histórias. Nascemos com o poder infinito de tudo que devemos e queremos ser. É o nosso direito de nascimento. Precisamos apenas reconhecer, nos conectar e convidar esses superpoderes conscientemente para nossas vidas como uma prática diária para incorporar com plenitude a grandeza de quem somos.

Há uma pergunta que adoro fazer em minhas palestras e meus workshops. Eu observo as pessoas sentadas à minha frente e peço que levante a mão quem sente que está operando em seu pleno potencial. Noventa e nove por cento das vezes, ninguém levanta a mão. Não importa se estou falando com um grupo de veteranos, policiais, executivos da *Fortune 500*, estudantes ou donas de casa. Não faz diferença se eu estou na Índia, no Brasil ou em Los Angeles. Não importa quanto as pessoas possam ter conquistado, elas não sentem que alcançaram seu pleno potencial.

Você pode entender que isso significa que a maioria das pessoas é autocrítica ou não se esforça o suficiente, mas não vejo dessa maneira. O que vejo é que todos nós temos uma noção inata de nosso Ser essencial e da grandeza que se encontra dentro de cada um de nós, a imensa potencialidade que não foi totalmente ativada e vivida. Somos capazes de provar a essência de *quem realmente somos*. Sabemos que ela está lá e que estamos numa jornada contínua para encarná-la completamente.

Passamos muito tempo conversando sobre os obstáculos que ficam no caminho da nossa grandeza: pensamento condicionado, exaustão e estresse, baixos níveis de energia e emoções negativas do passado e do futuro. Mas agora quero mostrar o que está do *outro lado* desses obstáculos interiores: ali nós encontramos a nossa grandeza, o nosso potencial, a nossa verdadeira consciência. Não é algo que temos que "tentar" conquistar ou nos tornar; é apenas quem somos. Vislumbramos esse esplendor quando nossa força vital está alta e nossa mente está tranquila, nos momentos em que estamos fazendo algo por que somos apaixonados, nos conectando com as pessoas que amamos ou nos sentindo parte do todo da natureza e da própria vida. Essa grandeza não é apenas uma ilusão ou a voz do seu ego. É algo muito real. Se existe uma verdade na qual o vedanta insiste, é esta: você, em sua essência, é um ser infinitamente feliz e poderoso.

Os textos antigos nos dizem que, da mesma maneira que somos constituídos por células e átomos, somos constituídos adicionalmente por uma substância chamada "positividade eterna". Essa substância leva o nome de *satchitananda*, que você conhece como vivacidade (*sat*), inteligência pura da consciência (*chit*) e alegria permanente ou felicidade (*ananda*). É por isso que chamamos um bebê recém-nascido de "pacotinho de alegria". A substância predominante no bebê não é seu peso na matéria física, mas pura alegria, animação e amor. Tudo que um bebê precisa fazer é sorrir, rir ou balbuciar para que um adulto se derreta totalmente. O que não percebemos é que essa qualidade nunca se perde, apenas fica encoberta. Além de ferramentas para aumentar a nossa energia e relaxar a mente para permitir que essas qualidades naturalmente venham à tona, a tradição védica nos oferece um conjunto de práticas corporais para chegar lá ainda mais rápido.

> *Imagine, por um momento, andar pelo planeta acreditando que esse poder e essa positividade ilimitados são quem você é! Isso não colocaria um impulso renovado nos seus passos e um sorriso no seu rosto?*

Esse poder positivo em nosso âmago tem muitas qualidades diferentes e assume diversas formas quando se manifesta. Quando estamos operando a partir desse lugar de grandeza, somos *resilientes* diante dos desafios da vida. Falamos a verdade e somos sinceros com as pessoas. Nós nos comportamos com bondade e generosidade. Somos autoconscientes. Temos o foco disciplinado para ir atrás dos nossos objetivos. Mantemos uma fé poderosa nos outros e na própria vida.

Você pode considerar essas qualidades inatas superpoderes interiores. Segundo a tradição védica, esses superpoderes incluem bondade, veracidade, autodisciplina, contentamento, generosidade, resiliência, confiança, abundância e muito mais. Se quiser, você pode chamá-los de "valores humanos fundamentais". Não se trata de emoções ou traços de personalidade; eles são a substância da qual você é feito. Eles são VOCÊ no nível mais profundo possível. Você já sabe que, quando aumenta seus níveis de energia e relaxa a sua mente, alcança um acesso maior a essa recompensa interior. Você entra em contato com a própria fonte do seu poder.

Imagine, por um momento, andar pelo planeta acreditando que esse poder e essa positividade ilimitados são quem você é! Você é bondoso, compassivo, generoso, resiliente, sincero, feliz, autoconsciente, abundante, consciente e tem uma fé profunda na vida e em seu lugar nela. Isso não colocaria um impulso renovado nos seus passos e um sorriso no seu rosto? É verdade! Esse é quem você é; você apenas esqueceu. Você cresceu; enfrentou desafios, contratempos e perdas; e as coisas começaram a se acumular no seu sistema. Memórias e emoções ficaram presas na sua mente e nos tecidos físicos do seu corpo. Você começou a perder o contato com essa essência com a qual nasceu e passou a andar por aí com a cabeça cheia de crenças estreitas, suposições fixas sobre a vida e ideias limitantes sobre quem você é e do que você é capaz. Essas crenças e suposições surgiram como uma névoa e começaram a encobrir a sua verdadeira natureza. Quanto mais espessa a névoa, mais desconectado você se sente da sua verdadeira natureza. Mas, assim como o sol ainda brilha da mesma forma, não importa quão espessas sejam as nuvens; a felicidade que é a sua natureza nunca perdeu seu esplendor. Ficou apenas oculta da sua visão.

Vivendo a sua essência

Entrar em contato com a fonte de energia através da respiração e da meditação sem esforço – como você vem aprendendo a fazer – nos permite voltar de forma natural e fácil a essa essência no âmago de nós mesmos. Mas também há um conjunto de práticas comportamentais diárias que podem turbinar esse processo.

Depois que você passa a cultivar o seu *prana*, a expandir sua mente e sua percepção através da meditação, os sábios dizem que você pode começar a desenvolver esses superpoderes, que eles chamam de *siddhis*. Você também pode pensar neles como virtudes. Não se trata de introduzir nada de novo ou estranho em seu sistema. Essas coisas não estão sendo criadas, mas florescendo em você. São quem você é, em seu Ser mais expandido, vital e vibrante. Você está simplesmente revelando essas qualidades positivas que foram encobertas. O alinhamento consciente com essas características da sua natureza lhe permite florescer na felicidade que você é, na gratidão que você é, na força que você é, na verdade que você é. O que está fazendo é alinhar sua percepção e sua ação com a sua grandeza interior.

Acessamos nossos poderes usando uma série de práticas conhecidas como *yamas* e *niyamas*. Se você pratica yoga, provavelmente já ouviu falar delas. Esses princípios foram descritos num texto antigo chamado *Yoga Sutras*, codificado pelo sábio Patañjali. Além de descrever posturas físicas do yoga e práticas de *pranayama* e meditação, ele trata de *yamas* e *niyamas*: práticas ativas de consciência relacionadas a nós mesmos e aos outros. Você também pode entendê-las como meditações em ação. Os *yamas* são práticas para melhorar nossa consciência e nossas interações com os outros – coisas como honestidade, bondade e generosidade. Você não os pratica por serem algum tipo de obrigação moral, mas porque isso muda a direção de seus pensamentos e emoções de modo que o realinha com o seu potencial mais elevado. Isso eleva sua mente a partir da própria base do iceberg. O importante é tanto a maneira como você se sente quanto a forma como essa prática afeta as outras pessoas. Depois, temos os *niyamas*, que são as práticas correspondentes para aumentar a autoconsciência e melhorar o seu relacionamento consigo mesmo e com o seu mundo interior.

Outra maneira de pensar sobre essas práticas é como uma espécie de disciplina na vida, como um código de conduta. Se você for a um retiro de Vipassana, precisará seguir um conjunto de regras: você não dorme numa cama alta, não escreve nada nem fala com ninguém. Você não segue essas regras porque alguém mandou; você as segue porque é o melhor para você e para a sua experiência no retiro. Assim se abstém de certas ações que conduzem à disfunção mental e desregulação emocional e acabam drenando a sua energia, afastando-o ainda mais de sua natureza.

Os *yamas* e *niyamas* não são qualidades do pensamento ou modos de pensar. Mais uma vez, eles são a essência em nosso âmago. Quando crianças, somos gentis. Dizemos a verdade sem filtros nem julgamentos. Nós compartilhamos. Não roubamos. Ficamos satisfeitos com o que temos. Levantamos rapidamente assim que caímos. No fim das contas, todas essas qualidades são inatas em nós; estamos apenas acessando-as de maneira mais consciente. Não se trata de criar uma nova mentalidade condicionada, construída com base no passado. É algo semelhante à maneira budista de praticar a compaixão. Você começa na superfície, usando meditações que o conectam à sua empatia inata. Então segue para a alegria empática (a prática de encontrar alegria na boa sorte dos outros), depois passa a praticar a bondade amorosa, primeiro em relação às pessoas que conhece, depois em relação a si mesmo e então em relação a todos os seres. Mas, como a compaixão não é uma prática – é a sua natureza –, você está apenas jogando luz sobre quem você é, para que a qualidade possa florescer sozinha. As práticas preparam o caminho para a experiência orgânica de viver de acordo com a sua verdadeira natureza.

Essas práticas devem ser *vividas*. Lembre que o Buda não meditava apenas quando estava sentado; ele era meditativo na vida. Como os outros *rishis*, Patañjali tenta ajudar a pessoa comum de seu tempo a viver uma vida maior e melhor e a descobrir o ponto alto de sua própria grandeza. Esse é o objetivo dele. Ele está pedindo às pessoas que façam essas práticas de yoga, respiração e meditação para elevarem seu campo de energia. Em consequência, diz ele, viveremos essas qualidades naturalmente, dentro do contexto de nossas atividades diárias.

Derretendo o iceberg

Mais uma vez, é importante entender que essas qualidades dos *yamas* e *niyamas* não são mentais. Elas fazem parte não do iceberg, mas do oceano. Outra maneira de vê-los é como o hidrogênio e o oxigênio que compõem o iceberg e o oceano. Quando eles se solidificam, as qualidades de alguma forma ficam congeladas e bloqueadas. O que estamos fazendo aqui é derreter o iceberg ao alinhar a mente com as qualidades da consciência em si. Derretemos o iceberg inundando-o com a energia e as qualidades positivas da consciência. É como uma máquina de ultrassom que quebra as pedras nos rins para que elas possam ser liberadas pela urina. A frequência e a vibração dos *yamas* e *niyamas* são poderosas o suficiente para romper os bloqueios energéticos criados por ciclos repetitivos de pensamentos e emoções negativas densas, como ressentimento, raiva, culpa, acusações e medo.

Em vez de usar a mente para criar mudanças, introduzimos mudanças no nível da fala e da ação. Não se trata de algo mental! Você simplesmente introduz uma intenção poderosa de mudar sua fala e sua ação, levando-as a uma frequência e uma vibração mais altas para elevar seu estado mental. Nem sequer é necessário se preocupar com os pensamentos. Você pode ter pensamentos agressivos ou violentos, pode ser desonesto consigo mesmo ou se entregar a excessos interiores. Tudo bem. Começamos com o que podemos. Apenas o fato de termos consciência de que tais pensamentos são improdutivos já nos leva de volta à nossa inocência. Ao trabalhar para manter sua energia elevada, você já diminui a sua vulnerabilidade a esses tipos de pensamentos, e eles naturalmente mudam para uma frequência mais elevada.

Em vez de usar a mente para criar mudanças, introduzimos mudanças no nível da fala e da ação. Nem sequer é necessário se preocupar com os pensamentos.

Patañjali nos diz que outra maneira de sintonizar nossos pensamentos com uma frequência mais alta é elevar nossa fala e nossas ações. Por exemplo, para praticar a bondade na fala, você diz a verdade, mas de uma maneira gentil. Não é preciso passar por todo um processo de pensamento sobre isso; você apenas fala a partir da consciência do princípio da bondade. Assim seus pensamentos naturalmente se moverão na direção da positividade como resultado da mudança do seu comportamento. Fala, pensamento e ação estão conectados, como no exemplo da pipa. Então brincamos com nossas palavras e ações para mudar os nossos pensamentos. Se você tomar consciência de sua alimentação e começar a comer alimentos mais saudáveis (o que é um comportamento), naturalmente irá mudar o seu pensamento em relação à comida. A ideia é a mesma. A consciência conduz o comportamento, e então o comportamento muda os pensamentos, o que então reforça o discurso, que conduz a ação, que em seguida guia os pensamentos novamente, num círculo virtuoso.

Yamas: Criando harmonia com os outros

Nas páginas a seguir você encontrará práticas ativas para aplicar em suas interações diárias com as pessoas e os acontecimentos em sua vida. Patañjali nos pede que incorporemos essas qualidades positivas em nossas ações e evitemos certas formas de interação que criam desarmonia em nossos relacionamentos e disfunção mental dentro de nós.

Você descobrirá que, quando muda seu comportamento, naturalmente convida resultados diferentes para a sua vida. Você começa a atrair coisas diferentes. Pratique esses cinco *yamas* em seu dia a dia e você transformará suas experiências com sua família, seus colegas de trabalho, seus amigos e, acima de tudo, consigo mesmo. Você pode escolher uma ou duas práticas, aquelas pelas quais se sentir mais atraído neste momento, e começar a incorporá-las ao seu dia. Quando o comportamento se tornar mais natural e automático, acrescente uma segunda, uma terceira e assim por diante, até incorporar as cinco.

Esse não é um processo difícil. Essas práticas não exigem nenhum tempo extra, apenas um pouco de consciência da sua parte. Lembre-se: esses são os seus superpoderes interiores e estão disponíveis para você a qualquer momento que escolher invocá-los. Use-os com sabedoria e frequência!

1. Ahimsa: *Não resistência*

Começamos com o princípio mais fundamental: *ahimsa*, a prática da não violência em relação a todos os seres vivos. É óbvio que devemos nos abster de machucar outras pessoas seja física, emocionalmente ou de qualquer outra forma. Esse é um requisito básico da vida que você aprendeu quando estava na pré-escola. É a "regra de ouro". Não fazer mal nem ferir os outros é o objetivo principal. Todos os outros *yamas* têm esse princípio como base. E se olharmos um pouco além para o significado de *ahimsa*?

Na minha interpretação, a sabedoria mais profunda aqui é a da *não resistência*. Se você pensar bem, a resistência nas suas relações com os outros geralmente se manifesta em atos de desacordo, conflito e agressão, dependendo da intensidade. Conflitos entre nações em guerra, entre grupos religiosos ou raciais, entre liberais e conservadores ocorrem em algum nível porque há resistência em relação ao outro. Nossa resistência, embora não seja visível ou óbvia, se torna a semente do ódio e da violência.

Quando não consegue aceitar as pessoas como elas são, sua mentalidade rapidamente se volta para uma visão de "eu contra elas". Você atua a partir de um lugar de luta, julgamento, evitando ou negando essa pessoa ou grupo de pessoas, mesmo que seja no mais nível sutil. Talvez isso nunca se transforme em violência física, mas você pode perceber que há aí certo grau de violência mental. Existe um tipo de agressão interior ou, num caso mais extremo, uma atitude de violência. Agir dessa maneira nos fere, ao degradar nossa própria energia e nossa potencialidade. Quando esse sentimento é externalizado, também machuca os outros. A resistência em qualquer nível torna seus relacionamentos um esforço. Você trabalha contra si mesmo para conseguir o que deseja. É uma luta ladeira acima (vamos explorar a mecânica da resistência em mais detalhes no Capítulo 11).

A resistência em relação a outras pessoas geralmente se transforma em resistência à própria vida. O pulso vivo do universo quer nos apoiar, e o que estamos fazendo essencialmente é lutar contra ele e negar esse apoio. Em vez de nos deixarmos flutuar rio abaixo, usamos nossa energia para nadar contra a correnteza. Mas, assim que aplicamos a consciência de *ahimsa* e começamos a perceber a resistência em nossas interações com os outros e com a própria vida, um canal de energia se abre dentro de nós, criando uma mudança imediata para a não resistência – que significa um retorno ao *estado afirmativo da nossa existência natural.* Também podemos chamar isso de "aceitação ativa". Quando chegamos ao mundo, estamos totalmente abertos e dispostos. Deixamos a vida vir até nós. Observamos o mundo à nossa volta e só então tentamos fazer algo com ele. Lutar contra a vida é um comportamento aprendido que podemos desaprender depois de adultos pela prática de *ahimsa*.

A não resistência pode ser praticada em três níveis: em pensamento, fala e ação. Vamos deixar de lado os pensamentos por enquanto e procurar algo mais palpável e mais fácil de controlar. Você tem controle sobre o que diz e o que faz, não é? Às vezes, pode ser difícil controlar nosso comportamento – por exemplo, quando estamos tentando vencer um hábito ruim –, mas na maioria das vezes nos responsabilizamos por nossas palavras e ações. Portanto, a prática é encontrar pequenas maneiras de alinhar suas palavras e ações com a não resistência. Você pode escolher uma única situação por dia em que vai se abster de agir com resistência. Você pode dizer a si mesmo: "Hoje eu não vou elevar o tom de voz com o meu assistente", ou "Vou segurar a porta do metrô aberta para os outros hoje de manhã em vez de entrar primeiro." Você também pode dizer a si mesmo: "Minha mente está resistente a isso." Você não precisa fazer nada, basta reconhecer que há resistência e identificar a pessoa ou situação que a provoca.

Também é possível reservar um momento no final do dia para fazer um inventário das circunstâncias em que agiu com resistência. Você não tenta "consertar" nada ou dizer a si mesmo que não deve fazer mais isso. Você apenas percebe. A consciência por si só já muda a maneira como a sua mente se apega à resistência na base do iceberg, introduzindo essa percepção de quem você realmente é: não resistência. Quando você estabelece a intenção de viver com *ahimsa* e praticá-la, até mesmo esse pouquinho de atenção já é muito mais poderoso do que qualquer coisa que você faça ou diga. Você perceberá muito rapidamente que as pessoas o tratarão com maior abertura e aceitação.

2. Satya: Não mutabilidade

O segundo *yama*, *satya*, pede que examinemos nosso relacionamento com a verdade. *Satya* significa "veracidade", mas também é muito mais do que isso. Em um nível mais profundo, estamos falando de uma disposição a explorar e *estar comprometido com o que é imutável.* Suas palavras e ações refletem um compromisso com a verdade mais elevada que está disponível para você no momento. O princípio de *satya* significa o alinhamento entre pensamento, palavras e ações. Pensar uma coisa, dizer outra e fazer uma terceira não é *satya*; é deturpação.

Satya é sobre fazer o que se diz. Se não fazemos o que dizemos, se não estamos alinhados, contamos mentiras ou vivemos com elas dentro de nós, poluindo nossa mente consciente e subconsciente. Operamos numa vibração mais baixa e evitamos os outros sem saber por quê.

Vamos analisar mais profundamente o que realmente significa ser verdadeiro. Se você pensar no que considera verdadeiro, no nível mais elevado, é *algo que sempre será como é*. Algo que tem uma qualidade permanente e imutável. Não é passageiro, como uma opinião ou um julgamento. Para praticar *satya* em qualquer situação ou interação, o que fazemos é considerar *o ponto de vista mais estável*. O que é passageiro em nossa percepção e o que é duradouro? Novamente, trata-se de alinhar pensamento, fala e ação. Estamos escolhendo ações que criam mais do que apenas resultados fugazes, confiando em ideias que são mais do que opiniões momentâneas e buscando ganhos de longo prazo, não de curto. Uma técnica útil é perguntar a si mesmo: *A minha crença em mim ou nos outros é 100% verdadeira? É verdade que eu sou um fracasso na vida ou estou apenas passando por uma dificuldade agora?* Se você diz a si mesmo: "Meu chefe não gosta de mim", isso é realmente verdade ou pode haver outra razão para o comportamento dele? Esses tipos de perguntas podem nos levar a uma perspectiva mais duradoura. O ponto de vista mais estável e permanente que podemos ter sobre nós mesmos e os outros é exatamente o que vimos discutindo: *Eu sou mais do que meu corpo, meus pensamentos, minhas opiniões, minhas experiências e emoções. Eu sou feito da energia da própria vida.*

Quando somos capazes de manter nossa consciência no panorama mais amplo, no que é melhor para nós a longo prazo, isso naturalmente nos leva a resultados mais estáveis. Quando você pratica *satya* dessa maneira, as suas ações criam mais frutos e valor. Você não fica preso ao que alguém disse ou fez. Seus resultados são potencializados porque você está centrado, apoiando-se numa base sólida de seu compromisso com o que é, olhando a vida de uma perspectiva mais ampla. Patañjali diz que a prática de *satya* traz paz e a vibração de bons votos aos outros. O valor de praticar a veracidade, olhando de um ponto de vista mais duradouro, também traz consigo o poder de cumprir e realizar as nossas intenções.

> *Pergunte a si mesmo:* A minha crença em mim ou nos outros é 100% verdadeira? É verdade que eu sou um fracasso na vida ou estou apenas passando por uma dificuldade agora?

3. Asteya: *Não roubo e abundância*

O mandamento bíblico "Não roubarás" é uma expressão do princípio básico de *asteya*. No sentido literal, significa não pegar o que não lhe pertence. Não roube dinheiro, bens ou propriedade intelectual de ninguém. Esse é um nível de roubo mais óbvio e do qual devemos claramente nos abster. Mas vamos também olhar para a sabedoria sutil abaixo da superfície.

A verdadeira prática de *asteya* é agir a partir da mentalidade de abundância. Estou falando do nível mental e energético, mais do que material. Não há necessidade de tomar nada dos outros, porque já temos tudo que poderíamos precisar. A consciência de *asteya* significa perceber quando começamos a pensar "Eu gostaria de ter a vida dele", "Eu mataria pelo trabalho dela", ou "Por que ainda estou sozinho enquanto todo mundo está noivo?". Você percebe a conexão com o roubo aqui? Nós o praticamos no nível da mente e do coração muito mais do que no nível da ação. Em pensamentos, emoções e energia, há o desejo de ter para si o que pertence a outra pessoa. Quando está operando a partir da perspectiva de competição e comparação – algo que sempre decorre da mentalidade de falta –, você se envolve em uma forma sutil de roubo. Uma parte de você não quer que a outra pessoa tenha a promoção, as férias de luxo, a linda família... Coisas que você acha que merece, mas ainda não tem.

Quando traz sua consciência de volta à abundância, você se lembra de que, na sua essência, não falta nada. Sentir a plenitude é perceber que o caminho traçado para a sua vida é único. Ninguém mais pode ser você. Ninguém pode torná-lo maior ou menor. Quando compara a si mesmo ou seu caminho ao de outra pessoa, você começa a se tornar menor e mais fraco. Mas, ao sentir-se pleno e completo em sua individualidade, o ciúme, a inveja e a competição se reduzem ou se dissolvem completamente. Você sabe que o universo irá apoiá-lo e que tudo o que precisar chegará a você. Não há necessidade de tomar o que pertence aos outros. Você pode apreciar o que os outros têm e quanto eles contribuem, sabendo que os talentos e experiências deles não limitam nem um pouco os seus. Procure oportunidades de colaboração, aprenda com os outros e promova uma troca de habilidades. Isso encoraja o senso de pertencimento e a comparação perde sua força.

Incorpore *asteya* em sua vida diária fazendo um inventário dos momentos em que você se compara com os outros, sente inveja ou deseja o que pertence aos outros. Observe quando esses sentimentos surgem: é no trabalho? É quando você está no Facebook? Quando sai para jantar com seus amigos mais bem-sucedidos? Basta fazer um balanço no final do dia. Ao despertar essa consciência, você convida a energia da abundância que já está dentro de si para acabar com a comparação.

O passo seguinte é transformar essa consciência numa oportunidade de conexão. Reconheça e elogie com sinceridade as qualidades, os talentos e a vida das pessoas que você admira. Entre em contato com isso e veja se há alguma maneira de colaborar ou aprender com elas. Sabendo que já tem o suficiente para si mesmo, você pode gerar ainda mais para si mesmo, honrando e celebrando a abundância dos outros.

O resultado dessa prática é que ela traz mais riqueza e prosperidade para nossas vidas. Patañjali diz que este é um resultado direto da prática de *asteya*: abundância na consciência traz abundância em todos os níveis.

4. Brahmacharya: *Consciência elevada*

Brahmacharya é literalmente traduzido como "celibato", mas, num contexto moderno, geralmente significa abster-se de se entregar exageradamente aos prazeres dos sentidos. Pode não parecer uma ideia muito divertida, mas o que esse *yama* realmente faz é nos ajudar a conservar nosso vigor para objetivos maiores. É sobre o uso correto e a melhor direção à qual voltar nossa energia e nossa inteligência.

Podemos pensar em autodomínio ou autocontrole, mas o que Patañjali está falando num nível mais profundo é sobre a capacidade de manter uma visão ampla da vida. Esse *yama* nos guia a perceber a realidade mais elevada da vida. Ele nos dá a capacidade de direcionar nossa energia para longe dos prazeres que parecem importantes no momento, mas, no fim das contas, são fugazes e dispendiosos. Patañjali retira nosso centro de identidade do corpo e da matéria e o desloca para a energia e a consciência. Ele está nos pedindo que olhemos para além dos nossos desejos imediatos.

Então por que falamos sobre isso em termos de celibato? Não é nenhum julgamento moral sobre o sexo. Patañjali está dizendo que a busca do sexo exclusivamente para o nosso prazer sensorial imediato pode se tornar um obstáculo à nossa grandeza. Basta olhar em volta para o movimento #MeToo e todos os escândalos sexuais ocorrendo no momento em que escrevo. O mesmo pode ser dito de qualquer outra forma de prazer sensorial, seja comida, álcool, compras, TV ou drogas. De acordo com uma compreensão védica da mente, os sentidos direcionam e restringem nossa atenção, nossa força vital e nossa consciência. Eles são os cavalos selvagens que conduzem a mente e que, quando estão no comando, diminuem quem você é. Você não está mais no controle de si mesmo. O que você quer no momento se torna mais importante do que qualquer outra coisa – e esse é um estado de avidez. Nesse ponto, você opera a partir de uma perspectiva de muito pouca consciência e perde a visão mais ampla da grandeza e do escopo de sua vida, seus valores e suas capacidades.

A atenção limitada restringe nossas ideias, nossa intuição e a sabedoria de superar obstáculos, movendo a mente cada vez mais para posições fixas e criando rigidez em relação ao que é certo ou errado. Operamos com menos coração e mais conclusões e julgamentos do lado esquerdo do cérebro.

Fomos condicionados a ver o que queremos e ir atrás desse objeto, seja sucesso, um parceiro atraente ou uma casquinha de sorvete, mas esse comportamento nos limita. Perdemos o panorama mais amplo. Perdemos nossa capacidade de inovar, adaptar e encontrar novas soluções para um problema. Um dos maiores segredos do sucesso é a capacidade de ver do ângulo mais amplo possível. Tomemos um exemplo do mundo dos negócios: o empreendedor que tem a visão mais ampla é o mais bem preparado para executar suas ideias.

Praticar *brahmacharya* não envolve repressão, mas lembrar-se do seu Eu superior. É o efeito, não a causa. Ao olhar de um ponto de vista mais amplo para um objetivo maior, você se conecta a uma frequência mais elevada de energia. Você convida um poder superior para a sua vida. Isso significa perguntar a si mesmo: *O que preciso parar de fazer para criar o que eu realmente desejo? Esse prazer me levará a alcançar meu objetivo com maior entusiasmo ou está esgotando a minha energia?* Como você descobrirá em pouco tempo de prática, *brahmacharya* traz força, vitalidade e coragem.

5. Aparigraha: *Não possessividade e desapego*

Estamos condicionados na vida a querer sempre mais e a nos agarrar firmemente ao que temos, com medo de perder. Essa mentalidade é o que abordamos com o valor de *aparigraha*, que significa "não possessividade", "não acumulação" ou, como às vezes é traduzido, não se "agarrar" com os sentidos. Isso significa *não se apegar* ao nível da mente.

Nós nos apegamos a muitas coisas: crenças e suposições, rancores, ressentimentos, lembranças dolorosas, julgamentos, falhas, perdas, ideias fixas sobre como as coisas devem ser. A prática mais profunda de *aparigraha* nos pede que paremos de nos agarrar, para desapegar-nos do que não precisamos nos níveis físico, emocional e mental. Isso traz um senso de autoconfiança e generosidade. Sabemos que temos tudo de que precisamos e muito mais. Sabemos que o universo *sempre* atenderá às nossas necessidades, por isso não precisamos nos agarrar com tanta força. Temos tanto que podemos compartilhar com os outros. Podemos dar livremente, sabendo que o que damos sempre voltará para nós de alguma forma. Somos livres para exercer a generosidade.

Pergunte a si mesmo: de que parece que você não consegue se desapegar? Qual é o sentido de se agarrar a esse objeto? A quem isso serve? Quando faz essas perguntas e consegue simplesmente considerar a possibilidade de se desapegar, você começa a se libertar das memórias e emoções negativas a que está se agarrando. Toda manhã é um novo nascimento e toda noite é uma nova morte. Você pode começar seu dia com a mente pura e livre, totalmente estabelecida no momento presente.

Sabemos que o universo sempre *atenderá às nossas necessidades, por isso não precisamos nos agarrar com tanta força. Podemos dar livremente, sabendo que o que damos sempre voltará para nós de alguma forma.*

Para criar o que deseja, você precisa pensar, sentir, saborear e experimentar em sua mente a sensação de que já o possui. Essa experiência só pode acontecer pela prática da generosidade. Esteja disposto a compartilhar seus talentos, seus dons, suas ideias e seus recursos. Quanto mais doa, mais você ganha e cria. A prática do desapego traz clareza sobre quais elementos do passado o estão prendendo no presente e uma visão previdente do futuro.

Niyamas: Cultivando a harmonia interior

Agora vamos voltar nosso foco para os *niyamas*, práticas projetadas para trazer mais consciência a nós mesmos e à nossa vida interior. Você pode começar com *yamas* ou *niyamas*, não importa. Eles são igualmente importantes e criam harmonia e vitalidade em todos os níveis do sistema. Escolha a prática que mais lhe agradar durante a leitura e trabalhe para incorporá-la mais em sua vida, começando com microações diárias e permitindo que essa conscientização guie sua fala e seu comportamento de uma maneira que lhe pareça natural.

Você já deve ter ouvido falar de uma ideia usada em muitos programas de 12 passos chamada "praticar a ação contrária". Se você não está incorporando o *yama* ou o *niyama* em sua vida neste momento, não se preocupe. De tempos em tempos, pratique a ação contrária do que você faria normalmente. "Aja como se" você estivesse praticando os seus superpoderes. Isso literalmente desenvolve novas vias neurais e novas ranhuras de hábitos no seu sistema. Mantenha um diário. Faça uma lista de ações pequenas e simples e depois implemente-as. Qualquer coisa para criar novas ranhuras. Lembre-se, é um círculo virtuoso, e o bem voltará para você.

1. Saucha: *Limpeza, pureza e inocência*

Escovar os dentes, tomar banho e limpar a sua casa são coisas básicas que você faz diariamente (espero). Limpeza exterior e interior são, respectivamente, as práticas mais literais e mais sutis de *saucha*. Segundo Patañjali, manter a pureza é absolutamente crucial para a harmonia consigo mesmo.

A maneira como eu ensino *saucha* inclui limpeza nos níveis interior e energético – no nível da sua vibração e das suas emoções. Se deseja limpar e purificar todos os aspectos do seu sistema, você precisa fazer mais do que apenas escovar os dentes e lavar o rosto. É imprescindível ter algum tipo de prática diária para limpar sua mente e seu campo energético e se livrar de toda a confusão e dos detritos indesejados.

A limpeza no nível físico também é rejuvenescedora para nós, energética e mentalmente. Você pode não saber, mas está limpando sua mente quando toma banho de manhã ou à noite. A água é rejuvenescedora para todas as camadas do nosso ser; lava a poeira acumulada na mente ao longo do dia ou da semana. Quando sai do chuveiro você se sente revigorado porque, junto da água que caiu, se livrou também de outras coisas.

Vamos começar com a nossa higiene energética. Tomar banho ajuda, mas precisamos fazer mais para cuidar da nossa energia. Você precisa fazer algum esforço diário para manter sua vibração elevada. Você já sabe que tudo é energia, por isso não deve ser surpresa que algum nível de troca energética esteja acontecendo com você o tempo todo. Você não é uma entidade física sólida, mas um ser poroso que está constantemente trocando emoções e sentimentos na forma de energia com tudo e todos ao seu redor. O mundo está cheio de impulsos energéticos eletromagnéticos que você frequentemente absorve em seu próprio sistema e com os quais interage. *Saucha* significa estar consciente do tipo de energia com que você naturalmente entra em contato. Se você tiver a opção de se sentar no metrô ao lado de alguém que pareça calmo e relaxado ou de alguém que esteja digitando freneticamente em seu telefone, é provável que prefira se sentar perto da primeira pessoa.

Tente trazer um pouco mais de consciência para a energia de que você anda se cercando, sempre que possível tomando medidas para estar perto de pessoas, ambientes e situações que sejam calmos ou inspiradores. Observe quando certas pessoas ou ambientes o deixam agitado ou esgotado e evite-os ao máximo.

Novamente, os banhos podem ajudá-lo a lavar toda a energia indesejada que você possa ter absorvido. (Os banhos frios, que estimulam o movimento ascendente do *prana*, são particularmente recomendados na tradição da saúde ayurvédica da Índia.) Se você estiver fora de casa, beba um pouco de água gelada e esfregue-a na parte de trás do pescoço para obter um efeito regenerador semelhante.

A respiração é outra maneira de manter a energia em movimento no sistema, sem deixá-la ficar presa. De tempos em tempos, quando perceber que está numa situação difícil, respire conscientemente. Tente usar esta técnica: ao inspirar, faça uma pausa aleatória. Ao expirar, faça novamente uma pausa aleatória e solte. Isso ajuda a não permitir que as coisas se agarrem a você, porque, ao prender a respiração, a mente entra num estado de suspensão por um momento. Isso é algo que você já faz de modo inconsciente. Sob estresse, retemos a respiração naturalmente como uma maneira de nos manter contidos e não deixar nada entrar.

> *Quando você perceber que a sua mente está presa e se deixando levar pelo autojulgamento, pergunte a si mesmo:* Se um alienígena visse a mesma situação, o que ele diria ou notaria?

O outro componente central de *saucha* é a *higiene mental*. Como discutimos, é essencial reservar algum tempo todos os dias para remover a poeira da mente. Mesmo que seja apenas por cinco minutos, essa é uma necessidade básica de uma vida interior saudável. Quando pratica seu *sadhana* diário (sua prática espiritual) – um curto "intervalo de descanso" para respirar e meditar –, você está fazendo tarefas importantes para a manutenção do bem-estar da mente. Essas práticas varrem os detritos acumulados ao longo do dia. Assim podemos limpar a desordem que deixa a nossa cabeça *cheia* e retornar à nossa atenção natural.

Finalmente, num nível ainda mais profundo, podemos entender *saucha* como um tipo de pureza e inocência da mente. É a mente de um iniciante, a vontade de olhar com olhos novos. Quando você perceber que a sua mente está presa e se deixando levar pelo autojulgamento, pergunte a si mesmo: *Se um alienígena visse a mesma situação, o que ele diria ou notaria?* Seja positivo e irreverente em sua resposta. Assim você busca ter inocência em seu ponto de vista sobre si mesmo. Encontre o humor na situação. Cultive a vontade de ver cada instante ou interação como um momento novo e renovado, não marcado pelo passado. Lembre-se de que somos nossos piores críticos – somos os mais duros com nós mesmos. A inocência da mente significa não ser ignorante ou idiota, mas permitir que uma nova perspectiva se desenvolva pela energia do universo e de sua inteligência inata. Isso leva você a estar presente no aqui e agora, usando a liberdade e as possibilidades ilimitadas do momento para criar novos resultados. Essa prática e a disposição a convidar a pureza da mente trazem um autodomínio maior e uma atitude mais agradável na vida. Sri Sri diz isso da melhor forma: "Confie na inocência do momento."

2. Santosha: *Contentamento*

"Felicidade é querer o que você tem." Essa é uma descrição perfeita de *santosha*, a prática do contentamento.

Santosha significa ser feliz, com ou sem uma razão para isso, com ou sem causa. Não é o tipo de felicidade que você acha que alcançará algum dia imaginário, quando conseguir tudo que deseja. É se contentar exatamente com o que você tem agora. Quando olha ao redor na sua vida, você pode encontrar muitas coisas para apreciar. Se mais vier, será ótimo, mas você já tem muito. Patañjali diz que, se for capaz de encontrar uma maneira de ser feliz exatamente com o que tem no momento, você cultiva a clareza e a flexibilidade mental necessárias para atrair ainda mais do que deseja para a sua vida.

Santosha resulta da percepção de que a felicidade é a nossa natureza. Para deixar claro, chamamos de felicidade duas coisas diferentes. Existe a felicidade exterior e existe o nosso estado interior de felicidade. A felicidade exterior é passageira e está ligada a alguma pessoa, conquista ou posse que achamos que nos trará satisfação. Dizemos que ficaremos felizes quando conseguirmos um novo emprego, mas antes mesmo que possamos aproveitá-lo, já começamos a nos preocupar com nosso desempenho e a manutenção do cargo. Então não conseguimos mais desfrutar da conquista porque nossa mente seguiu em frente. É isto que a mente faz: ela se move de uma pessoa, um objeto ou um acontecimento para o próximo. Isso não é *santosha*. Eu não estou falando dessa felicidade que vem de fora e não acho que você precise da minha ajuda para encontrá-la.

O segundo tipo, a felicidade interior, é o que os Vedas chamam de estado duradouro de felicidade. É isso que estamos procurando. Nesse estado, *você* é a fonte de felicidade. Nada exterior é necessário. Quando pratica *santosha*, você aproveita essa fonte de alegria e positividade que é completamente autogerada.

A prática de *santosha* é simples e é imediatamente inspiradora. Da próxima vez que perceber que sua mente está focada no que está faltando na sua vida, procure algo nela que você possa apreciar. Se uma situação não saiu da maneira que você esperava, veja o que é possível tirar dela. Nada é uma questão de tudo ou nada. Sempre há crescimento no fracasso. Sempre há amor na perda. Sempre há coragem no medo. A verdadeira questão é: *Você consegue enxergá-los?*

Encontre algum valor em qualquer situação ou interação em que você esteja – e veja como isso abre a porta para uma solução ou oportunidade que pode trazer maior positividade à sua vida. Talvez você tenha sido dispensado do emprego e, apesar da transição dolorosa, isso acabou lhe oferecendo o combustível necessário para realizar seu sonho de iniciar o seu próprio negócio. Não se trata de adotar um ponto de vista de Pollyana e dizer que tudo está ótimo, ignorando seus verdadeiros sentimentos. É só agir com a consciência de que, a qualquer dado momento, existe algo de positivo no que quer que esteja acontecendo. Assim você encontra gratidão e apreço pelo que está bem aqui à sua frente agora, o que o leva a um estado natural de contentamento.

Ser feliz com o que há aqui e agora – que pode ser simplesmente o fato de estar vivo e respirando – tem o impacto direto de trazer ainda mais felicidade e sucesso para a sua vida. Dizem que praticar *santosha* traz a felicidade suprema. O ganho direto desse *niyama* é a redução da sua inquietação e uma alegria pura e inabalável que ilumina você por dentro.

3. Tapas: *Autodisciplina e resiliência*

Tapas é mencionado no yoga como autodisciplina. No meu entendimento, Patañjali está falando não apenas de autocontrole, mas também da disposição a perder alguma coisa para ganhar algo maior. É uma espécie de resiliência e capacidade de abraçar as perdas inevitáveis e dificuldades que você enfrentará ao longo da jornada para realizar seu potencial.

Com *tapas*, você pratica voluntariamente o desapego. É como um autossacrifício consciente. Com *aparigraha*, ou não possessividade, falamos sobre nos desapegarmos em relação aos outros. Aqui, com *tapas*, estamos falando de nos desapegarmos ou nos sacrificarmos no que se refere a nós mesmos. Talvez você abra mão de dormir até tarde para poder ir à academia às seis da manhã, porque seu objetivo maior é ficar mais forte e saudável. Você pode sacrificar ganhos financeiros durante um ano ou dois para fazer a grande mudança de carreira com a qual sonha há 10 anos. Você talvez deixe de lado a sua resistência mental o suficiente para se sentar na almofada e meditar todos os dias, porque a paz de espírito é uma prioridade em sua vida.

Quando pratica *tapas*, você supera as reclamações da mente. Aceitar um desafio de forma voluntária e consciente é *tapas*. Isso cria disposição e constrói resiliência. Quando você enfrenta um desafio com um estado mental positivo, com consciência, o subproduto natural é uma onda de força vital, juntamente com habilidades e competências que você pode aproveitar nesse momento. Essa força vital também é conhecida como resiliência. Nada é capaz de abalá-lo, e você resiste com o máximo de garra. Trata-se do que precisa ser feito para alcançar um objetivo maior.

É algo fenomenal, esse valor de *tapas*: escolher dizer conscientemente "Eu estou abrindo mão disso" ou "Estou abraçando esse desafio". Já falamos sobre como você perde de vista sua própria grandeza quando se apega a algo pequeno. A mente se estreita e você perde sua resiliência e flexibilidade. Para manter a mente aberta e cultivar maior resiliência, pergunte a si mesmo a cada dia: *Qual é a pequena coisa de que posso abrir mão hoje?* ou *Qual é o único desafio que eu posso voluntariamente abraçar hoje?* Talvez seja não tomar a segunda xícara de café, não comer a sobremesa, ficar longe do Facebook ou evitar reclamar. Também pode ser que seu desafio seja confrontar um amigo sobre algo que ele ou ela tenha feito que o magoou, ou tomar a iniciativa de liderar um grande projeto no trabalho. Não importa quão grande ou pequeno: basta escolher uma coisa por dia e se ater a ela.

A resiliência de *tapas* também vem de uma prática vivida de olhar para sua vida em retrospecto e poder dizer: *Eu já enfrentei muitos desafios, e de alguma forma sempre os superei.* Mesmo quando pensava que não conseguiria sobreviver, de alguma forma você conseguiu. Manter essa consciência pode ajudá-lo a enfrentar melhor o próximo desafio, e o próximo e o próximo.

4. Svadhyaya: *Autoanálise e autorresponsabilidade*

A autorreflexão é o trabalho do quarto *niyama*: *svadhyaya*. Geralmente traduzida como autoestudo ou autoanálise, essa prática consiste em parar para observar seu próprio comportamento e perguntar a si mesmo como você contribuiu para uma situação ou o que pode fazer para melhorá-la. Essencialmente, é uma questão de responsabilizar-se por seus próprios pensamentos, palavras, ações e sentimentos.

É fácil assumir a responsabilidade pelo que está indo bem na sua vida. É muito mais difícil – e muito mais importante – fazer isso quando as coisas não estão indo bem.

Svadhyaya nos diz: quando algo não estiver funcionando, não olhe para fora de si, apontando o dedo para as pessoas ou as circunstâncias. Observe seus próprios pensamentos e emoções, seu estado interior. Pergunte a si mesmo o que você poderia fazer de diferente. *O que há em mim que precisa mudar para criar o resultado que estou buscando?* Isso naturalmente potencializa o *tapas*, o poder da resiliência. Pergunte a si mesmo: *Onde está minha responsabilidade aqui?* No caso de um conflito, você reconhece que quando um não quer, dois não brigam, e assim se responsabiliza pelo papel que está desempenhando. Quando entro numa discussão com um dos meus irmãos ou com alguém com quem trabalho, minha reação imediata é contar a mim mesma várias histórias sobre o que a outra pessoa fez de errado. Mas *svadhyaya* me guia a aprofundar um pouco a percepção e refletir sobre o meu papel. Muitas vezes temos resistência em assumir nossa responsabilidade em novas situações. Eu tenho uma regra que uso nesses momentos: digo a mim mesma para pensar e descobrir três coisas que eu poderia ter feito melhor ou que eu posso fazer agora para fazer a diferença. Essa técnica é uma maneira de praticar *svadhyaya*.

É fácil assumir a responsabilidade pelo que está indo bem na sua vida. É muito mais difícil – e muito mais importante – fazer isso quando as coisas não estão indo bem. É quando você realmente precisa de *svadhyaya*. Não é fácil, mas é incrivelmente empoderador dizer: "Eu criei esta situação e sou responsável por ela." Imediatamente, você para de culpar os outros ou as circunstâncias, para de bancar a vítima, deixa de estar paralisado e começa a seguir em frente com a cabeça erguida e a mente ancorada no presente, com foco *no que você pode fazer agora*. Você entra na ação.

Quando você assume a responsabilidade por si mesmo, suas capacidades florescem. Você se torna mais forte e mais centrado. Você encara a vida com aceitação e a vida o encara de volta com oportunidades e orientação. Patañjali diz que o resultado de *svadhyaya* é trazer mais divindade à sua vida. Eu prefiro pensar nisso como algo que está convidando mais o apoio amoroso do universo. Tudo flui e você não precisa se esforçar muito. A vida se move com você e por você.

5. Ishvara pranidhana: *Amor-próprio e fé num poder superior*

O *niyama* final, *Ishvara pranidhana*, nos orienta a "nos entregarmos ao divino". Se você acredita no divino ou não, isso não importa. Patañjali está falando, num sentido mais amplo, da sua capacidade de se entregar e confiar que a vida sempre cuidará de você. Da sua capacidade de ter fé que existe um plano para você. É outra maneira de ter mais confiança em si mesmo. Mesmo nas piores situações, se puder manter a confiança de que há um plano maior, você permanecerá proativo em vez de inclinado a desistir. Dê uma olhada ao seu redor: tudo na vida – o reino animal, vegetal, as estrelas e os planetas – está se movendo em harmonia com alguma ordem e estrutura. Por que você ficaria de fora desse design perfeito?

A sabedoria védica nos diz que sempre há um plano maior para nós, mesmo que não possamos vê-lo. Quando estamos perdidos no escuro e não podemos enxergar mais do que alguns metros à nossa frente, Patañjali sugere que nos conectemos àquilo dentro de nós mesmos que sabe que estamos sempre sendo guiados na direção certa. Escolher confiar na orientação e no apoio da vida é o que significa praticar *Ishvara pranidhana*. Trata-se de poder dizer a nós mesmos: "Eu sei, no meu coração, que estou sempre me movendo em direção ao meu bem maior." Eu não sou capaz de contar quantas vezes tive que dizer isso a mim mesma nos últimos cinco anos, mesmo depois de tanto tempo de prática espiritual – mas isso é outra história.

Não há nada mais poderoso do que essa percepção para melhorar a sua energia, sua resistência e sua maneira de ver as coisas. Se puder viver com esse tipo de fé, nada poderá abalá-lo! Você encontra liberdade total. Você aceita e abraça todas as suas experiências, sabendo que elas estão sempre lá para o seu próprio benefício.

Quando as coisas não estão dando certo, quando estamos passando por dificuldades e sofrendo, é quando mais precisamos de fé. É claro que é também o momento em que temos mais dificuldade para encontrá-la. É difícil demais ver além dos problemas imediatos. Nós tínhamos um plano e as coisas não saíram como esperávamos. Então como podemos confiar em um plano maior que não podemos ver nem conhecer neste momento? Quando algo não dá certo, essa é uma oportunidade preciosa para praticar *Ishvara pranidhana*. Podemos fazer isso parando e pedindo a nós mesmos que reexaminemos a nossa falha ou perda atual no contexto da jornada completa da nossa vida.

Pense da seguinte maneira: quando você está em um avião e ele está taxiando no solo, você não consegue ver quase nada. É necessário esperar até que o avião esteja em altitude de cruzeiro antes de ter uma visão mais ampla de tudo ao seu redor. Quando você está a 11 mil metros, você pode ver muitas possibilidades dessa perspectiva mais ampla. Você vê que não há apenas uma ou duas estradas que levam a Roma: existem muitas. Sempre houve mil maneiras diferentes de alcançar o mesmo lugar em sua vida. *Ishvara pranidhana* está relacionado a deixar de lado sua rigidez sobre "como as coisas devem ser". Talvez o relacionamento que você queria não tenha dado certo. Talvez seus negócios ou seu casamento tenham fracassado. Você pode não ter conseguido o emprego que desejava ou ter perdido um ente querido. Talvez tenha sido um diagnóstico inesperado de câncer. Quando a vida não acontece do jeito que você planejou, é possível dizer a si mesmo: *É verdade que eu sinto que tudo está de cabeça para baixo agora, mas acredito que exista um plano maior, mesmo que eu não consiga vê-lo.* Em momentos de dificuldade, perda, fracasso e decepção, se puder confiar na benevolência da vida, você encontrará paz. Você encontrará energia e força mental para lidar com o inesperado e criar um novo caminho para si mesmo. É nesse estado de entrega que realmente enfrentamos a dor dos momentos difíceis da vida, em vez de afastá-la ou evitá-la. Ironicamente, é aparentemente num estado de entrega que somos verdadeiramente corajosos ao optar por não fugir.

O que estamos fazendo aqui é confiar na *força amorosa* que está em jogo em nossas vidas. No fundo, essa prática é sobre amor e conexão: amor por si mesmo, pela família, pelos amigos, um amor que se expande para incluir todos os seres. Um amor que não exclui ninguém, muito menos a nós mesmos. Esse amor é a nossa natureza e a natureza da própria vida. É aqui que você passa a ter um senso de conexão com um poder superior ou, se você não acredita nisso, com o todo da vida.

Lembre-se de que sua jornada é de fora para dentro, mas também de dentro para fora. Quanto mais força vital você tiver, mais naturalmente viverá a sua vida com seus superpoderes – e quanto mais você expressar esses superpoderes, mais força vital terá à sua disposição.

PARTE 4

ATUALIZANDO SEU SISTEMA OPERACIONAL

CAPÍTULO 10

Dominando a sua mentalidade

Se eu perguntasse qual é a sua mentalidade agora, o que você diria? É positiva ou negativa? Otimista ou pessimista? Cabeça-dura ou mente aberta? Quando eu uso a palavra mentalidade, estou me referindo à qualidade do estado mental a partir do qual você pensa, age e sente. Tendemos a pensar que operamos a partir de muitas mentalidades diferentes em nossa vida diária. Supomos que existem vários pontos de vista a partir dos quais percebemos, pensamos, sentimos e acreditamos. Mas, de acordo com o vedanta, a mente tem apenas dois modos básicos: resistência ou desejo, a energia da repulsão ou a energia da atração. Ou estamos empurrando algo para longe ou puxando algo em nossa direção.

Por meio da observação cuidadosa e do autoestudo, os *rishis* descobriram repetidas vezes que a nossa percepção tem apenas essas duas possibilidades. Quando o intelecto processa todas as informações que nos chegam pelos cinco sentidos, ele as diferencia de acordo com um desses dois pontos de vista possíveis – que a tradição védica chama de *raga* (atração) e *dwesha* (aversão). Ou estamos indo atrás de alguma coisa ou estamos fugindo dela. Queremos ou não queremos. Gostamos ou não gostamos. Deveria ser assim ou não deveria ser assim. Para tudo o que experimentamos na vida há uma resposta de atração ou repulsa. Muito raramente percebemos as coisas a partir de um ponto de vista neutro, mas quando o fazemos estamos simplesmente no momento presente, observando sem julgamento.

Estar no modo neutro não é um problema. É a resistência e o desejo que são. Sei que é difícil entender isso, mas essas duas mentalidades são as únicas coisas que nos tornam infelizes na vida. Se ao menos pudéssemos reconhecer a aversão e a atração como a causa das limitações que sentimos! Quando estamos em resistência, estamos infelizes. Quando ansiamos por algo, também estamos infelizes. Mas não percebemos isso, e apontamos o dedo para 1 milhão de pessoas, objetos e situações diferentes que julgamos serem a causa de nossa infelicidade. Hoje é nosso trabalho, amanhã é uma dor de cabeça. No dia seguinte é uma fatura de cartão de crédito, ou uma conversa desagradável. Apontamos para os objetos mutáveis do mundo exterior e dizemos "Esse é o problema", mas isso não passa de histórias que a mente conta.

Ficar preso nesse interminável impulso de atração e aversão não apenas drena a nossa energia como também nos deixa ainda mais presos no ciclo do passado e do futuro. Como a mente nunca está tranquila assim, nossa resposta ao estresse permanece "ligada". Quanto mais profunda a ranhura dessas mentalidades, mais rígidas, constritas e fechadas a nossa mente e a nossa vida se tornam.

Escolha o seu veneno

Para cada pessoa, uma dessas mentalidades é mais dominante que a outra. Alguns se movem na vida impulsionados pela força da atração, enquanto outros são impelidos pela força da resistência. Cada um escolhe o próprio veneno. De qualquer forma, em algum momento uma coisa leva à outra. A menos que possamos permanecer num estado de energia e consciência elevadas, passamos a vida oscilando nesse pêndulo de atração e evitação.

Nem sempre é fácil reconhecer quando a sua mente se desviou do centro. Vou dar um exemplo da minha própria vida. Quando me deparei com esses ensinamentos védicos, foi completamente inesperado e revelador para mim. Descobri todo um novo mundo de possibilidades. De repente eu não conseguia acreditar que, em todos os meus anos de formação – da escola à faculdade de direito –, ninguém tivesse me ensinado a olhar dentro da minha própria mente. Depois que vi o valor desse conhecimento, tudo o que eu queria era compartilhá-lo com outras pessoas para que elas pudessem encontrar o mesmo benefício que eu havia encontrado. Eu tinha uma visão muito clara do que esses ensinamentos poderiam fazer pela humanidade, por isso mergulhei nesse trabalho de cabeça, com toda a força da minha paixão e do meu comprometimento.

E, deixe-me lhe dizer, eu fui *com tudo*. Apliquei a mesma ambição e determinação que antes tive na faculdade de direito e ao me tornar uma promotora de sucesso em Los Angeles. Concentrei toda a minha energia e meus recursos interiores na divulgação dessas práticas antigas, nas quais eu acreditei muito profundamente. Ensinamos centenas de milhares de pessoas em 35 países diferentes, num período de apenas alguns anos.

Mas eu não percebi que o fervor com que mergulhei no trabalho refletia uma mentalidade que pode ser categorizada, em algum nível, como de desejo. Eu trabalhava muitas horas, viajava constantemente por todo o mundo e comecei a perder meu senso básico de tempo e espaço no processo. Eu era apenas atividade, e não descansava o suficiente, trabalhando 18 a 20 horas por dia para transmitir essa mensagem às pessoas. Mesmo continuando com a minha prática diária de respiração e meditação, o número de horas que eu dedicava às atividades não estava em equilíbrio com as horas de descanso. Foi um trabalho emocionante e gratificante, sim. No entanto, havia um desequilíbrio, pois eu não estava cuidando da minha saúde nem dedicando o tempo necessário a mim e aos meus relacionamentos.

Não há nada errado em ter, querer e conquistar, mas quando você fica tão envolvido que isso se torna o centro de sua identidade, então o campo de possibilidades em que você está operando e criando fica limitado.

Apesar de todo o tempo que eu passara estudando e aprendendo a administrar minha mente, eu ainda me flagrava voltando às antigas mentalidades condicionadas. Sendo filha de pais indianos, imigrante e advogada, eu estava empenhada em lutar pelo sucesso a qualquer custo. Mas, no fim das contas, percebi que tinha que fazer uma pausa e voltar ao centro para não ficar esgotada. A lição aqui é que os motivos são irrelevantes, porque ainda estamos operando com as mentalidades que são destrutivas para nós.

Geralmente é difícil reconhecer essas mentalidades, porque estão muito ligadas às coisas com as quais mais nos importamos na vida. Elas estão entrelaçadas com nossos sonhos e aspirações mais profundos. Você resiste ao diagnóstico do seu filho porque considera a sua família a coisa mais importante do mundo e só quer que ele fique bem. Você tem um desejo intenso de largar o seu emprego e viajar pelo mundo porque valoriza profundamente a liberdade. Você deseja com ardor causar impacto com seu empreendimento criativo porque realmente acredita que ele pode mudar o mundo.

Isso não é motivo para se sentir mal. A *Bhagavad Gita* diz: "A atração e a aversão dos sentidos por seus objetos sensoriais correspondentes são inevitáveis." Isso significa que a mente foi projetada dessa maneira. Essas mentalidades fazem parte do nosso sistema operacional básico. Mas a *Gita* também diz que, quando elas nos controlam, se tornam um obstáculo à nossa grandeza. Quando deixadas sem controle, relegadas ao inconsciente, elas causam problemas em nossas vidas. Se ficamos presos ao que queremos alcançar ou evitar, perdemos a nossa maior potencialidade. Nós somos maiores do que os nossos desejos, as nossas realizações e os nossos objetivos. Não há nada errado em ter, querer e conquistar, mas quando você fica tão envolvido que isso se torna o centro de sua identidade, então o campo de possibilidades em que você está operando e criando fica limitado. Isso o afasta ainda mais das qualidades positivas em sua essência e reduz sua capacidade de realizar o que deseja.

Sabemos que a essência de quem somos é alegria, amor, conexão e vibração. Ironicamente, esse também é o motivo pelo qual começamos a operar com resistência e desejo, para começo de conversa. Estamos sempre buscando retornar à nossa grandeza, tentando voltar à nossa natureza. O problema é que ficamos confusos sobre como chegar lá. Pensamos que, para encontrar alegria, precisamos perseguir a felicidade e fugir da dor e do fracasso. Essa é uma jornada exaustiva que apenas nos afasta ainda mais do nosso potencial.

Examinando o seu sistema operacional

O que estou pedindo que você faça agora é um trabalho de profunda autorreflexão. Quando conseguir ver como essas mentalidades estão direcionando seus pensamentos, seu comportamento e sua vida, você não será mais capaz de *ignorar* esse fato. É um despertar difícil, confie em mim. Ao identificar as tendências básicas da mente, você começará a perceber tudo que está motivando seus pensamentos, suas palavras e ações. Assim, quando a resistência surgir, você poderá identificar o que a está motivando a qualquer momento. Há um grande valor nessa reflexão, porque quando tomamos consciência, automaticamente alcançamos certo distanciamento. Nossa mentalidade se expande, a percepção se torna pura e a expressão se torna clara. É aí que a mudança começa.

Como num computador, estamos olhando para o sistema operacional. É um PC ou um Mac? É DOS ou Linux? O que o está fazendo travar? Quais programas estão consumindo mais energia da bateria? Uma vez que sabemos como operamos, nossa percepção começa a mudar por conta própria. Por si só, a capacidade de reconhecer as tendências da mente já eleva nossa energia. Começamos a sair do piloto automático, a parte submersa do iceberg, e a agir de um modo mais consciente. Não estamos usando a mente ainda mais para resolver os problemas da mente. Na verdade, nos tornamos mais *conscientes*. E consciência não é capacidade de pensar; é um conhecimento profundo que tem o poder de redirecionar a mente em todos os aspectos.

No momento em que tomamos consciência de como estamos operando, nossa mente instantaneamente se expande. A mente que se tornou negativa, tensa e constrita de repente se abre e amplia nossa perspectiva. Ela volta ao centro, a um lugar de neutralidade, ao momento presente. A consciência convida mais energia e nos dá a motivação para potencializá-la ainda mais. Portanto, vamos olhar mais de perto essas duas mentalidades principais e o efeito que têm em nossa energia e em nossas vidas.

CAPÍTULO 11

Do lutar ao fluir

Ser escritora é uma experiência muito nova para mim. Durante anos resisti à ideia de escrever qualquer coisa, quanto mais um livro. As pessoas me dizem há décadas para escrever, mas eu nunca quis. Sri Sri sempre dizia que havia um livro dentro de mim querendo sair, e eu continuava dizendo a mim mesma e a todos os outros: *Não, não, não, eu não quero escrever um livro.* Quem quer sentar em uma caverna com um computador e uma xícara de café? Eu gosto de me conectar com as pessoas, compartilhar, conversar e expressar ideias com uma troca de energia. Escrever sempre me pareceu algo que causa certo isolamento, com muito pouco envolvimento humano.

Mas, finalmente, decidi seguir a sugestão de Sri Sri e aceitei a ideia de escrever um livro. Então fiz o que qualquer aspirante a autora faria: reuni meus pensamentos, criei uma proposta e encontrei uma editora. Comecei a juntar todos os ensinamentos da minha vida de trabalho e colocá-los no papel.

Assim que eu comecei, minha resistência à escrita tornou a mostrar os dentes. *Não, não, não, eu não quero escrever um livro.* Eu odeio escrever! Não é assim que meu cérebro funciona. Mesmo quando era advogada, eu escrevia o mínimo possível. Então me esforcei e consegui silenciar a voz o suficiente para continuar o trabalho, mas ela ainda não havia desaparecido.

Havia algum nível de resistência em minha mente submersa, e ela começou a se manifestar de formas loucas. Meu computador quebrou não uma, mas duas vezes. Eu desenvolvi uma infecção ocular grave que persistiu durante todo o processo de escrita, muitas vezes me impossibilitando de olhar para a tela. Por causa de um problema digestivo, tive que fazer um tratamento pesado com antibióticos que obscureceu meu pensamento e consumiu minha energia. Minha casa não teve um, nem dois, mas três grandes vazamentos, que me forçaram a ficar num hotel por um ano inteiro. E esses são apenas os destaques! Mesmo enquanto eu escrevia ativamente, num nível subconsciente minha mente ainda estava dizendo não. Internamente, eu estava rejeitando a oportunidade que a vida me dera, e a vida respondeu dificultando minha escrita. Não é tão surpreendente quando você pensa sobre o assunto. É isto que a resistência faz: torna as coisas mais difíceis. Quando está numa aula de spinning e quer que seus músculos trabalhem mais, você acrescenta *resistência* à bicicleta. Suas pernas precisam pedalar com mais força para percorrer a mesma distância. Quando você acrescenta resistência, cria uma tensão que força os músculos a exercer um esforço maior.

O que o vedanta ensina, e eu acredito completamente nisso, é que não há acidentes na vida. O que está acontecendo na nossa vida lá fora, no mundo, é uma expressão do que está acontecendo aqui dentro. Meu "não" interior estava se manifestando em situações exteriores que criavam mais esforço, dificuldade e negatividade. Num determinado momento, em meio a todo esse processo, deitada numa cama de hotel com um olho inchado e um laptop quebrado, estreitando os olhos para tentar ler um capítulo impresso, eu comecei a dar risada. E, uma vez que comecei, não conseguia parar. O universo às vezes tem um grande senso de humor! Eu disse à vida: "Ok, você venceu! Eu aceito toda essa loucura. Eu aceito os desafios deste processo de escrita. Eu me entrego." E depois que eu aceitei as dificuldades, elas começaram a evaporar. A escrita começou a fluir com mais facilidade, e o caminho à minha frente ficou mais claro. Depois de mudar minha forma de enxergá-la, a subida se tornou mais suave. Ainda havia alguns buracos na estrada, mas eu não estava mais lutando contra eles. Eu simplesmente aceitei os desafios e fiz o que tinha que fazer no momento para lidar com eles.

Então o que é realmente essa coisa que chamamos de *resistência* e como ela atrapalha nossa vida? Simplificando, resistência é *a relutância ou recusa consciente ou inconsciente de permitir a entrada de qualquer coisa*. Também podemos chamá-la de não aceitação, aversão ou evitação. É tudo a mesma coisa. Não gostamos de algo, então tentamos afastá-lo de nós, fingimos que não está lá, ficamos irritados ou com raiva, batemos nele ou o jogamos para debaixo do tapete. Em geral, a resistência é a nossa mentalidade padrão na vida. Não aceitamos e sentimos que não podemos aceitar a vida como ela é. A esta altura você já deve saber o suficiente sobre energia para ver logo que a resistência é uma mentalidade extremamente ineficiente em termos energéticos. Ela cria estresse em todo o sistema e nos deixa ainda mais presos ao ciclo de passado e futuro. Se queremos aumentar nossa energia e melhorar nossa vida, abordar a tendência da mente em relação à resistência é uma parte crucial do processo.

Tornando-se um bom condutor de energia

A resistência é uma força tão real quanto a gravidade. Ela cria tensão e contração na mente da mesma maneira que introduzir resistência num treino físico cria contração nos músculos. Podemos entender o que a resistência faz com a nossa energia observando-a de uma perspectiva simples da física. Pense na aula de ciências do ensino médio, quando você aprendeu sobre como a eletricidade funciona. O professor deve ter ensinado que a eletricidade é basicamente o movimento de elétrons e que qualquer objeto que é alimentado por eletricidade aproveita esse fluxo de elétrons como sua fonte de energia. Na física, o ritmo segundo o qual uma carga elétrica flui por um material é chamado de *corrente*. *Resistência* é o termo usado para descrever a *tendência de um material em resistir à corrente*. Por exemplo, quando a corrente está se movendo por um tubo estreito, há mais resistência do que quando está se movendo por um tubo mais largo, sob a mesma pressão. Faz sentido, não é? Você sabe que tudo na vida é energia. Nós, seres humanos, somos apenas condutores mais complicados dessa eletricidade a que chamamos de força vital. Esta é essencialmente a função do cérebro e do sistema nervoso: enviar e receber impulsos elétricos, ou, em outras palavras, ser um *condutor* de eletricidade. Na física, um bom condutor é aquele que tem um baixo grau de resistência, e um ruim é aquele que tem alta resistência. A menos que você seja magicamente capaz de desafiar as leis da física, você funciona exatamente da mesma maneira.

Sua mente – e o cérebro físico que dá vida à sua mente – é um bom condutor de energia quando apresenta um baixo grau de resistência! Uma mente estreita e constrita cria resistência ao fluxo de energia. É um condutor ruim. Quando há muita resistência, a energia não é capaz de fluir adequadamente. É simples assim. Mas quando a sua mentalidade está totalmente aberta – totalmente no momento presente, com aceitação do que é –, a energia pode fluir livremente e você pode aproveitá-la para manifestar seus objetivos e sonhos.

> *Se você realmente se der conta de como sua mente está
> presa ao passado e ao futuro e de como funciona
> a partir de um estado de resistência, a ficha vai cair:
> Caramba! O que estou fazendo comigo mesmo?*

Por favor, tire um momento agora mesmo e realmente olhe para dentro e escute o que estou dizendo. A resistência é um fenômeno mental que é uma força, como a gravidade. Ela tem o poder de restringir o livre movimento de nossa força vital. Você pode interpretar a *força vital* como o seu coração. Lembre-se: não se trata de uma energia elétrica mecânica, inanimada; é a qualidade do seu coração. Ela se expressa em movimento, mas também em qualidades como amor, compaixão, bondade, conexão, intimidade, cuidado, serviço e assim por diante. A força vital também opera todas as suas funções cognitivas. Quando sua mente entra em modo de resistência, você começa a se tornar mais rígido no uso de suas faculdades mentais. Para piorar as coisas, você ergue um muro em volta do seu coração e de sua expressão. O grau de resistência determina a altura desse muro e o nível de rigidez e controle. Isso o impede de deixar a vida e o amor entrarem.

Desde a página inicial deste livro, estamos falando da mesma coisa: como ser um bom condutor de energia! Para aproveitar a energia da vida que está dentro de você e ao seu redor, a mente deve estar bem aberta. Quando sua mente está presa à resistência, você literalmente se opõe ao fluxo da vida. O vedanta fala sobre resistência e o que ela faz com todo o sistema. Na resistência, os canais de energia sutis se contraem (se você não acredita em canais de energia, pense em termos de nervos, veias e artérias). Tudo se aperta e se estreita. Sua mente se torna um canal apertado, contraído e estreito, e a energia da vida não consegue fluir por ela. Quando isso acontece, ficamos drenados, esgotados, rígidos e fixos. À medida que a bateria vai se esgotando, nossa mente vai se estreitando e nos sentimos cada vez mais desconectados dos outros e da própria vida em si. Assim, literalmente nos separamos da fonte de energia que nos nutre.

A tomada de consciência é o primeiro passo necessário para se libertar dessa mentalidade tóxica. Se você realmente se der conta de como sua mente está presa ao passado e ao futuro e de como funciona a partir de um estado de resistência, a ficha vai cair: *Caramba! O que estou fazendo comigo mesmo?*

É um grito de alerta. Essa revelação em si se torna a ferramenta de que você precisa para se libertar.

Reexaminando a resistência

Você verá que as pessoas que vivem em resistência se tornam endurecidas para a vida. Observe seus amigos, sua família e seus colegas de trabalho. Aquela pessoa que está sempre reclamando e lutando contra a vida – o que ela lhe parece? Se você prestar atenção, poderá ver no rosto dela, em seu olhar, na maneira como ela se comporta. A resistência a desgastou com o tempo, não apenas mentalmente, mas também fisicamente. Gente assim normalmente fica muito cansada no fim do dia e precisa dormir muitas horas para se recuperar. Pessoas que operam em resistência há muitos anos costumam ser duronas e fechadas. Elas não deixam nada entrar. Mas não estou falando apenas de certo tipo de pessoa. Estou falando de todo mundo, em um momento ou outro. Todos nós operamos em resistência em pelo menos uma área da vida.

Isso aparece em todos os cursos que eu dou. Sempre há alguém (e às vezes várias pessoas) funcionando a partir de um lugar de enorme resistência – e completamente inconsciente disso. Essas pessoas se perguntam por que as coisas não dão certo na vida delas, por que tudo é tão difícil, por que não têm apoio, por que não conseguem encontrar o parceiro ou o emprego que desejam. O que está acontecendo não é nenhum mistério para mim. A resistência cria contração e emoções negativas, que criam uma percepção de dificuldade, que se manifesta externamente em dificuldades reais. A pessoa involuntariamente afasta as oportunidades que deseja porque não consegue aceitar o que está à sua frente. É uma cadeia previsível de acontecimentos.

Em nome da sua energia e da sua vida, você deve se livrar da mentalidade de resistência e cultivar seu oposto: a não resistência ou *aceitação*. No momento em que você se abre para a possibilidade de aceitação, sua mente se expande. Você fica inundado de energia. No momento em que você para de se concentrar num problema estreito e começa a ver as coisas de um ponto de vista mais amplo, é possível dizer: "Tudo bem. Tudo vai dar certo." E assim você aumenta e estimula o fluxo da força vital em seu sistema.

Quando estou lidando com algum desafio e contraio minha mente, meu ponto de vista fica limitado pela resistência: "Ah, não é assim que deveria ser", "Isso não vai dar certo", "Eu não quero lidar com isso novamente", "Este é um problema sério". Quanto mais estreito você se torna, mais rapidamente drena sua bateria com pensamentos e emoções negativos. Você perde a capacidade de ter clareza e processar as coisas de maneira neutra. Perde a capacidade de sentir alegria e entusiasmo. Mas no momento em que diz "Bem, isso aconteceu, mas eu vou conseguir", a energia começa a fluir outra vez. É como inspirar profundamente depois de prender a respiração. Quando a mente está em aceitação, a força vital vai lá em cima. Já em outros estados, a mente apenas suga a força vital. Há uma constante mentalidade de manipulação, cálculo e estratégia, que são apenas formas de resistência. Mas, no momento em que estamos em aceitação, voltamos ao centro e simplesmente dizemos a nós mesmos: *É assim que a situação é. É isto que eu preciso fazer para consertá-la.*

Como mencionei, minha casa ficou inundada quando eu estava escrevendo este livro. No momento em que meu marido me ligou para contar o que havia acontecido, eu imediatamente disse: "Uau, isso significa que vamos poder projetar uma cozinha nova!" Essa foi a minha resposta instintiva. Alguns amigos meus que estavam sentados ao meu lado durante a ligação ficaram completamente chocados. Por dois dias eles vieram falar comigo para dizer quanto lamentavam a inundação e quão terrível e inconveniente era tudo isso. Mas eu tinha energia e vitalidade porque o meu ponto de vista, a minha mentalidade, se expandia a partir de um lugar de aceitação. A mente dos meus amigos se contraiu. Enquanto eu ganhava energia com a situação, eles perdiam.

Dizendo não à vida

Neste livro, estamos falando sobre como conservar e melhorar a vida com a qual nascemos. A resistência é uma parte absolutamente importante nessa conversa porque é uma das principais forças interiores que nos tiram a vida. Ela nos deixa letárgicos, esgotados, sem vida, amargurados, em dificuldades. É literalmente uma morte lenta. Pagamos um preço pela resistência, e esse preço é a nossa vida.

A tradição védica diz que, quando resistimos, não permitimos que as possibilidades da vida cheguem até nós. Acabamos nos tornando um muro de pedra, e não mais uma rede porosa. A expressão das qualidades do coração na sua vida diminui à medida que sua mente assume uma postura de resistência.

Com a resistência, o intelecto fica tomado por julgamentos, pela persistência e a teimosia, e o coração fica para trás. Você passa a viver mais a partir da sua cabeça do que do seu coração.

Eis aqui outra analogia da física para ajudá-lo a entender o que acontece energeticamente quando sua mente está em resistência: imagine que alguém esteja empurrando sua porta pelo lado de fora. Essa pessoa está aplicando 100 unidades de força para tentar empurrar a porta. Você está do outro lado e não quer deixá-la abrir a porta de jeito nenhum! Não quer deixar essa pessoa entrar no seu espaço. Então, para mantê-la lá fora, você deve aplicar 100 unidades de força para criar resistência suficiente para manter a porta fechada.

É preciso empregar muito mais energia para manter as coisas do lado de fora da sua cabeça, da sua casa interior, do que para simplesmente abrir a porta e convidá-las a entrar. Em vez de usar 100 unidades de energia para resistir à pessoa, você pode usar 30 ou 40 unidades de energia, talvez 50, para falar com ela e lidar com o que quer que seja. Vejamos um exemplo real. Às vezes, temos que fechar a porta para pessoas ou situações na nossa vida – um membro da família, um amigo, um ex-parceiro ou um emprego. Se não houver carga emocional em seu sistema em relação à pessoa ou à situação, é como se você abrisse a porta, dissesse obrigado e adeus ao visitante e seguisse em frente. Se, no entanto, você tenta evitar a pessoa, fica agitado quando o nome dela é mencionado ou se sente chateado quando precisa lidar com ela, saiba que está usando sua energia contra si mesmo. Isso é uma indicação de que a sua mente está em resistência. Significa que você está drenando muito do seu potencial, do seu esforço e da sua energia para manter essa pessoa ou situação debaixo do tapete. Você não abriu a porta e lidou com o que quer que seja. Você não seguiu em frente.

Também dentro de si, manter as emoções afastadas exige muito mais energia do que abrir a porta e simplesmente permitir que se movam. Você acha que será mais fácil e mais eficiente tentar evitar os desafios da vida, quando na verdade economizamos muito mais tempo e energia abrindo a porta, dando as boas-vindas aos desafios (e às oportunidades) e encontrando uma maneira de lidar com o que quer que esteja lá. Você não pode controlar o que aparece à sua porta, mas tem controle sobre como receber o que se apresenta. Se pudesse ver que a natureza da vida é mudança, que tudo dura pouco e é impermanente, você perceberia que não faz sentido usar a sua preciosa força vital para afastar o que a vida lhe traz.

Aquilo a que você resiste persiste. O que você aceita flui. Quando você convida a vida a entrar em vez de afastá-la, ela começa a trabalhar para você – e não contra você.

E se você pegasse essa energia que está usando para manter a porta fechada e usasse apenas 50% dela para ir atrás de algo que deseja? E se a usasse para se arriscar a ser feliz, a ter sucesso, a ir atrás dos seus sonhos? Você mudaria completamente a dinâmica da sua vida. Sua maneira de ver as coisas seria transformada. Você faria escolhas diferentes. A forma como você se relaciona com as pessoas ao seu redor seria completamente alterada. Em vez de entrar no escritório ressentido por ter que estar lá, com os ombros tensos e um nó no estômago, distraindo-se imaginando quando finalmente encontrará um novo emprego, você se sentiria muito mais relaxado. Isso não significa que você seria descuidado com o que está fazendo ou ignoraria seus verdadeiros sentimentos sobre a situação; apenas que não estaria tentando se proteger de experimentar a realidade básica da situação. Não estaria tentando afastá-la. Em vez de procurar maneiras de evitar riscos e falhas, você procuraria oportunidades. Você seria capaz de navegar com habilidade pelos desafios e resolvê-los quando eles surgissem, em vez de desperdiçar sua energia o tempo todo formulando possíveis problemas antes mesmo que eles ocorram. Como eu disse, para onde a mente vai, é para lá que vai o que se seguir em nossa vida. Quando você supõe e antecipa os problemas, bem... os problemas acham uma maneira de encontrá-lo.

Simplesmente imagine a energia necessária para entrar no escritório com o corpo contraído, em resistência, em comparação com uma atitude de aceitação em relação à maneira como as coisas são – aceitando inclusive o fato de que você não se sente bem em seu trabalho atual. Em vez de adotar uma percepção estreita e fechada, você seria mais como aquele tubo largo, apenas permitindo que a experiência flua. Assim você encontraria coisas para curtir no seu dia, talvez participasse de um novo projeto do qual viria a gostar ou faria amizade com um novo colega. Talvez até começasse a atrair novas oportunidades. Não é engraçado como, quando você finalmente aceita o trabalho que odeia, uma oferta de um novo emprego logo surge? É sempre assim. Aquilo a que você resiste persiste. O que você aceita flui. Quando você convida a vida a entrar em vez de afastá-la, ela começa a trabalhar para você – e não *contra* você. Lembre-se de que a energia vital deseja apoiá-lo e elevá-lo: quando você dá um passo em direção à aceitação e à confiança, ela dá 10 passos em direção ao seu sucesso.

Com o que você está comprometido?

Se você acha que isso não se aplica a você, eu o convido a olhar um pouco mais fundo. Eu lhe garanto que há pelo menos uma área de sua vida em que você está agindo em total não aceitação, evitação e aversão – e isso está drenando a sua energia. Você simplesmente não está consciente disso. O problema da resistência é que ela geralmente opera em um nível inconsciente.

Normalmente eu uso uma pergunta simples para ajudar as pessoas a determinar se estão adotando uma mentalidade de resistência ou de aceitação: Você está comprometido em garantir que a sua vida seja feliz ou está comprometido em garantir que a sua vida *não seja infeliz*? Está comprometido em viver uma vida que ama ou em evitar uma vida que não ama? A maneira como você responderá a essa pergunta me dirá tudo o que preciso saber sobre sua mentalidade e como a sua vida está indo. Se você estiver comprometido em ser feliz e amar sua vida, estará prosperando. Se estiver comprometido em evitar a infelicidade, você terá uma vida morna.

A resposta nem sempre é tão óbvia quanto inicialmente parece. Eu fiz essa pergunta a milhares de pessoas e, invariavelmente, 90% ou mais levantaram a mão para dizer que estão comprometidas em ser felizes. Por isso eu as incentivo a olhar mais fundo: Você tem certeza disso? Imagine que está sentado aqui e há muito a ganhar nesta conversa, mas a pessoa sentada à sua frente é muito alta e você não consegue enxergar. O que você faz? Fica sentado e aproveita o que der? Ou a sua mente fica presa, pensando: "Esse cara é muito alto, ele fica se mexendo e eu não estou aproveitando tanto quanto eu poderia"? Lamento lhe dizer que isso é resistência. Você está agindo de forma a não estar desconfortável. Você percebe que, assim, seu esforço, sua atenção e sua energia são gastos não em aproveitar ao máximo sua experiência, mas tentando minimizar o seu desconforto? Você quer cortar a cabeça dele. Não nos arriscamos a ser felizes. Se o fizéssemos, sentaríamos, relaxaríamos e encontraríamos a felicidade e o que há de valor em qualquer situação – ou iríamos calmamente nos sentar em outro lugar. Mas não é o que fazemos. Em vez disso, lutamos contra o atraso no aeroporto, os pequenos inconvenientes, os maiores contratempos e fracassos, os inevitáveis desafios da vida.

Você realmente acredita que está agindo de forma a ser feliz, vibrante, dinâmico, completamente entregue ao fluxo da vida? Pode ser que você diga que é isso que quer mas, na realidade, sua mente está operando a partir da segunda opção: você está aqui para sobreviver, para ir vivendo do melhor jeito que der, para tentar garantir que alguma porcaria não aconteça. É um princípio muito diferente. A primeira opção é a aceitação, e a segunda, a resistência. Quando você se compromete em ser feliz, naturalmente aceita mais, se permite e se abre a novas ideias e direções. Quando se compromete em evitar a dor e a infelicidade, você não é capaz de aceitar sua vida como ela é.

A resistência se baseia no medo, o que significa fazer escolhas baseadas no medo. Aquilo em que você foca negativamente é o que mais cria. Se seu foco é inconsciente, ele é ainda mais poderoso. Qualquer coisa mantida em segredo, seja algo emocionante ou prejudicial, borbulha com energia dentro de você e tem mais poder do que o que está exposto. E se alguém descobrir? Isso o corrói por dentro, o impede de dormir, drena a sua força vital. E exige mais energia, porque, ao esconder as coisas debaixo do tapete, você precisa dedicar seus recursos internos a manter tudo isso reprimido.

Pense novamente na jornada do passado e do futuro. No momento em que a mente entra em resistência, começamos a pensar em termo de *deveria, seria, poderia*. Por que você quer fechar a porta e deixar lá fora o que quer que esteja do outro lado? É por causa de uma expectativa negativa do futuro, baseada em algo que aconteceu no passado. Há medo porque você projeta essas experiências antigas no presente e no futuro. Você foi ferido, rejeitado, desapontado no passado, então usa toda a sua energia para empurrar a porta e garantir que isso não aconteça novamente. *Não deu certo para minha mãe, não deu certo para meus negócios, meu último relacionamento não deu certo, eu acho que sou bem o tipo de pessoa para quem as coisas não dão certo.* Esse tipo de pensamento é um agravamento do córtex frontal: é o intelecto usando seu poder contra si mesmo. Em todos os níveis, estamos assim esgotando o nosso sistema. O intelecto pensa demais e o banco de memória entra no modo de defesa para tentar nos proteger de dores futuras. O cérebro límbico começa a alimentar memórias negativas que chegam ao córtex frontal, o que alimenta a resistência ainda mais. Mais pensamentos são gerados. A clareza de espírito é diluída, a confiança é abalada, as oportunidades são perdidas. É nesse ponto que voltamos novamente ao karma, nossas amarras ao passado: *você acaba atraindo exatamente o resultado que está tentando evitar.* Você recria a mesma situação do passado que o está deixando com medo.

Como você pode ver, a resistência nos dá uma surra. Isso porque sabemos intuitivamente que quem somos de verdade – nosso maior potencial e grandeza – é muito maior do que as limitações em que nos encontramos. É claro que isso dói! Estamos tentando sobreviver, preservar o que temos, evitar o desconforto e os problemas. Dizemos a nós mesmos repetidamente: "Eu não quero fazer isso nem quero que isso aconteça." Mas, como não estamos fazendo jus a quem sabemos que podemos ser, sentimos o aperto – por dentro, como um câncer lento que destrói o sistema, ou uma bateria com vazamento que está drenando toda a máquina.

O verdadeiro custo da não aceitação

A maioria das pessoas que conheço e com quem trabalho está tão presa à resistência que apenas tenta sobreviver sem deixar as coisas desmoronarem. Elas não se arriscam mais em busca do que querem. A própria noção de "ir atrás do que se quer" por si só significa abandonar a resistência, parar de se segurar e mergulhar de cabeça – ou devo dizer "de coração"? Seja líder, parceiro romântico ou nos negócios, não importa em que papel você esteja: essa resistência é o que o faz se sentir cansado, preso e impotente. É o que mantém você à margem da vida, e não na arena. Você usa isso como uma armadura para se proteger do futuro negativo que teme. Em vez de usar sua energia para se expandir e criar mais, você a está usando contra si mesmo, para se segurar. Sua força vital está sendo internalizada e usada contra você.

Feche os olhos por um momento e pense em uma situação, uma pessoa ou um lugar que você não consegue aceitar. Lembre-se dos detalhes: o rosto da pessoa, a aparência dela naquele momento, o ambiente em que você estava, como se sentiu. Agora traga sua consciência de volta para si mesmo. O que você percebe? Talvez sua frequência cardíaca tenha aumentado, a temperatura do corpo tenha subido, a respiração tenha ficado mais curta e difícil, pensamentos e emoções negativas borbulhem. Observe como a não aceitação afeta todo o sistema. Ela envia um sinal a todas as faculdades para que entrem em ação para responder ao estresse: lutar, fugir ou congelar. Não importa se a situação está acontecendo com você naquele momento ou não; sob estresse, a mente responde da mesma forma. Se você estiver sentado nas montanhas tranquilas e eu pedir que pense em algo que o está deixando estressado, você logo sentirá que está não mais nas montanhas, mas no meio de um enorme congestionamento. Todos os parâmetros de sucesso e vitalidade diminuem nesses momentos. E carregamos esse estado para o próximo momento e para o que vem depois. Começamos a sentir que não estamos mais vivendo de verdade.

Pode demorar para você entender o custo disso. Nem sempre é algo imediato ou perceptível no momento, mas se acumula ao longo do tempo. Você não para de respirar, fica tenso, esquece e segue com a sua vida. Se não resolver a tensão em seu corpo, isso cria outro arquivo aberto na sua mente. Se eu o fizer se lembrar de alguém ou algo doloroso e depois mudar de assunto, essa memória e o sentimento que ela provoca não desaparecem. São como uma aba do navegador aberta.

Nós achamos que a não aceitação é mais fácil do que a aceitação, mas isso é apenas porque nunca nos demos conta do preço que pagamos com a nossa própria vida. Não estou dizendo para você aceitar ou não as circunstâncias da sua vida. Estou apenas dizendo para você fazer o que é mais fácil.

Eu sou uma pragmática de coração. Não quero que você simplesmente siga um princípio filosófico antigo porque sim. Quero que você faça o que é mais fácil para a sua vida. E o que é mais fácil, aceitação ou resistência?

Vamos olhar para o outro lado agora. Se você estivesse agindo em relação a essa pessoa ou situação com *aceitação*, como seria a sua vida? Não estou perguntando como seria a situação ou a vida da outra pessoa, mas a *sua vida*. Digamos que você precise ficar duas horas no ônibus para ir trabalhar todos os dias. Mudar-se não é uma opção por causa de seus filhos ou porque você não tem como pagar. Todos os dias, duas vezes por dia, você age com resistência em relação ao seu deslocamento. Mas se você estivesse agindo a partir de um lugar de aceitação, pararia de reclamar todos os dias do trânsito. Você aproveitaria a oportunidade para passar algum tempo sozinho ou talvez encontrasse um novo podcast legal para ouvir. Ou talvez fosse além e teria uma conversa difícil consigo mesmo perguntando se está na hora de procurar um novo emprego. Às vezes, aceitação significa encarar a realidade e, finalmente, fazer as mudanças que você está evitando com todas as suas histórias e desculpas.

Eu sou uma pragmática de coração. Não quero que você simplesmente siga um princípio filosófico antigo porque sim. Quero que você faça o que é mais fácil para a sua vida. E o que é mais fácil, aceitação ou resistência? À primeira vista, parece que a não aceitação é a mais fácil. Não queremos aceitar algo que seja menos do que perfeito; nós queremos mudar as coisas! Queremos nos livrar do problema, consertá-lo, torná-lo melhor! Ou apenas não queremos lidar com ele.

Podemos pensar que aceitar significa ser passivo, desistir. Mas não é disso que estou falando. Aceitar não é desistir. Não é resignação nem fraqueza. Uma mente em aceitação tem a ver com ação. É a resistência que é passiva. Quando resistimos, a mente até pode estar ativa, mas o corpo é passivo – ou seja, sua mente analisa, se esforça, luta, mas você não faz nada a respeito da situação, talvez porque não tenha energia. Mude esse princípio! Torne-se consciente. Mantenha a mente relaxada, receptiva e o corpo dinâmico. Com a mente em aceitação, a força da vida aumenta, o corpo fica à vontade e podemos agir a partir de um lugar de maior consciência, com muito mais chances de sucesso.

Aceitação não significa ficar imóvel levando pancadas, mas acabar com a guerra interior contra a realidade que você vem travando a vida inteira. Erga a bandeira branca, entregue-se ao "inimigo" e aceite a vida que está à sua frente. Agora você está pronto para se levantar e arrasar!

O poder da aceitação ativa

Há muita confusão em torno da palavra *aceitação*. Nós realmente não entendemos o que ela significa. Será que a palavra em si já faz você se sentir um pouco entediado? A sua mente começa a devanear assim que eu a menciono? Você decide que esta é uma boa hora para se distrair? Perceba essas reações. Elas vêm de um equívoco comum sobre o que a palavra *aceitação* realmente significa e o poder que ela tem.

Aceitação é uma das palavras mais antigas e mais importantes faladas pelos mestres antigos em muitas tradições, inclusive os gregos. Sócrates falou sobre aceitação. Todos os mestres antigos concordaram: a resistência é um sinal de fraqueza e a aceitação é um dos maiores pontos fortes do homem. Quando você se entrega e aceita, aproveita a oportunidade para se elevar acima dos desafios.

Tendemos a pensar que a aceitação é para quem se deixa fazer de capacho, para os preguiçosos e desmotivados. Para aqueles sujeitos espiritualizados que se sentam e falam sobre paz e amor, mas na verdade não fazem nada para mudar o mundo. Líderes não aceitam; eles lutam. Certo? Pessoas bem-sucedidas não aceitam a vida como ela é; elas dobram e moldam a realidade para se adequar à sua vontade! Isso é o que nos ensinaram. Tudo isso é verdade, mas apenas na medida em que a "luta" não está na mente. O que não percebemos é que a "luta" exterior e a criação que realizamos a partir de uma postura interior de aceitação são *infinitamente* mais poderosas do que a árdua batalha que travamos a partir de um lugar de resistência interior. Podemos optar por usar nosso tempo e nossa energia para travar uma batalha impossível *contra* o que é ou podemos reunir nossos recursos para *responder* ao que é. A aceitação é muito mais poderosa porque exige uma postura completamente estabelecida no momento presente, com uma qualidade de sinceridade, abertura e franqueza. Isso nos torna um canal amplo e aberto, elevando os níveis da força vital às alturas. Na aceitação, você se torna infinitamente mais poderoso.

Aceitar não significa deixar as pessoas fazerem o que quiserem, sem consequências. Não se trata de ser um mero espectador e não fazer nada diante da injustiça ou do sofrimento. Estamos falando de estar com a mente centrada para podermos tomar uma atitude e agir a partir de uma perspectiva clara e objetiva em relação à realidade das coisas. Quando você alcançar isso, terá energia, clareza e acesso à inteligência inata que o ajudará a tomar a decisão certa sobre o que fazer em seguida. A voz que diz *Eu odeio isso, eu não gosto disso, não deveria ser assim* tem muita carga emocional e consome tanta energia mental que não lhe resta o suficiente para realizar ações significativas. Na aceitação, essa voz fica em silêncio. Em vez de ficar preso em ciclos intermináveis de pensamento, você simplesmente age como o momento presente exige.

É muito mais poderoso criar mudanças a partir dessa postura. Isso me lembra de uma mãe com quem trabalhei, que perdera o filho num tiroteio em uma escola há alguns anos. Hoje, toda a sua vontade, sua força vital, está concentrada no objetivo de acabar com a violência armada e garantir que nenhum pai ou mãe sofra o mesmo que ela sofreu. Ela se tornou ativa e começou a trabalhar advogando por uma nova legislação, por conscientização, grupos de apoio e uma reforma cultural mais ampla. Ela está realizando ações dinâmicas em direção à mudança. Antes que ela pudesse chegar a esse ponto, teve que passar pelo próprio processo de luto e aceitar que havia perdido um filho. Ela precisou aceitar o fato de que seu filho se fora. Agora, na medida em que se concentra na magnitude esmagadora dessa perda e tira daí sua motivação, ela se torna capaz de criar mudanças. Caso contrário, suas ações não seriam nada mais do que confusão emocional e reatividade. Não estou dizendo que a emoção não deveria existir. Entendo e me compadeço da dor dela. É uma perda maior do que qualquer um pode imaginar. Mas, para usar o poder dessa emoção e essa energia em direção a algo construtivo, ela precisou aceitar que o filho sofreu uma morte violenta e injusta. Ela não poderia ter se tornado uma defensora eficaz dos outros se não tivesse encontrado essa aceitação. Também conheci um pai que perdeu um filho na mesma situação e até hoje, anos depois, se questiona se as coisas poderiam ter sido diferentes. Esse pai não é capaz de lutar de maneira construtiva, pois está apenas lutando contra as coisas como elas são.

Quando lhe digo para aceitar, não estou dizendo para não lutar. Por favor, lute por aquilo em que você acredita! A própria cultura que criou essa noção de aceitação, meditação, yoga e bondade amorosa também tem um legado de guerra. Na *Bhagavad Gita*, uma das obras mais importantes e amplamente lidas da filosofia indiana, o guerreiro Arjuna está em resistência – ele está resistindo a travar uma guerra contra os próprios familiares. O poema épico se abre à beira do campo de batalha, onde Arjuna terá que lutar contra seus primos, tios e familiares que ele tanto ama. Depois de ser guiado por seu guru à aceitação, ele segue em sua carruagem em direção à batalha contra sua própria família, para lutar pelo que é certo. Esse tipo de aceitação não é sobre paz, amor, arco-íris e cachorrinhos. Não. Para ser um guerreiro eficaz da mudança, você primeiro deve aceitar que não há opção senão lutar.

A *Gita* foi uma companheira constante e uma fonte de força para Gandhi – o maior lutador da paz – ao longo de toda a sua vida. Ele chamava esse texto de "mãe eterna". A obra se tornou não apenas uma inspiração para ele, mas um guia prático de vida e serviço. O ensinamento central da *Gita*, segundo Gandhi, era "agir sem apego": fazer o que é preciso fazer, sem nos preocuparmos com os resultados das nossas ações. Essa é apenas outra maneira de dizer "aja a partir da aceitação", seja ao levantar a bandeira branca ou ao entrar no campo de batalha.

Na guerra, um bom general estratégico é eficaz porque vê o quadro mais amplo do que está acontecendo e toma uma decisão clara, em aceitação ao que é. Ele arrisca porque está comprometido em ser "feliz" – ou seja, em alcançar um resultado positivo –, e não comprometido em evitar a "infelicidade" ou dificuldades. Aqui está um exemplo da história mais recente: na batalha de Dunquerque, na Segunda Guerra Mundial, 300 mil membros das tropas aliadas foram encurralados contra o Canal da Mancha e estavam completamente cercados. Não havia saída. Levaria meses para os barcos militares chegarem até eles, e os alemães estavam a uma distância muito curta. Muitos no governo britânico queriam se render à Alemanha para salvar as tropas. Eles estavam empenhados em evitar dificuldades, não em melhorar as coisas. O impulso de se render pode até parecer um tipo de aceitação, mas é apenas uma resignação baseada no medo, e não é disso que estamos falando aqui. Na verdadeira aceitação, há clareza para ver o quadro geral. Churchill tinha essa clareza – ele viu e aceitou a terrível situação em que suas tropas estavam e avaliou o terrível preço da rendição. Ele pensou sozinho, com total clareza e profunda percepção, e percebeu que, se enviasse 800 ou 900 barcos particulares para Dunquerque para resgatar os soldados, havia uma *chance* de que eles pudessem tirá-los de lá com segurança. Enquanto isso, ele tinha que olhar além do resto da Inglaterra, que lhe dizia: "Você precisa se render; não deixe 300 mil de nossos homens serem mortos." Churchill foi levado à ação a partir de um lugar de clara aceitação. É sobre esse estado de espírito que estamos falando. "O estado mental mais puro e claro sob pressão" é outra maneira de entender a aceitação.

Churchill escreveu em suas memórias de guerra: "Juntas, as aspirações e as boas intenções não podem superar fatos brutos... A verdade é incontestável. O pânico pode ressenti-la. A ignorância pode ridicularizá-la. A malícia pode distorcê-la. Mas aí está ela." Em outras palavras, ele está dizendo: "Não resista à verdade; enfrente-a." Quando fazemos isso, costuma surgir daí um momento "eureca" que nos diz exatamente quando e como pegar a espada e lutar. Esse é o poder da força vital em ação. Ele opera a partir de um estado de fluxo, com a energia da vida às nossas costas para apoiar e orientar nossas ações.

Para ajudá-lo a passar da resistência à aceitação em sua própria vida, seja qual for a verdade que você esteja enfrentando, aqui estão alguns exercícios simples para aumentar sua conscientização.

EXERCÍCIOS: Derrubando os muros da resistência

1. A maneira mais poderosa de passar da resistência à aceitação é através de uma busca interior. O primeiro passo é tomar consciência de quais partes de sua vida estão operando com resistência, rejeição, negação, evasão e coisas do gênero. Escreva um diário. Comece a ter uma conversa honesta consigo mesmo sobre a que você está resistindo e o que isso está lhe custando. Dê uma sacudida em si mesmo. Quando você toma consciência de sua resistência, isso abre a sua mente de forma profunda e instantânea para possibilidades e transformações maiores.

2. A resistência é geralmente uma indicação de que a sua mente estreitou sua percepção. Você está preso numa posição fixa. Pare e escreva o que você vem dizendo a si mesmo sobre a razão pela qual algo aconteceu – por exemplo, por não ter recebido uma promoção: *Meu chefe nunca gostou de mim*. Em seguida, ofereça a si mesmo outras quatro razões possíveis pelas quais você não foi promovido. Crie quatro novas possibilidades e anote-as. Elas não precisam ser reais nem verdadeiras, e você não precisa acreditar nelas. Você cria essas possibilidades para salvar sua própria mente e parar de perder energia. Considerar outras explicações sobre o porquê de as coisas estarem do jeito que estão pode ajudá-lo a parar de forçar a mente a entrar em posições fixas e a se abrir para ficar livre daquilo a que vem resistindo.

3. Tente um exercício semelhante quando sentir resistência contra algo que pode acontecer no futuro. Numa folha de papel, liste quatro resultados possíveis da situação, além daquele que você está antecipando e temendo. O que mais pode advir da situação? Imaginar outras possibilidades ajudará você a se libertar de uma posição mental fixa de esperar o pior. É assim que você pode mudar a sua intenção e fazer uma escolha mais clara na hora de dar o próximo passo.

CAPÍTULO 12

Acabando com o anseio

Se você já viu uma criança fazendo birra, sabe exatamente o que é anseio. Uma criança em meio a um ataque de chutes e gritos quer tanto alguma coisa – um brinquedo, uma casquinha de sorvete, o que seja – que é como se a mente e o corpo dela estivessem completamente consumidos por seu objeto de desejo. Crianças fazendo pirraça parecem estar possuídas! Elas vão gritar e berrar: "Nããããoo!!! Eu quero agora!! Me dá! AGORA!!" Elas não param até conseguir o que querem ou passar para outro brinquedo. As piores birras terminam com o pai ou a mãe jogando a toalha, porque já estão fartos. Ou a criança passa a querer outra coisa. De vez em quando a pirraça termina porque a criança se cansou por um momento – mas apenas por um momento. A criança estará de volta, com tudo, depois de uma soneca, para recuperar toda a energia necessária.

Ao ler isso, não se engane, pensando que você já cresceu e abandonou esse tipo de comportamento. Nós, adultos, sofremos com as crises de "me dá, me dá" tanto quanto as crianças pequenas – se não mais! Adultos fazem pirraça o tempo todo! A única diferença real é que aprendemos a não fazer birra em público ou mesmo num contexto privado, por isso parecemos ter um controle maior sobre os nossos desejos. Em vez disso, ficamos "loucos" por dentro, dando chiliques na privacidade da nossa própria mente – que pode facilmente se deixar possuir pelo desejo na busca do que queremos. Nesse estado, queimamos nossa força vital mais rapidamente do que o fogo se alastrando por uma corda cheia de óleo. Sei que a sua mente está lhe dizendo que ir atrás do que você quer com foco e objetividade é um ato de determinação, e que não há nada de errado nisso. Eu concordo com você –

mas apenas na medida em que você não venha a perder sua paz de espírito (ou o sono) por causa disso. Nesse caso, já não seria determinação, mas seu "louco" interior.

Feche os olhos por um instante e pense em algo que você deseja muito, demais – algo de que sua felicidade ou mesmo seu mínimo bem-estar depende. Pode ser uma casa, um emprego, um corpo ideal, a realização de uma meta ou um sonho, um companheiro ou uma companheira. Se não há nada que você almeje tanto agora, pense num momento no passado em que você tenha querido tanto algo que chegava a doer, em que o desejo tenha se tornado mais poderoso que você. O que aconteceu com a sua mente nessa ocasião? Ela ficou de tal forma focada no objeto de desejo que excluiu todo o restante, não foi? Quando a mente está tomada pelo anseio, toda a nossa atenção e toda a nossa energia estão indo para o *Eu quero, eu quero, eu quero. O que eu quero? AQUILO. Quando eu quero? AGORA MESMO!* As emoções e os pensamentos se intensificam, a clareza e o julgamento coerente se perdem. Costumamos dizer que ficamos "cegos" de desejo porque o anseio nos torna incapazes de ver ou focar qualquer outra coisa que não seja o nosso objeto de desejo. Há uma perda total de perspectiva. Nada mais importa!

Esse estado mental tem um efeito profundo na sua saúde, nos seus relacionamentos, na sua carreira, na sua felicidade – enfim, em todos os aspectos da sua vida. Se você prestar atenção ao que está acontecendo fisicamente durante o anseio, poderá inicialmente perceber sensações semelhantes às da resistência: aperto no peito, respiração curta, tensão nos músculos. É o corpo em um estado de não aceitação. Você não pode aceitar o fato de não ter o que deseja, e todo o seu corpo se contrai em protesto. Mas há algo mais acontecendo. Se você continuar explorando a experiência interior de anseio, começará a perceber uma forte sensação de calor subindo – o calor do desejo.

Adultos fazem pirraça o tempo todo! A única diferença real é que aprendemos a não fazer birra em público ou mesmo num contexto privado.

Em termos físicos, emocionais, mentais e energéticos, o que o desejo faz é criar calor. Quando o desejo é especialmente forte, dizemos que é *febril* porque a temperatura de todo o sistema literalmente sobe. Os fluidos do corpo, todos os nervos, artérias e canais de energia começam a ferver. Isso nos leva ao *esgotamento*. Pense no que acontece quando você aquece coisas elásticas, como borracha – ou, nesse caso, artérias e canais de energia. Eles ficam frouxos. A energia começa a vazar. No anseio, o que você faz é derreter e queimar sua própria força vital. Você perde energia vital e rapidamente perde o vigor, a resistência e a resiliência necessários para ir atrás do que deseja. Você fica frouxo! Acho que você não precisa que eu lhe diga que esse não é o estado mais dinâmico na vida.

Falamos sobre a resistência como um câncer lento que nos deixa letárgicos e nos drena ao longo do tempo. O anseio, por outro lado, é um fogo de palha que se alastra como um incêndio em todo o sistema. Enormes quantidades de energia são gastas tanto para alimentar esse fogo quanto para esfriar o sistema, para que ele não ferva. Pessoas altamente ambiciosas (inclusive eu!) correm um alto risco de ficar esgotadas porque, como vimos, a ambição – que nada mais é do que o desejo de atingir os próprios objetivos – facilmente se transforma em anseio. A energia da ambição pode nos alimentar e motivar a curto prazo, mas, se não a equilibrarmos com descanso e certa dose de alívio, acabamos ficando sem combustível já na metade da corrida. É uma energia de queima rápida que pode nos fornecer força para uma corrida curta, mas não é o ideal para correr uma maratona.

A vida não é um tiro de 100 metros. Sua carreira, sua família, seus objetivos mais importantes não são um tiro de 100 metros. Realizar algo significativo equivale a uma maratona, e exige um nível de energia estável e contínuo que se mantenha ao longo do tempo. Isso requer resistência e resiliência – que são expressões da força da vida. A capacidade de suportar e perseverar vem da força vital estável, não da energia de uma chaleira fervendo.

No nível mental, o anseio cria algo como uma visão em túnel. Ele mantém sua atenção focada em uma meta fixa e uma maneira única de chegar lá. O anseio o impede de ver qualquer outro objetivo ou maneira de fazer as coisas e liga você não apenas ao resultado que está buscando, mas também à forma de chegar lá. Você fica tão focado no caminho que decidiu ser o certo que não se abre a alternativas. Quando algo interfere no seu caminho, o sistema entra em modo de ataque. Você começa então a reagir exageradamente aos contratempos porque não sabe como redirecionar seu foco. Para alcançar o sucesso na buscar do que deseja, você precisa permanecer aberto, porque há diferentes maneiras de se chegar a Roma. Mas a mente presa no desejo não quer encontrar uma forma diferente de fazer as coisas. Ela diz: *Eu sei o que eu quero e sei o que preciso fazer para conseguir. Agora saia do meu caminho!*

Desapegando-se do objetivo

No nível quântico – no nível do que criamos e atraímos neste campo ilimitado de possibilidades chamado "vida" –, a energia do anseio bloqueia o fluxo da vida e da abundância. A vida não pode compartilhar suas riquezas com você, como naturalmente faz, se você insistir em se agarrar exageradamente ao que quer e ignorar todo o resto. Você já percebeu que quando está muito desesperado para algo dar certo, geralmente não dá? É uma peça que a vida nos prega: quando estamos vidrados no que queremos que aconteça, isso frequentemente nos é negado. Mas no momento em que dizemos: *Dane-se, eu nem me importo mais. Isso pode acontecer ou não. Eu só quero relaxar e aproveitar a vida* – é quando a coisa acontece. É a mulher que finalmente deixa de lado sua necessidade de encontrar um parceiro romântico e decide abraçar a vida sozinha, e de repente esbarra no amor de sua vida num café, um mês depois. É o casal que não consegue pensar em nada além de começar uma família, mas não consegue conceber há anos. E no momento em que se desapega do objetivo e decide simplesmente desfrutar de uma família a dois – quando diz *Ele virá quando for a hora certa* –, o teste de gravidez dá positivo.

Não há nada de errado em ter uma meta, mas, para que a meta se materialize, você tem que deixar a mente até certo ponto livre do objetivo e voltar ao momento presente.

É assim que realmente funciona a tal da lei da atração. Enquanto o seu intelecto está focado no seu objeto de desejo, as camadas mais profundas e muito mais poderosas do iceberg estão se concentrando na falta dele. Suas emoções, sua memória, sua mente subconsciente e suas crenças estão todas repetindo: *Não está aqui. Eu não posso ter o que quero. Eu nunca vou conseguir.*

E, como sabemos, a parte submersa do iceberg é muito mais poderosa que a ponta. O que está acontecendo no subconsciente é o que você está criando. Uma mentalidade de falta, mesmo que seja subconsciente, materializa mais falta. É simples assim. Enquanto isso, o universo recompensa um estado de neutralidade relaxada na hora de ir atrás do que você quer.

Eu tenho uma amiga querida que criou uma linda vida para si mesma. Ela conquistou o sucesso fazendo o que ama, vive com mais clientes do que consegue lidar e mora num lindo apartamento em Manhattan. Ela tem uma vida social ativa, muitos bons amigos e é próxima de sua família. Mas sua mente está focada apenas na única coisa que ela não tem: um relacionamento. Ela está em todos os aplicativos de namoro e, por anos, tem ido a dois ou três primeiros encontros toda semana, sem falta. Seu desejo de encontrar o amor é tão intenso que a experiência de conhecer pessoas ficou obscurecida pela sua própria ansiedade. Nesse processo, ela acaba bloqueando exatamente o resultado que deseja. Sua mente está tão obcecada com o objetivo de se casar que não se dá a chance de realmente ver e conhecer as pessoas com quem ela sai. A cada primeiro encontro ela imediatamente avalia o homem com um olhar na direção do seu objetivo final. Não é nenhum mistério para mim que ainda não tenha encontrado alguém! Agora, eu não estou dizendo que ela não deveria ir atrás do que quer, mas é claro que seu anseio está atrapalhando seu objetivo. Com a mente presa no desejo, sua autenticidade e sua espontaneidade desaparecem. Se ela pudesse deixar de lado o objetivo e confiar em que o que ela deseja virá com o tempo, estaria mais aberta e à vontade. Ficaria menos na defensiva e seria mais capaz de se divertir e conhecer pessoas de uma forma natural. E se houvesse algo que pudesse fazer de maneira diferente para aumentar suas chances de sucesso, ela teria clareza e agilidade mental para descobrir como mudar sua abordagem.

Mais uma vez: o que o anseio faz é estreitar a sua visão. Você perde a noção do quadro mais amplo. Você deixa de confiar e começa a tentar controlar tudo. Você para de fluir e começa a forçar a barra. Assim perde vida, desperdiça energia, e os resultados são piores. Não há nada de errado em ter uma meta, mas, para que a meta se materialize, você tem que deixar a mente até certo ponto livre do objetivo e voltar ao momento presente. Você precisa sair do futuro que deseja e agir a partir do que está aqui agora. Você precisa mobilizar todo o seu sumo, sua energia, seu intelecto, suas habilidades e seus talentos para avançar em direção ao objetivo com graça e flexibilidade.

Quando o desejo é demais?

O desejo pode ser uma força saudável e positiva na vida. Mas como saber se o desejo saudável se transformou em anseio destrutivo? Basta observar se a meta se tornou maior que você. Foi o que aconteceu com a minha amiga: encontrar um marido se tornou maior que a felicidade dela, a autoestima, a capacidade de aproveitar a vida e sua paz de espírito. Na opinião dela, era algo mais importante até que sua capacidade de apreciar a vida que ela trabalhara tanto para criar.

Você também pode verificar se a ambição saudável virou anseio vendo se você dorme bem ou não, como está a qualidade de suas interações com as pessoas em sua vida e como você vem cuidando de si e de outros aspectos importantes de sua vida. Você consegue saber, sentir, mas pode escolher ignorar os sinais. O principal sinal de que o seu desejo alcançou o alerta vermelho é a qualidade febril de que falamos. Pense sobre o que é a febre: "Uma temperatura corporal anormalmente alta, geralmente acompanhada de tremores, dores de cabeça e, em casos graves, delírio." Aí está. O anseio é um estado de delírio no qual você começa a perder o controle de tudo – de si mesmo, da sua saúde, dos seus amigos, da sua família, do seu bem-estar – porque ficou dominado demais pelo desejo. Sua mente se enche de emoções quentes: aborrecimento, frustração, raiva, agitação, hostilidade. Você não descansará até conseguir o que quer.

A voz dizendo que "não é suficiente"

O desejo nos mantém correndo na esteira hedônica, sempre insatisfeitos com o que temos. É a voz dizendo sempre que "não é suficiente". A ironia cruel é que, mesmo quando conseguimos o que queremos, quando finalmente alcançamos os nossos sonhos, não ficamos felizes. Ainda não é suficiente. Olhe para alguém como Steve Jobs. Ele era um homem com muita ambição e a usou para criar algumas das maiores inovações das últimas décadas. Mas sua ambição também tirou o melhor dele. Segundo as pessoas mais próximas, Jobs não era uma pessoa muito feliz. Quem o conheceu diz que ele nunca parava para apreciar suas realizações e se dar um tapinha nas costas. Após o lançamento de um produto, ele voltava ao trabalho às seis horas da manhã seguinte, como se nada tivesse acontecido. Nada do que ele conseguia era suficiente: transformar a Apple em uma empresa multibilionária, o Mac, o iPhone... Pela força de sua ambição, ele se esgotou, esgotou as pessoas ao seu redor e, finalmente, seu sistema entrou em colapso e ele ficou doente. É assim que o sucesso lhe parece? Observe que não estou sugerindo que as pessoas parem de trabalhar duro ou inovar. Estou apenas dizendo que a mente não precisa ficar esgotada em função disso.

Quando você consegue manter uma perspectiva mais ampla, o desejo é uma força positiva que o impulsiona. Você quer que a sua empresa seja bem-sucedida, mas isso não domina a sua mente a ponto de deixar todas as outras necessidades, espirações e demandas da vida em segundo plano. Com um desejo saudável, você ainda consegue ver claramente o quadro geral. Consegue pensar com clareza, consegue experimentar diferentes maneiras de alcançar seu objetivo sem ficar preso a nada especificamente. Se não der certo, você cria um novo objetivo e sonha um novo sonho. Você encontra outras estradas para Roma.

Quando o desejo é saudável, você permanece cheio de vida, independentemente de alcançar o objetivo ou não. Você tem mais resistência e facilidade em ir atrás da sua meta, porque a sua felicidade e a sua autoestima não estão subordinadas a ela. Você gostaria que seu negócio fosse um sucesso, mas, se não for, é vida que segue. Sri Sri costuma dizer que se a sua autoestima, a noção de *quem você é* se tornar menor do que seu objetivo, você saberá que está preso ao anseio. Se o sucesso da sua startup for um objetivo desproporcional, o valor do seu negócio se tornará maior que o seu valor próprio. Assim o objetivo se torna maior que você! Você perde seu próprio poder e seu valor. Você esquece que é muito maior do que qualquer coisa que realiza. Se o objetivo fosse realmente maior que você, você não seria capaz de alcançá-lo, certo? Quando você mantém a consciência de seu próprio poder, de sua própria majestade e de seu próprio potencial à medida que prossegue na busca dos seus objetivos, uma quantidade enorme de vitalidade e de atração se abre e se torna disponível para você.

Com um desejo saudável, você ainda consegue ver claramente o quadro geral. Consegue pensar com clareza, consegue experimentar diferentes maneiras de alcançar seu objetivo sem ficar preso a nada especificamente. Se não der certo, você cria um novo objetivo e sonha um novo sonho. Você encontra outras estradas para Roma.

Apagando o fogo

O primeiro passo para superar o anseio, como dissemos, é a simples tomada de consciência: *Será que estou preso ao anseio agora? A minha felicidade e a minha autoestima se tornaram dependentes desse objetivo? Será que esse objetivo se tornou maior que eu mesmo?* Quando você é capaz de ver que está agindo a partir do anseio, algo muda imediatamente. Quando consegue dizer a si mesmo "Estou desejando demais agora", uma brisa fresca de ar entra e diminui a temperatura de todo o sistema. A tensão é liberada, a respiração se acalma, os pensamentos fluem em direção à quietude e a sua visão das coisas se amplia. A fervura em seu sistema reduz drasticamente e, por fim, ele volta à temperatura ambiente. Assim que você vê e reconhece o anseio pelo que ele é, ele deixa de ser anseio. O objetivo deixa de ser maior que você.

E assim como acontece por dentro, acontece por fora. Fazer essa mudança interior levará rapidamente a mudanças exteriores em sua vida. Quando você abandona a necessidade de que tudo funcione de uma certa maneira, as coisas parecem chegar até você sem esforço. O universo apoia esse estado mental aberto e descontraído. É um estado natural de magnetismo. Assim que você é capaz de dizer "Tudo bem, tudo vai se resolver", as coisas quase que imediatamente começam a se mover. Pode ser necessário dizer isso mais de uma vez. Talvez várias vezes. Tudo depende do tamanho do anseio. Mas você descobrirá que as pessoas começam a responder. Os obstáculos começam a desaparecer. Se, em meio ao anseio, você consegue encontrar uma forma de dizer "Tudo vai dar certo no final, vou apenas relaxar", você amplia a sua visão. Você se sente instantaneamente mais leve e, nesse momento, acessa um vasto reservatório de energia!

Não se trata de uma energia mecânica, como eu já disse, mas de uma força vital amorosa e solidária. É o que nos dá a vida em um sentido mais amplo: a qualidade de conexão, alegria, amor, vibração, criatividade. É a força feminina que quer nos amparar e elevar. Quando relaxamos e confiamos em que a vida está cuidando de nós como a mãe cuida de seus filhos, essa força pode nos servir. Essa energia aumenta no sistema. Todas as artérias, todos os canais de energia, músculos, órgãos e células relaxam, e a vida pode fluir novamente. Conectar-se a essa energia é tão simples quanto manter a consciência de que *Não importa se vou conseguir o que quero ou não, tudo vai dar certo*. Sei que não é fácil chegar lá e pode ser ainda mais difícil manter essa percepção. Mas é perfeitamente possível, e todos devemos começar em algum lugar.

Energia é o segredo

Tomar consciência é o primeiro passo. O seguinte é preservar uma mentalidade positiva de aceitação, mantendo altos os nossos níveis de energia. É quando retornamos à sabedoria básica no coração do vedanta: *Eleve a sua energia*. Você já sabe que, quando sua energia está alta, sua mentalidade e sua perspectiva se ampliam naturalmente. Assim como é mais provável que as crianças façam pirraça quando não dormiram à tarde, é mais provável que fiquemos presos ao anseio quando estamos cansados. Quando começar a se perder na busca de um objetivo, volte à sua respiração. Volte à meditação. Dê um passeio na natureza. Tenha uma boa noite de sono. Se você não tira férias há um ano, viaje por uns dias. O objetivo voltará rapidamente a se encaixar numa perspectiva mais ampla.

Quando uma amiga me procurou em total desespero por causa de um coração partido, eu lhe ensinei algumas técnicas de respiração e meditação para que ela as praticasse todos os dias. Após alguns dias, quando sua energia voltou a um nível saudável, sua perspectiva mudou. Ela começou a se sentir mais leve, mais confiante e mais relaxada, e isso literalmente transformou o seu rosto. Ela ficou com outra aparência. A tensão em sua mandíbula relaxou e ela começou a ir atrás de seus objetivos um pouco mais centrada.

Observe como as duas mentalidades que discutimos se reforçam mutuamente: o anseio reforça a resistência e vice-versa. Quando você deseja algo em exagero, isso é o mesmo que resistir à realidade que está diante de você agora. E quando age a partir da resistência, está ansiando por algo "melhor" do que o que está à sua frente agora. De qualquer forma, o resultado é o mesmo: você perde vida e energia e, mesmo que consiga alcançar seu objetivo, não ficará mais feliz por isso. Mas, se temos uma força vital elevada e uma mente estabelecida na aceitação, nos elevamos acima do impulso da resistência e do anseio.

EXERCÍCIOS: Acabando com o anseio

1. Este primeiro exercício é sobre tomada de consciência. Pegue uma caneta e um diário e reserve cinco minutos para descrever o papel que o anseio tem desempenhado na sua vida. Olhe para sua vida em retrospecto e pergunte a si mesmo se o anseio alguma vez já tomou conta da sua mente. Se a resposta for sim, examine a situação e como ela o fez se sentir. Veja quais foram o custo e a recompensa envolvidos. Você ficou feliz depois de alcançar o que tanto desejava? Quanto tempo durou essa felicidade?

2. Na busca focada dos nossos objetivos, podemos facilmente perder a leveza, a alegria e a espontaneidade. Quando você se encontrar preso ao anseio, deliberadamente inclua momentos de brincadeira em seu dia ou em sua semana. Envolva-se em alguma atividade lúdica sem competição ou objetivo, seja lá o que isso signifique para você, seja brincando com seus filhos ou com seu cachorro, tendo aulas de dança ou assistindo a uma comédia. Seja o que for, dedique algum tempo para desfrutar dos prazeres simples e inocentes da vida sem ambição ou objetivo.

3. Saia do seu mundinho interior fazendo algo por outra pessoa. Faça voluntariado num abrigo de animais ou passe algum tempo conversando com pessoas numa casa de idosos. Trata-se de oferecer não seu dinheiro, mas seu tempo, seu coração e seu Ser para um propósito maior do que o objetivo ao qual você está preso.

4. Outra maneira de parar de pensar em excesso e ampliar sua perspectiva é simplesmente executar tarefas domésticas. Pare de ficar obcecado e faça algo com as mãos! Organize sua mesa, sua garagem ou seu armário. Lave seu carro. Plante algumas ervas em seu jardim – qualquer coisa que o mantenha focado numa atividade física simples.

PARTE 5

A GRANDE MENTE

CAPÍTULO 13

A mente não dividida

Todos os obstáculos mentais que discutimos até aqui se resumem a um único problema: nós nos recusamos a aceitar a vida *como ela é*. Somos incapazes de aceitar que não pode haver felicidade sem tristeza, prazer sem dor, sucesso sem fracasso, vida sem morte. Essa não aceitação básica é o desafio mais difícil que enfrentamos como seres humanos. É o que nos leva a viver, fazer e alcançar menos do que realmente somos. É isso que pega nosso potencial ilimitado e o espreme para caber numa caixa minúscula de possibilidades finitas.

A natureza da vida é a dualidade, e, se olharmos em volta, veremos que as polaridades que nos dividem internamente estão entrelaçadas no próprio tecido do mundo em que vivemos. Se você observar a estrutura básica da vida, da perspectiva macro à micro, verá que ela é sustentada por pares de opostos. No nível micro, um átomo é composto de prótons e elétrons. Ele precisa de uma carga positiva e uma negativa para existir. No nível macro, o mundo que vemos também é composto de pares de opostos: quente e frio, alto e baixo, dia e noite, claro e escuro, feliz e triste, masculino e feminino, até mesmo resistência e anseio. Tudo na vida tem o seu oposto, e essa oposição é necessária para que cada coisa tenha o seu valor. Pense bem: poderia haver calor sem frio? A resposta é sim, poderia, mas você não o chamaria de calor. Você precisa conhecer a experiência do frio para poder reconhecer o calor. Entre esses dois polos, é claro, existe um espectro de valores relativos, como fervendo, quente e morno, mas, em última análise, tudo se resume a essas polaridades.

Uma observação mais detida revela que os pares de opostos coexistem em harmonia. Imagine o filme *Star Wars* sem Darth Vader. Todo o equilíbrio do filme e seu enredo desapareceriam. Por mais estranho que pareça, o mal de

Darth Vader é necessário para o reconhecimento da bondade e da coragem de Luke Skywalker. Embora eles pareçam estar em oposição, no contexto do filme os dois se complementam. Apenas com a presença dos dois personagens o filme pode existir como um todo. O mesmo vale para os filmes de Harry Potter. Lord Voldemort é tão necessário quanto Harry e vice-versa. Se houvesse só um sem o outro, seria não apenas um filme incompleto, mas um filme completamente diferente e muito menos emocionante. Sem o complemento dos outros, os personagens perdem seu valor.

Todos os obstáculos mentais que discutimos até aqui se resumem a um único problema: nós nos recusamos a aceitar a vida como ela é.

Na vida, há saúde e doença, guerra e paz, amor e ódio, escuridão e luz, prazer e dor. Nunca chegaremos ao ponto de viver apenas um lado da moeda e eliminar o outro. Simplesmente não é possível. Sem conflito ou perturbação, não há como reconhecer a paz ou a harmonia. Quando o conflito desaparece, o mesmo ocorre com toda a noção de paz! Por quê? Porque a mente enxerga pelas lentes da relatividade e não é capaz de reconhecer nada sem seu elemento contrastante. Se nunca tivesse visto uma montanha na vida – nem mesmo numa foto – e não tivesse ideia do que é uma montanha, você não saberia que mora numa planície. Você não conseguiria reconhecer esse fato, da mesma forma que um peixe não consegue reconhecer a água porque nunca esteve fora d'água. Para o peixe, não existe *não* água. Mas no momento em que você vê a montanha pela primeira vez, o contraste lhe permite que reconheça e experimente as planícies.

O universo é assim. Tudo é apenas um movimento de energia para cima ou para baixo, de um polo ao outro. Isso é o que chamamos de *polaridade*. É a natureza dual da vida – que não pode ser e nunca será unilateral. A natureza não é assimétrica! Ela existe em perfeito equilíbrio e harmonia.

Como você aprendeu, na tradição védica as duas forças fundamentais e invisíveis do universo são *Shiva* e *Shakti*. *Shiva* é a força masculina da pura consciência, enquanto *Shakti* representa a força feminina, a energia que anima a consciência e faz com que ela se manifeste. O casamento mítico entre *Shiva* e *Shakti* representa a união de forças opostas que compõe a vida como um todo. É o Yin e o Yang, a imobilidade e a atividade, o visível e o invisível. O vedanta diz que o universo existe nessa dança de *Shiva* e *Shakti*, na forma de um ciclo interminável de nascimento, morte e renascimento.

Desafiando a gravidade

Aqui está uma pergunta a fazer a si mesmo: Com que frequência na vida você se pega lutando contra essa *realidade básica*? Quantas vezes você se encontra desejando que não houvesse conflito, infelicidade, pobreza, doença nem guerra – que só existisse paz, felicidade, saúde e compaixão? Ou que você pudesse colocar um ponto final em alguma situação ou condição preocupante da sua vida? Quantas vezes você diz a si mesmo que tudo seria ótimo se você pudesse se livrar daquela coisinha negativa?

O que nos recusamos a aceitar, o que lutamos para entender, é que a vida é feita de pares de opostos. A raiz de todos os nossos problemas é uma só: *a não aceitação da dualidade da vida*. Na medida em que não podemos aceitar essa realidade fundamental, nos deixamos levar pelo anseio e a resistência e, assim, criamos um enorme esgotamento em nossa força vital e nossa potencialidade.

A maioria das pessoas gasta uma vida inteira de esforços e energia correndo atrás de um lado só da equação e lutando contra o outro. Você quer experimentar apenas o lado positivo da vida e nunca o negativo, não é verdade? Estamos numa busca interminável da felicidade. Infelizmente, esse é um jogo perdido, a menos que sejamos capazes de abraçar a infelicidade como parte das regras. Afinal, é a luta contra a oposição que torna o jogo mais divertido.

O fato de a vida ser feita de opostos não é o problema. O problema é que a mente declarou guerra contra a dualidade. Ela saiu numa missão para ter apenas o que quer e nada do que não quer. Nós nos esforçamos para evitar a negatividade e buscar apenas experiências positivas. De alguma forma, realmente nos convencemos de que isso é possível! Eis a realidade dos fatos: não é possível e nunca será.

Não quero ser insistente, mas você precisa entender que forças opostas são inatas à nossa existência. A polaridade é o substrato do mundo visível, a base de tudo que vemos, tocamos, ouvimos e sentimos através dos nossos sentidos. São as duas forças opostas, juntas, que formam o todo. A vida como a conhecemos não pode existir sem essa dualidade. A imperfeição é parte da perfeição. E nessa verdade indelével reside a nossa liberdade para fazer, ser e prosperar.

Essas forças opostas existem desde sempre. O que *não* é inato, o que aprendemos à medida que crescemos, é lutar a favor ou contra uma dessas forças. É uma resposta aprendida e condicionada. Desde pequenos, somos ensinados a ir atrás do que vemos como o lado positivo da vida e fugir do negativo. Começa na infância, quando queremos sorvete, não legumes. À medida que envelhecemos, isso se transforma em querer sucesso e felicidade, não fracasso e dificuldades.

A Terra é redonda, a água é líquida e a gravidade nos mantém presos à terra. Esses são fatos! Eu adoraria poder voar, mas infelizmente existe algo chamado gravidade, que me mantém no chão. Essa pode ser uma realidade da qual eu não gosto, mas seria loucura andar por aí dizendo *Eu odeio a gravidade. Por que há gravidade? Eu gostaria que não houvesse gravidade. Vou tentar me livrar dela.* Que enorme desperdício de energia e inteligência!

Tentar fugir das dificuldades e dos contratempos da vida é como querer arrumar briga com a gravidade. Se alguém, em qualquer lugar, disser "Faça isso e você será feliz o tempo todo", a melhor coisa a fazer é tapar os ouvidos e ir embora. Não importa o tipo de guru, coach ou psicólogo positivo que essa pessoa afirme ser – ela estará vendo uma ilusão. A felicidade não vem de ir atrás da positividade e fugir da negatividade. Isso é se recusar a enxergar a realidade. A alternativa é escolher não lutar contra a gravidade – é a aceitação ilimitada da vida como um todo.

Mais uma vez, a aceitação de que eu estou falando não é passiva. É uma aceitação mais centrada e dinâmica a partir da qual criamos mudanças e mantemos a paz de espírito. Nós fazemos o possível para mudar o mundo e criar tudo o que queremos sem nos desesperarmos e sem autojulgamento. E viver como quando éramos crianças – totalmente livres e no momento presente.

Então, como nos distanciarmos para ficar além das pressões dos pares de opostos?

Opção 1: Consciência e aceitação

Perceba profundamente a futilidade de seus pensamentos e de sua luta contra a dualidade da vida. Isso lhe permite trazer sua consciência de volta à natureza da realidade na vida ASSIM COMO ELA É.

> *Eu adoraria poder voar, mas infelizmente existe algo chamado gravidade, que me mantém no chão. Essa pode ser uma realidade da qual eu não gosto, mas seria loucura andar por aí dizendo* Eu odeio a gravidade. *Por que há gravidade? Eu gostaria que não houvesse gravidade. Vou tentar me livrar dela.*

Quando aceitamos a realidade, já vencemos a parte mais difícil – não que isso seja algo fácil de fazer. Afinal, resistir à realidade é um hábito que carregamos por toda a vida. Para mim, a aceitação surge quando realmente examino o custo de lutar uma batalha perdida. Isso traz uma transformação imediata na maneira como penso, sinto e ajo. Minha mente e todo o meu sistema nervoso relaxam. Mais uma vez, não pense que a aceitação o torna passivo. É exatamente o oposto: você economiza energia e recursos, e os enormes benefícios disso já são conhecidos. Você traz maior clareza a qualquer situação. Você retorna ao seu centro, suas emoções se tornam positivas, sua perspectiva se alarga.

Quando aceita os opostos, você passa a viver a totalidade da vida. Você *transcende* os pares de opostos. Quando você se sente triste e aceita isso como parte da vida, o julgamento sobre a emoção em si cessa. Isso permite que a emoção passe sem deixar uma cicatriz duradoura no sistema nervoso. As emoções em si não são boas nem ruins. Elas são apenas movimentos de energia. É o julgamento sobre a emoção que cria a espiral descendente do passado e do futuro. Qualquer emoção é saudável, desde que venha e se vá. Quando aceitamos o ciclo de tristeza ou de qualquer outra emoção, ele se completa mais rapidamente, deixando-nos livres de seu impacto. De repente você é uma pessoa mais feliz, capaz de resistir aos altos e baixos. Mesmo que seja apenas a superfície do intelecto dizendo "Esta tristeza faz parte da vida", você já deu o primeiro passo, porque, nesse exato momento, pressionou o botão de pausa no fluxo dessa emoção. Aí, sim, você tem a oportunidade de usar algumas das ferramentas que discutimos ao longo do livro: mude a respiração, movimente o corpo, use um dos exercícios de meditação ou faça uma lista de custos e benefícios. Essas pausas "intelectuais" podem parecer lentas quando você está apenas começando. Isso é bom. Os resultados são graduais. A boa notícia é que eles ganham força de maneira exponencial. A cada vez que você pausa a emoção, está quebrando o ciclo de resposta condicionada na base do iceberg e reprogramando seu subconsciente.

Lembre-se de que essa força de energia dinâmica e inteligência nutre e sustenta a vida. Por favor, use-a! Ela quer apoiar sua intenção e sua atenção. Ao se mover, pausar para sair da negatividade e mergulhar na positividade, você se torna a força motriz da sua própria criação.

Opção 2: Olhe mais profundamente para o que traz satisfação e insatisfação

Se essa abordagem parecer muito difícil, tente esta: simplesmente comece a observar em sua vida diária que algo que traz satisfação em um momento pode trazer insatisfação no próximo, e vice-versa. Uma bola de sorvete traz prazer; a segunda, nem tanto; já um balde, traz dor. Um namorado ou namorada traz felicidade quando você se apaixona e infelicidade quando parte seu coração. Você se enche de alegria e emoção quando compra o carro novo pelo qual tanto ansiava, para em seguida explodir de raiva quando sai da garagem dois dias depois e alguém bate nele. Qualquer coisa que traga prazer pode trazer dor – e o oposto também é verdadeiro. Divorciar-se ou ser demitido podem trazer dificuldades imediatas, mas, em última análise, abrem caminho para a maior felicidade que você já conheceu.

O ponto é que a dor ou o prazer não são inerentes ao objeto. Eles existem na percepção da sua mente, quando ela rejeita ou se apega a alguma coisa. O ciclo da vida não é bom nem ruim. Ele é o que é! Se realmente entendêssemos isso, não resistiríamos ao que consideramos desagradável ou negativo. Nós pararíamos de nos esgotar correndo atrás do positivo e permaneceríamos centrados ao passar por altos e baixos. Isso é o que significa ser pleno.

Quando você sabe, quando *realmente entende*, que a vida é feita de dualidade, então naturalmente começa a enxergar por uma lente mais ampla. Você sabe que tudo se move em fases, então para de lutar contra os ritmos naturais e as estações da vida. Plenitude significa aceitar que teremos altos e baixos na vida. Se você abraçar o ciclo de descida e entrar nele de cabeça erguida, ele passará muito mais rápido do que se você resistir. Quando você tenta evitar a negatividade, ela não desaparece. Em vez disso, ela fica guardada nos tecidos e células do seu corpo e continua drenando sua energia.

Esta é a compreensão védica de valores opostos: em algum nível, a emoção da felicidade é uma fase. Vai passar. A tristeza também virá e irá embora. Quando tentamos evitar uma parte do ciclo e permanecer em outra é que ficamos presos. É por isso que muitas pessoas, aos 50, 60 anos, ainda se pegam dizendo que a razão pela qual a vida não saiu do jeito que queriam foi algo que suas mães fizeram quando elas tinham 7 anos. Quando você tenta evitar os ciclos de descida, em vez de atravessá-los, você apenas os estica, e isso acaba consumindo ainda mais do seu tempo, da sua energia e da sua vida.

Uma nova mente plena

Isso nos leva ao ponto central dos ensinamentos do vedanta (e do budismo): a unidade da mente. É a não dualidade (*advaita*), ou "o princípio da unidade". Estamos falando de uma mente sintetizada e integrada. Se você se lembra, é o que significa *yoga*: "unir", "unificar", "juntar em uma unidade indivisível". Um estado de yoga é a integração total e a síntese da mente. E todo o propósito das práticas de yoga é nos ajudar a alcançar a transcendência dos pares de opostos.

No vedanta, a não dualidade, ou a unidade, é o maior segredo para desvendar a nossa força vital. A esta altura, você já deve ter percebido que essa ideia de unidade e integração é realmente algo que temos discutido em todo o livro, embora tenhamos usado nomes diferentes. Outra palavra para uma mente unificada é *aceitação*, outra palavra para aceitação é *presença*, e outra palavra para presença é *fluxo*. Tudo está conectado. Estamos falando o tempo todo de uma mente no momento presente. Esta é a Grande Mente.

Em muitas tradições, monges e sábios descrevem o estado mais profundo de meditação como este tipo de integração: a mente está presente, inteira, uma com o fluxo da vida. É um estado de felicidade e amor. Pense no que acontece quando você está se apaixonando: isso coagula. A divisão se desfaz. As pessoas recém-apaixonadas experimentam uma explosão de energia, elas se sentem como se pudessem fazer qualquer coisa. Elas se sentem invencíveis. É exatamente o que acontece quando um artista "se torna um" com seu trabalho, num estado de fluxo criativo intenso, ou quando o iogue alcança o estado de "mente totalmente focada num ponto". No momento presente, a mente, o corpo, o espírito e o ambiente se unem como um só.

> *Você é um todo que é muito maior que a soma das partes. Lá fora, no mundo que você experimenta através dos seus cinco sentidos, há dualidade e separação, mas internamente a unidade é a essência de quem você é.*

A ideia de "unidade" pode soar bastante esotérica, mas também é um princípio psicológico. O que o vedanta chama de acessar a totalidade que é a nossa natureza a psicologia positiva chama de autorrealização: superar conflitos e lutas interiores para realizar o nosso potencial mais profundo como seres humanos. Abraham Maslow, o primeiro psicólogo a definir a autorrealização, descreveu-a como "uma tendência incessante para a unidade, integração ou sinergia dentro da pessoa". Essa é simplesmente uma releitura moderna da sabedoria dos *rishis*: *Unifique a sua mente para desbloquear o seu potencial.*

Tanto Maslow quanto o vedanta concordam que quanto mais dividida for a nossa mente, mais perdemos o nosso dinamismo e potencial. Uma mente dividida fica mais presa ao passado negativo e à dinâmica de resistência e anseio, fazendo com que nos afastemos da positividade e do poder que estão em nosso âmago. Começamos a viver a partir dessa caixa limitada da mente condicionada, que *não* é quem somos. É apenas a máscara que vestimos. Viver com essa mentalidade estreita significa ter menos força vital, menos vitalidade, falta de fluxo, sentir-se desconectado e separado da vida. Nossa energia e nossa potencialidade se fragmentam e se dispersam. Sentimos que, de alguma forma, "nos perdemos", e isso é porque levamos nosso centro de gravidade para longe da unidade no centro de quem somos.

Você é um todo que é muito maior que a soma das partes. Lá fora, no mundo que você experimenta através dos seus cinco sentidos, há dualidade e separação, mas internamente a unidade é a essência de quem você é. Para retornar a essa essência, estamos introduzindo uma poderosa consciência da natureza dual da vida, assim como uma mentalidade que nos permite transcendê-la. Sempre que voltamos a essa consciência, todas as camadas do iceberg, cada uma das sete faculdades do sistema, se juntam numa ação harmônica. É aqui que a nossa energia, a nossa potencialidade, opera em nível máximo.

O poder do compromisso

Para entender como uma mente dividida drena sua energia, pense nela da perspectiva da energia e da vibração: se você mantiver dois pensamentos conflitantes em sua mente, o que você acha que acontecerá? O universo apoiará ambos, mas apenas pela metade. Ele vai apoiar o resultado positivo esperado, assim como o resultado negativo que você antecipa e teme. Essa é uma receita para resultados mornos. Na vida, você tem que se comprometer 100%. Você tem que ir com tudo! Não hesite; não se segure; basta fazer uma escolha, seguir adiante e, se necessário, ajustar o rumo conforme o momento demande. Você tem que avançar em uma e apenas uma direção. Se está numa corrida, você não fica olhando para os outros 12 corredores e se perguntando se deveria imitá-los. Você simplesmente corre o mais rápido que consegue! Na vida, criamos resultados poderosos quando estamos totalmente comprometidos com o que queremos criar. Essa é a mente focada em um ponto. Você não está indo de um lado para outro; você está comprometido com o que está fazendo e centrando a mente nesse compromisso.

Quando a mente fica presa na dúvida e na incerteza, drenamos nossa energia e nosso potencial. *Será que devo fazer isso? Será que devo fazer aquilo? E se não der certo? Existe algo mais que eu deveria estar fazendo?* A mente fica paralisada diante de escolhas. Pensamos que quanto mais opções, melhor, mas isso não é verdade para a mente. Ter muitas escolhas drena a nossa força. Pense em quantas opções você tem à disposição quando entra no supermercado. Escolher entre 12 tipos diferentes de pasta de dentes não apenas leva muito tempo, como também gasta muita energia cerebral – certamente mais do que a escolha requer! É a isso que os psicólogos se referem como o "paradoxo da escolha": quanto mais opções uma pessoa tiver, mais estresse ela experimentará e menos entrará em ação.

Sempre que fica preso, sem se decidir, ou quando está fazendo alguma coisa, mas está nela apenas 50% ou 80%, você cria confusão e produz resultados pantanosos. Nos Yoga Sutras, Patañjali diz que, se você quiser se livrar dos obstáculos, *eka tattva abhyasa*: "Mantenha sua consciência em uma coisa." Faça a sua mente focar num único ponto. *Faça uma coisa só e não questione as outras opções ou possíveis problemas.* O que ele está descrevendo é o poder do compromisso. Quando você está 100% comprometido, a resistência e o anseio desaparecem porque há aceitação do todo. Quando você está prestes a lançar o negócio dos seus sonhos, você está nisso faça chuva ou faça sol. Você não evita nem nega os desafios. Você não olha para seus concorrentes e deseja ter o que eles têm. Não. Você aceita todos os altos e baixos como partes necessárias do todo maior, que é o seu verdadeiro objetivo, a sua visão. Sempre que estamos completamente comprometidos com algo na vida, experimentamos a plenitude.

O verdadeiro compromisso na jornada do casamento significa que você aceita os altos e baixos da vida a dois: para o bem ou para o mal, na saúde e na doença, na riqueza e na pobreza. Talvez com sexo ou sem sexo – putz! Melhor não irmos tão longe assim. Mas, com toda a seriedade, se você está comprometido apenas nos momentos bons, na saúde, na riqueza, esse não é um compromisso verdadeiro. Você está 50% comprometido, e é praticamente certo que o seu casamento irá fracassar. Todo o resto da vida funciona da mesma maneira. Só alcançamos nossos objetivos e descobrimos de que somos verdadeiramente capazes quando nos comprometemos com todo o nosso ser. As crianças fazem isso naturalmente: elas riem, gritam e choram com todo o seu ser; depois passam para o próximo momento com uma mente renovada. Há muito poder nesse modo de viver. O que não percebemos é que há mais força na nossa totalidade do que apenas em nossa positividade. Para sermos inteiros, precisamos perceber que a escuridão é apenas a ausência da luz.

Estar bem com o que não está bem

Como eu disse anteriormente, não acredito em autoaperfeiçoamento. É um paradoxo. Se você olha a vida por uma lente mais ampla, entende que tudo, inclusive você, é criado com essa natureza dual, portanto não há nada a consertar. Não há nada dentro de você que *não* deveria estar lá.

Esquecemos facilmente que o ser humano faz parte da natureza. Isso significa que a natureza da vida – bela, selvagem, criativa e destrutiva – se reflete em nossa própria natureza. Nós somos feitos de opostos. O fato básico a se lembrar – e não a lutar contra – é que ninguém é "perfeito" sem a imperfeição. A iluminação inclui a ignorância, mesmo que seja apenas uma gota no oceano.

Ainda assim, o intelecto gosta de categorizar, rotular e julgar tudo. Então dividimos nossas emoções, experiências e qualidades pessoais nas categorias de certo e errado, bom e ruim, positivo e negativo. *Esta parte de mim está bem, esta outra não está*. Assim assumimos a missão de consertar aquilo que não está bem e acabamos esquecendo que existe um oceano inteiro de possibilidades dentro de nós. Ficamos presos a apenas uma ou duas pequenas gotas das quais não gostamos. Quando você é capaz de ter uma perspectiva mais ampla e se aceitar como um todo, as tendências que deseja reduzir automaticamente se acalmam e se dispersam. Elas se tornam apenas mais uma gota no oceano. É o oposto do que acontece quando continuamos nos fixando na característica "negativa", que faz com que ela se torne uma ranhura cada vez mais espessa na mente. Em vez de ser uma pequena rachadura na parede, ela se torna um cânion profundo.

Como seria se relacionar consigo mesmo a partir de uma mentalidade de plenitude? Tente isso por um momento, lembrando algumas das qualidades em si mesmo das quais não gosta. O que você considera os seus maiores defeitos? Quais são as partes com as quais está sempre lutando ou que vive tentando consertar ou superar? É a sua dúvida? Sua falta de motivação? Sua solidão e seu isolamento? Seu mau humor? Suas dificuldades de relacionamento? Sua infância traumática? Lembre-se de duas ou três dessas qualidades e sente-se com elas por alguns minutos. Contemple esses aspectos de si mesmo com curiosidade e liste o valor de cada uma em sua vida. Pode levar algum tempo, mas, se você refletir por tempo suficiente, verá que as coisas que "não estão bem" em você realmente lhe foram úteis de uma maneira mais poderosa do que o impacto negativo imediato no qual você tende a se concentrar. Essa "coisa" ajudou a torná-lo mais forte, mais resiliente, mais ágil ou mais compassivo. Talvez tenha ensinado algo sobre você mesmo ou sobre a vida. Ela o levou a cometer erros e falhas que o ajudaram a mudar sua abordagem. Se você conseguir ver esse valor positivo maior no que não está bem, deixará de lutar contra suas qualidades "menores". E quando você para de negar e lutar contra elas, é muito mais fácil aprender com elas e criar um resultado positivo ainda maior. Se você é capaz de ver seus "defeitos" como algo que tem a capacidade tanto de lhe ser útil quanto de machucá-lo, então você pode continuar o trabalho de autotransformação e autoaperfeiçoamento a partir de um lugar de aceitação e compaixão, e não de julgamento, rejeição e resistência.

Pelas lentes da plenitude, podemos ver que muitas das coisas que consideramos fraquezas são, na verdade, alguns de nossos maiores pontos fortes. Talvez você sempre tenha se sentido fora de lugar, sentido que simplesmente não se encaixava. Como isso pode ter sido bom para você? Não se encaixar no rebanho costuma desafiar as pessoas a se manterem firmes em sua individualidade e a trabalharem com mais afinco para criar uma vida e uma comunidade que se ajustem à sua singularidade. O mundo teria sido privado de algumas das maiores obras de arte, literatura e música se todos esses gênios criativos estranhos tivessem tentado ser como todas as outras pessoas! Ser alguém fora de lugar pode causar dor ou se tornar combustível para a criação e a autoexpressão. Essas brilhantes mentes criativas tiveram que aprender a abraçar quem eram e encontrar um sentimento de pertencimento dentro de si mesmas. Só assim podemos entender o "não estar bem" do "não pertencer" como algo que serviu a um propósito positivo e ajudou alguém a criar um cantinho único no universo, em vez de tentar se encaixar no de outra pessoa. No final, a partir do campo da unidade e da não dualidade, há apenas pertencimento. Somos todos o mesmo em nosso âmago. Fazemos parte de uma única família: a família humana.

> *Quem se importa se existe uma coisa irritante na sua personalidade da qual você não consegue se livrar? Está tudo bem! O mundo não vai acabar. Será que você é capaz de ser gentil com essa parte de si mesmo e de tentar coexistir pacificamente com ela?*

Alargar a perspectiva através da qual você se enxerga traz a verdadeira compaixão. O budismo frequentemente fala sobre a prática da "bondade amorosa", ou *metta*. Para a maioria das pessoas que começa a realizá-la, é muito fácil direcionar amor e compaixão para os outros. No entanto, o Buda diz que o ponto de partida é a bondade amorosa em relação a si mesmo. Essa é uma tarefa muito mais difícil para a maioria das pessoas. É fácil amar suas características boas, mas não é tão fácil amar a dor, as dificuldades, o que não está bem. Aqui, novamente, a resposta é alargar a perspectiva. Lembre-se de que você faz parte da natureza tanto quanto as árvores, as nuvens, os pássaros e as abelhas. Você não apareceu no mundo do nada, todo bagunçado, enquanto todo o resto está em perfeita ordem! Você é parte de tudo que existe, uma peça importante do todo. Você precisa confiar que, na natureza, mesmo quando as grandes árvores bloqueiam a luz das árvores pequenas e dificultam o crescimento delas, há alguma simbiose acontecendo no ecossistema. Um leão na floresta mata um animal, come uma vez e depois dorme um tempão. Isso preserva a vida na floresta. Se o leão tentasse ser outra coisa senão o que naturalmente é, colocaria em risco esse frágil equilíbrio.

O que não está bem existe em você por causa de algo que está bem; por causa do negativo, o seu lado positivo é potencializado. Suas dificuldades trazem algo mais importante para a sua vida. Se você tiver essa atitude, verá as suas qualidades positivas florescerem. Você passará pela negatividade mais suavemente e aprenderá mais rapidamente as lições que ela lhe ensina. Você evoluirá naturalmente, apoiado e impulsionado por suas qualidades mais difíceis. Mas isso não pode acontecer se você finge que suas qualidades difíceis não existem ou fica constantemente dizendo a si mesmo: *Não está tudo bem, não está tudo bem, não está tudo bem.*

Frequentemente, alunos vêm a mim e dizem: "Existe essa coisa terrível em mim, e eu não consigo mudar isso. Passei 10 anos meditando e fazendo terapia, e nada ajuda." Minha resposta é sempre: "E daí?" E daí se você tem esse mau hábito ou essa qualidade negativa? Quem se importa se existe uma coisa irritante na sua personalidade da qual você não consegue se livrar? Está tudo bem! O mundo não vai acabar. Será que você é capaz de ser gentil com essa parte de si mesmo e de tentar coexistir pacificamente com ela? Em vez de tentar mudá-la, você pode concordar em viver com ela? Está tudo bem! Aposto que não é tão ruim quanto você imagina. Olhe para todo o universo com algum distanciamento. Se esse é o seu maior problema, você está indo muito bem. Na verdade, você está ótimo. Apenas deixe isso aí e não se preocupe tanto. Saiba que isso faz parte do seu karma: isso traz uma lição ou um ensinamento. Sempre existe um plano maior em jogo, mesmo que você não seja capaz de vê-lo.

A mente precisa se expandir para ser sustentada, nutrida e exaltada pela força dual da vida que chamamos de *Shiva* e *Shakti*. Ficar preso a repetições de "Meu Deus, eu não consigo consertar isso em mim mesmo", ou "Eu nunca consigo fazer isso direito", ou "Eu gostaria de poder ser assim" é a mentalidade mais rígida e limitada que existe. Saiba com todo o seu coração que é a rachadura que permite a passagem da luz. Pare de se apegar tão firmemente às suas dificuldades! Abrace o todo o seu Ser bonito e bagunçado em sua plenitude.

CAPÍTULO 14

Está tudo conectado

Nós fizemos um círculo completo e voltamos para a pergunta que iniciou toda esta jornada: *Quem sou eu?* Essa foi a pergunta que me levou, passo a passo, da minha identidade cultural ao centro do meu ser. *Quem sou eu no meu âmago? O que me faz ser "eu" em minha essência? O que eu tenho em comum com tudo o que existe, com este mundo em que vivo, se é que tenho alguma coisa?* Essas não são questões vazias para filosofar. Eu as uso até hoje como um meio prático de acessar a maior potencialidade de quem eu posso ser. É uma maneira de explorar minha cosmologia maior e o seu impacto na minha vida diária.

Se quisermos entender quem somos, é importante voltar ao início – voltar a quando fomos criados. A ciência e o vedanta investigaram profundamente a questão de como o universo foi criado e como ele evolui. Embora usem linguagens diferentes, chegaram a hipóteses surpreendentemente semelhantes. Por enquanto, usaremos o vocabulário científico mais familiar para nós. O que a ciência nos diz é que 13,7 bilhões de anos atrás, a erupção de energia do Big Bang explodiu, criando o universo como o conhecemos. O tempo e o espaço surgiram aí e, então, quando o universo tinha apenas três minutos, a explosão esfriou o suficiente para que as primeiras partículas de vida e matéria começassem a se formar.

Essas partículas eram conhecidas como átomos, os elementos constitutivos básicos de toda matéria e da vida. Em grego, átomo significa "indivisível", porque se acreditava que os átomos eram as menores unidades da matéria. Hoje sabemos que, se você quebrar um átomo, descobrirá que ele é composto de unidades ainda menores. Um átomo é criado com três tipos diferentes de partículas subatômicas que se mantêm unidas por atração magnética. O centro do átomo, o núcleo, é constituído por uma mistura de *prótons* (partículas com carga elétrica positiva) e *nêutrons* (partículas sem carga elétrica). Circulando pela periferia do átomo, ligadas ao núcleo por atração eletromagnética, existem partículas carregadas negativamente chamadas *elétrons*. O que sabemos hoje é que, em todos os átomos, o núcleo tem uma carga positiva e a carga negativa circula em torno dele.

A vida continuou a evoluir e, a partir dessas partículas básicas, surgiram organismos cada vez mais complexos. Os átomos formaram grupos chamados moléculas e das moléculas surgiram organismos unicelulares e organismos multicelulares. A partir daí, as bactérias, as plantas e a vida animal se desenvolveram. Os animais continuaram a evoluir em inteligência, chegando a criaturas como golfinhos, primatas e, finalmente, os humanos.

Tanto a ciência quanto as tradições espirituais observaram que a vida está sempre evoluindo. Crescimento e mudança são a natureza de toda a vida. Nos seres humanos, essa evolução continua. Encontramos indivíduos que, em alguns aspectos, são mais evoluídos, alertas e conscientes, como Nikola Tesla, Albert Einstein, Gandhi, Madre Teresa, Nelson Mandela, Dalai Lama ou Sri Sri. Poderíamos dizer que essas almas operam muito além da norma humana. Mas veja quanto a humanidade mudou desde a Idade da Pedra até a era digital. Estamos evoluindo para nos tornarmos o sábio, o mestre, o *rishi*, o Buda iluminado, o ser autorrealizado. Não precisamos nos preocupar em nos iluminarmos agora mesmo, mas estamos interessados em explorar o âmago de quem somos para nos tornarmos seres mais vivos, mais dinâmicos e mais poderosos, para sermos a versão mais evoluída de nós mesmos.

Quem sou eu no meu *âmago*? O que me faz ser "eu" em minha essência? O que eu tenho em comum com tudo o que existe, com este mundo em que vivo, se é que tenho alguma coisa?
Essas não são questões vazias para filosofar.

Por que olhamos para o passado, até a criação? Porque, não importa quão complexos e altamente conscientes os seres humanos se tornem, ainda podemos rastrear nossa evolução até aqueles primeiros átomos. Esses átomos minúsculos e você foram criados a partir da mesma fonte de energia. De fato, o que você chama de "eu" é apenas uma coleção de um número inimaginavelmente grande de átomos cheios de energia. Cem trilhões desses átomos precisam se unir para formar uma única célula do seu corpo, e existem mais de *37 trilhões* de células no corpo humano – faça as contas!

O seu centro

Isso tudo importa porque você, como toda a estrutura complexa, é um reflexo de suas partes individuais. Você é o que chamamos de *macrocosmo*, que é uma teoria científica que remonta à Grécia antiga e à Índia antiga. Isso significa que, em algum nível, a sua estrutura como um todo é igual à de seus menores elementos constituintes. Preste atenção: um átomo é feito de energia. Você é feito de trilhões e trilhões de átomos. Isso significa que você é energia. Os gregos e os indianos também disseram que isso é uma via de mão dupla: o micro é um reflexo do macro, ou seja, a estrutura do mundo subatômico reflete a estrutura de um ser humano, que reflete a estrutura de todo o cosmos.

Você pode aprender muito sobre quem você é, como um todo, analisando de que você é composto, no nível mais minúsculo. O que você chama de "eu" compartilha a mesma estrutura básica dos átomos que se juntam para formar as células que compõem seus tecidos e órgãos e que, por sua vez, compõem todo o seu corpo, sua mente, seu intelecto, sua memória e seu espírito. E isso significa – como vimos dizendo o tempo todo – que quem você é, no seu âmago, assim como o próton do átomo, é uma carga energética positiva. É uma força de atração, não de aversão. É um tipo de magnetismo que nos ajuda a criar, atrair e manifestar o que queremos na vida.

Vamos aprofundar essa ideia um pouco mais. A energia que criou o Big Bang, de acordo com o vedanta, já estava presente em estado ativo numa espécie de bolha. Esse estado ativo criou pressão na bolha e a fez explodir. O Big Bang não criou a energia – ela sempre foi. Após a explosão, algo dentro dessa energia criou matéria e vida, de partículas subatômicas a bactérias, a você e a mim. A questão é: *O que havia nessa energia que permitiu que essa criação acontecesse?* Como tudo isso aconteceu? De onde veio a energia da bolha, para começo de conversa? De onde veio o primeiro sinal de vida?

Eu não tenho a resposta. Nem os cientistas. No entanto, por milhares de anos, místicos em todo o mundo disseram que essa energia que explodiu para criar todas as coisas não era uma força fria, mecânica e aleatória. Eles a descreveram como um campo dinâmico e pulsante, cheio de inteligência e da força da própria vida. Além disso, os *rishis* dizem que a qualidade desse campo de força é criativa, estimulante, transformadora e sempre a favor da vida. É uma substância chamada amor; não a emoção do amor, mas o princípio do amor em si mesmo.

Essa energia criou os átomos que compõem tudo que você é. Você não é apenas um composto de átomos. Seus átomos e você são feitos desse campo de energia e inteligência. Podemos chamá-lo de "energia da fonte". Esse poder é um campo de todas as possibilidades. Tudo no cosmos veio disso. É um campo de amor e vida em pleno dinamismo, expressando a si mesmo e sua inteligência como VOCÊ, através de VOCÊ. Essa energia criou tudo a partir de si mesma; portanto, tudo que é criado tem a mesma potencialidade a partir da qual tudo foi criado. Essa energia é o criador, a criação e criatividade em si. Você é composto dessa mesma substância, da mesma potencialidade e da mesma força. Você é a fonte dessa energia linda e gloriosa. Dentro de você estão a fonte da criatividade e a capacidade de criar. Em alto e bom som, você é o criador, ou pelo menos o cocriador, da sua própria vida.

Como discutimos, essa energia da fonte é claramente evidente num bebê. As crianças estão cheias de energia e dinamismo, palpitando de alegria, amor e emoção por todos os poros de seu ser. As crianças são compostas de mais energia e amor do que de matéria. Elas têm uma quantidade infinita de energia e consciência inata. Essa é a natureza delas; é a sua natureza também. Você nasceu com ela. Ela nunca vai abandoná-lo. Os acontecimentos da vida a encobrem, como nuvens na frente do sol. Para algumas pessoas, eles são tão densos, tão traumáticos, que são mais como um furacão. Pode levar algum tempo para o sol passar através dele. Mas ele sempre passa.

Voltando à composição energética de um átomo, lembre-se de que a positividade é o seu centro. É a sua essência, sua natureza, seu âmago, seu núcleo. E você já sabe quanta energia um átomo pode ter – pense na bomba atômica. Esse é o poder em seu âmago. Os elétrons que circundam o núcleo são a *periferia* de quem você é. Essa carga negativa faz parte do todo, mas não está no centro. Quando mantemos nossa atenção focada na negatividade, ela cresce. Como temos o potencial de criar tudo em que colocamos nossa atenção e energia, criamos mais negatividade. Quando nossa consciência está negativa, nosso centro de gravidade migra para longe do âmago de nosso ser e fica espalhado pela periferia – por pensamentos e emoções do passado e do futuro, pensamentos condicionados e mentalidades limitadas, resistência e desejo. É isso que experimentamos em todo o sistema como estresse. Quando fixamos nossa atenção na carga negativa, estamos criando mais dessa negatividade como resultado. Não há necessidade de julgar a negatividade. Em vez disso, podemos simplesmente ter consciência de que, por mais que pareça estarmos presos, o que está nos segurando *não é a nossa essência*.

Por mais forte que pareça, essa carga negativa nunca é mais poderosa que a carga positiva. Não é assim que os átomos funcionam! Se você pesar a massa de um elétron, verá que é *significativamente* menor do que a de um próton. De fato, um próton é 1.837 vezes mais pesado que um elétron – essa é a diferença entre o peso de uma moeda de um centavo e uma bola de boliche! Da mesma forma, sua positividade é exponencialmente mais forte e mais poderosa que a sua carga negativa. O que isso significa para a sua vida? Significa que você é exponencialmente mais poderoso quando cria e projeta sua vida a partir do centro do seu ser, e não da periferia.

Toda a jornada que trilhamos ao longo deste livro tem o intuito de remover as camadas de nossa periferia a fim de retornarmos ao nosso centro. Vimos que operar na periferia, a partir da mente condicionada, drena nossa energia e cria um estado de estresse no sistema – o que gera mais pensamentos e emoções negativas, afastando-nos ainda mais do nosso núcleo. Mas, não importa quanto tempo passamos afastados do centro, sempre podemos começar a jornada de volta à nossa verdadeira natureza. Essa jornada é o caminho do autodomínio e da autorrealização. Seja usando as práticas da tradição védica ou qualquer outra, você remove as máscaras da mente condicionada, como se removesse as camadas de uma cebola, até que só reste o núcleo. O segredo incrível que os antigos conheciam é que, quando potencializamos nossa força vital e nos conectamos a ela, as camadas de cebola se soltam sozinhas!

Você é exponencialmente mais poderoso quando cria
e projeta sua vida a partir do centro do seu ser.
Toda a jornada que trilhamos ao longo deste
livro tem o intuito de remover as camadas de nossa
periferia a fim de retornarmos ao nosso centro.

Nossa força vital inata é o que nos guia e alimenta ao longo da jornada. Em sua observação científica do mundo interior, os *rishis* começaram com as camadas mais externas do ser, seguindo o rio da força vital para dentro até o seu núcleo. Quando alcançaram esse núcleo, o que encontraram foi esse oceano de consciência, inimaginavelmente profundo e poderoso. Mas não era algo diferente do rio. Essa força vital e a consciência da vida eram dois lados da mesma moeda: o feminino e o masculino, *Shakti* e *Shiva*, o lado visível e o lado invisível da vida. Ambos são compostos de água, partículas de hidrogênio e oxigênio, o rio em movimento se fundindo ao oceano. Eles observaram que essa consciência, que também foi descrita como pura consciência ou inteligência, não é apenas uma força impessoal vazia. Ela tem a qualidade de *satchitananda*: consciência imutável, vitalidade e felicidade.

A partícula e a onda

Agora, voltando à estrutura do átomo, vamos um pouco mais fundo. À medida que nossa compreensão científica do mundo evoluiu, aprendemos que qualquer átomo, qualquer partícula, não é apenas uma partícula. É também uma onda. Os físicos provaram isso com o famoso "efeito observador". Ou seja, quando uma partícula está sendo observada – quando a atenção e a percepção do observador estão nela –, ela se comporta como uma partícula, o que significa que ocupa um lugar no espaço e tem massa. Porém, assim que o observador desvia o olhar, a partícula se torna uma onda, e se comporta mais como energia pura – sem massa e sem ocupar um lugar específico no espaço. Uma onda existe na forma não manifestada, como pura potencialidade em um campo de possibilidades.

Os *rishis* também chamavam esse campo de possibilidades de "campo unificado", ou consciência. Eles o consideravam o próprio substrato de tudo o que existe na vida. É um campo de onisciência que contém todas as informações, tudo o que já existiu, tudo o que poderia ser e será. O que os *rishis* chamam de "campo unificado" é o que um cientista pode denominar *singularidade*, ou a obscura "teoria de tudo": a força única que está por trás de toda a realidade e que a ciência há tanto tempo vem procurando. Eu adoraria que os cientistas descobrissem a base desse campo unificado, mas para mim isso é como o peixe tentando reconhecer o oceano. O peixe tem que sair do oceano para reconhecer a si mesmo *e* ao oceano, o que é impossível. O peixe e o oceano existem como unidade. Remova o oceano, e tudo o que você tem é um peixe morto. Mas o oceano pode continuar existindo com ou sem o peixe. Será apenas mais calmo, com menos movimentos e ondulações.

O campo unificado é o que conecta toda a vida em um todo único e indivisível. Quando as religiões e as tradições de sabedoria falam sobre "unidade" – que o vedanta chama de *advaita*, ou não dualidade – estão fazendo referência a alguma versão desse campo unificado de consciência. Se uma partícula é uma gota d'água, a onda é o indivíduo ou o evento em constante mudança no campo chamado "oceano". Você é a partícula e a onda, uma gota no oceano e o próprio oceano. Você é tanto um ser individual e separado quanto uma parte intrínseca do todo da vida.

É fácil esquecermos nossa interdependência e nossa interconectividade. Na busca da individualidade e em nosso ponto de vista separatista e condicionado, esquecemos como tudo em nossa vida está conectado a alguém ou a alguma coisa. A simples realidade é que somos dependentes uns dos outros para a nossa sobrevivência. O simples ato de comer envolve um ecossistema inteiro. Alguém tem que plantar a semente, alguém tem que cuidar dela, cultivar, colher, transportar, vender, comprar, cozinhar, comer e digeri-la com a ajuda de uma equipe interior de microrganismos intestinais. Quando chegamos ao mundo, operamos predominantemente a partir do campo unificado da consciência. Ainda não nos identificamos com este corpo, esta educação, esta personalidade, esta identidade limitada. Não olhamos através dos nossos olhos com ideias de separação, isolamento, medo e limitação; em vez disso, olhamos as coisas com as qualidades amorosas e expansivas do campo da consciência, *satchitananda*. É para isso que estamos voltando: para quem somos em nossa essência, como éramos quando nascemos.

A esta altura você já sabe que, quando falamos de energia, também estamos falando de consciência. Elas são a mesma coisa. Quando você potencializa sua energia, também expande sua consciência. Focamos na energia porque é algo que podemos acessar e controlar com mais facilidade através dos processos físicos, e isso muda nossa consciência como resultado. À medida que nossa energia aumenta, nos aproximamos desse campo unificado. À medida que a energia passa de sua forma mais densa e externa para suas manifestações mais sutis, avançamos em direção às qualidades e ao poder da consciência. O aspecto mais denso da energia é expresso, no mundo físico, como massa e, na mente, como um sentimento de separação, emoções negativas, não aceitação, pensamentos sobre o passado e o futuro – enfim, tudo o que nos mantém pequenos. A expressão sutil dessa energia é um sentimento de pertencimento, amor, expansão, positividade, clareza, aceitação, presença, resiliência, colaboração. É o que os *rishis* chamam de "Grande Mente".

À medida que a energia aumenta e a consciência se expande, nos tornamos cada vez mais e mais poderosos. Acessamos cada vez mais a carga positiva no centro do átomo.

Da Idade da Pedra à era quântica

À medida que a consciência humana evolui, nossa compreensão do mundo passa de uma perspectiva baseada em partículas para uma visão mais ampla capaz de abarcar a dualidade da partícula e da onda.

Durante a maior parte da história humana, a compreensão da realidade baseada em partículas foi dominante no Ocidente. Tínhamos que começar com o mundo *visível* antes de lidar com o invisível. A ciência como a conhecemos começou quando os seres humanos passaram a observar o mundo material à sua volta, rotulando e organizando os objetos que viam e formulando explicações e previsões. Faz sentido: com os olhos abertos, estamos olhando para fora. Então por que não entender o que vemos? Entretanto, no Oriente, ciência e espiritualidade caminhavam lado a lado. Alguém perguntava *O que é isso?*, enquanto outro perguntava *O que eu sou?*. Onde a ciência acabava, a espiritualidade começava. No Ocidente, as duas foram mantidas estritamente separadas. Os cientistas separaram a cabeça do coração.

A ciência ocidental começou com os elementos materiais mais densos da vida e depois passou para os mais sutis. Com Isaac Newton, nasceu a física de partículas. Newton disse que "tudo é matéria" – tudo o que há na vida é o que podemos ver, ouvir, tocar e sentir. Naquela época, tudo era entendido em termos de matéria, separação, divisão e multiplicidade. O universo era visto como uma entidade semelhante a uma máquina que operava mecanicamente e funcionava de acordo com um conjunto de leis físicas.

Essa compreensão newtoniana da vida era limitada, mas abriu o caminho para a ciência evoluir numa direção mais sutil. Depois de Newton veio Einstein, que olhou, além da matéria, para a energia e a luz, o tempo e o espaço. Então físicos como Planck e Bohr retomaram de onde Einstein parou e começaram a observar o nível quântico da realidade. Passamos então a essa ideia de função de onda, ao campo unificado e ao efeito observador. Nesse ponto as coisas começam a ficar interessantes. O efeito observador prova que a consciência do observador molda a realidade observável, pelo menos no nível subatômico. Os cientistas constataram que, quando nossa intenção e nossa atenção estão voltadas para alguma coisa, nós estamos criando essa coisa de uma maneira muito real. Nossa consciência está basicamente moldando a realidade que experimentamos.

> *Quem eu sou ainda é um mistério para mim, mas o que eu sei é que somos muito mais do que aquilo que vemos com os nossos olhos.*

Passamos das ideias de Newton a teorias emergentes de consciência que espelham o que os místicos vêm falando há milhares de anos na Índia com base no estudo do mundo interior da mente. Assim como a humanidade evoluiu na compreensão do mundo material, internamente também estamos evoluindo, passando de uma perspectiva newtoniana atomizada de quem somos a algo muito mais profundo – uma realidade unificadora que está por trás das partes separadas de nossa identidade.

Eu experimentei essa mudança da partícula para o quantum de forma pessoal e direta. Quando era mais jovem, assim como tantas pessoas, eu me via como o meu corpo, meus papéis e identidades, meus pensamentos e emoções. Minha identidade era apenas o que eu podia ver, ouvir, tocar e sentir. Mas, uma vez que minha consciência começou a se expandir para esses aspectos mais sutis da vida, não havia como voltar às minhas antigas formas de ver o mundo. Minha própria experiência de vida se tornou minha evidência e meu guia. Percebi como eu estava conectada a tudo e a todos os outros. Havia uma parte de mim que, de alguma forma, estava além do meu corpo físico, dos meus papéis, das minhas identidades e até mesmo da minha personalidade, mesmo que eu não pudesse realmente entender o que era.

Quem eu sou ainda é um mistério para mim, mas o que eu sei é que somos muito mais do que aquilo que vemos com os nossos olhos. Como pensar que os trilhões de células coordenando sua atividade em perfeita harmonia para criar o milagre do sistema físico que o mantém vivo – orquestrando a todo momento a sua respiração, seus batimentos cardíacos e disparos neurais – são um acidente aleatório da natureza? Isso é apenas o pensamento newtoniano limitado. Há uma energia e uma inteligência movendo cada inspiração e expiração. Pense nisto: você precisa de energia para inspirar, não é? Então o que veio primeiro, a respiração ou a energia? Para o ar entrar, os pulmões precisam se expandir primeiro – não o contrário. O movimento dos pulmões vem primeiro. O que faz os pulmões se expandirem? O que é esse movimento? É energia *e* é inteligência. Existe uma sabedoria nessa energia que impulsiona os pulmões a se expandirem, o ar a entrar e o coração a bater. O seu coração está sempre batendo dentro do peito, mas o que o faz bater? A batida em si é a força vital. Você precisa de energia para o coração se contrair e depois relaxar.

Uma perspectiva quântica redireciona sua atenção, levando-a das partes atomizadas e separadas de sua identidade ao todo maior e unificado que é o seu verdadeiro Ser e ao todo ainda maior do qual você faz parte. Você sabe que essa força fundamental a partir da qual tudo é construído – inclusive você – é um campo de consciência e energia, onisciência e puro poder criativo. E se, apenas hipoteticamente falando, você pudesse se ver como parte dessa força maior? E se você pudesse ver além da partícula; a onda que está por trás dela? Tudo mudaria! Em vez de separação você veria a conexão. Em vez de posições fixas você veria o potencial e as possibilidades.

A gota e o oceano

À medida que a consciência evolui – ou, para dizer de outra maneira, à medida que a energia aumenta –, nos tornamos cada vez mais poderosos em cocriação com a vida. Na periferia de quem você é, onde tudo é uma questão de sobrevivência e competição, só é possível criar dentro dessa esfera limitada de pensamento. Mas, quanto mais você se aproxima do centro, mais aumentam a alegria e a generosidade. Surge a gratidão. A clareza. Estamos nos movendo em direção a expressões mais elevadas de consciência que também requerem mais energia. Uma das maiores mudanças à medida que avançamos em direção ao âmago de nosso ser é que começamos a ver e abraçar a conectividade da vida.

Eu adoro estas palavras de Leonardo da Vinci, que passou a vida combinando arte e ciência: "Desenvolva seus sentidos – especialmente aprenda a ver. Perceba que tudo está conectado a todo o resto." *Aprender a ver* é exatamente o que estamos fazendo aqui. Quando mudamos a maneira como vemos as coisas, mudamos tudo na nossa vida.

Os antigos sabiam muito bem que cada parte da vida está conectada ao todo num design perfeito. Eles nos dizem que, em todas as coisas, existem um objetivo e um plano muito maiores do que podemos conceber. As plantas, os animais, as montanhas, os oceanos, as estrelas e o cosmos existem em perfeita ordem. Se houvesse o caos mais sutil, tudo imploriria. As árvores, as flores e a vegetação crescem no clima que permite o crescimento mais rápido. O mesmo vale para eu e você. Por que nós, seres humanos, nos afastamos do plano cósmico maior? Fazemos isso porque temos essa liberdade de escolha adicional, mas isso não significa que estejamos fora do design. Se pudermos ver o design maior, se pudermos entender como estamos todos conectados, encontraremos o que realmente estamos procurando: fazer parte de algo maior.

Não há dúvida de que existe uma força de inteligência que conduz tudo, a genética da genética. Precisamos saber olhar em volta, maravilhados com o milagre da vida que está ocorrendo ao nosso redor. Precisamos alargar nossa mentalidade para ver o quadro mais amplo. Então veremos que existe uma inteligência inata no reino vegetal, por exemplo, em como a fotossíntese funciona, como as abelhas polinizam as plantas. Existe uma sincronicidade, uma coerência e uma harmonia em tudo na natureza quando o homem não interfere num nível destrutivo – e mesmo essa interferência será finalmente reequilibrada como parte do impulso natural da vida para evoluir e ter coerência.

> Aprender a ver *é exatamente o que estamos fazendo aqui. Quando mudamos a maneira como vemos as coisas, mudamos tudo na nossa vida.*

Quando você amplia a sua perspectiva, não pode deixar de acordar para a realidade de que tudo está conectado. Lembra-se do exercício em que você olhava para algo à sua frente, mas estava olhando ao mesmo tempo para *além* do objeto? É praticamente a mesma coisa. Quando você abre a sua consciência para a realidade mais profunda e invisível da vida, começa a enxergar, além das partículas individuais, a onda que está por trás de tudo. Não apenas as pessoas, mas toda a natureza está entrelaçada numa intrincada teia de interconexão. Os mestres zen e os yogis dizem isso há séculos e, finalmente, os cientistas também reconhecem a realidade da interconectividade da vida. Num famoso experimento, físicos holandeses enviaram dois prótons para lados opostos de um espaço. Eles descobriram que, quando faziam algo com um próton, também afetavam o outro – no momento exato, nem um nanossegundo depois.[24] Não havia a distância da viagem no impacto, nem mesmo o tempo que levaria para algo viajar na velocidade da luz. Se você chama isso de "não localidade", como os físicos, ou de "interconectividade", como os sábios, estamos falando da existência de um campo unificado que conecta toda a vida a um todo indivisível. É por isso que o impacto nos dois prótons acontece exatamente no mesmo momento. É isso que dá origem à empatia que nos permite sentir a dor de outra pessoa como se fosse a nossa.

Essa conectividade da vida está sempre presente, mas não podemos vê-la quando nossa identidade está fundamentada na separação. Quando nossa identidade se baseia numa visão atomizada da vida, restringimos nosso senso de quem somos a gênero, raça, religião e trabalho. Mas se você olhar bem, mesmo depois de se descrever com todos esses papéis, verá que há um sentimento de que falta alguma coisa. Nós realmente não nos sentimos completos em quem pensamos que somos, porque o que falta é nossa consciência, esse núcleo mais profundo de nós mesmos que é uma identidade maior do que qualquer outra coisa que possamos imaginar.

Uma criança opera naturalmente a partir de um "eu" expandido, mas, na idade adulta, a mente se reduz a meu trabalho, minha família, meu passado, minhas posses, minhas ideias – e temos a separação, a multiplicidade e posições fixas da perspectiva newtoniana. Vamos lá! Está na hora de superar o que já foi provado ser uma teoria incompleta da realidade.

Bem-vindo ao século XXI – adote uma visão quântica da vida e expanda o senso de quem você é.

Conectando-se com a Grande Mente

No momento em que reconhece que existe algo mais profundo dentro de si, que está além de todos os papéis e histórias, você entra em contato com a consciência no seu âmago, no poder da Grande Mente. Como resultado, a energia vai às alturas! Você se sente invencível! Você percebe que todas as coisas limitantes que usa para se identificar são um fenômeno mutável. O *prana* aumenta à medida que você consegue permanecer firme na base de uma identidade "sólida", não na areia movediça dos papéis que sempre mudam. Toda identidade na vida é mutável, mas a consciência é imutável. Essa qualidade perene, imutável, é o elemento *sat* de *satchitananda*. É aquilo que olha para fora de seus olhos e desempenha todos esses papéis, mas, de alguma forma, permanece intocado por eles. Lembre-se de que os opostos dão valor um ao outro, portanto a única maneira de reconhecer a mudança é pelo ponto de referência daquilo que é imutável e eterno. Se pudesse reconhecer que há algo em você que é intocado por todas as dificuldades, os traumas e todas essas besteiras, você desbloquearia um grande reservatório de energia.

Para voltar a essa identidade maior, o que você precisa fazer é se olhar no espelho de vez em quando, naquela prática que já mencionamos de olhar para o objeto, mas também *além* dele. Olhe além do que você está vestindo, dos seus traços faciais, dos cabelos e da pele, diretamente em seus próprios olhos. Leve o foco de um olho ao outro. Você vai querer desviar o olhar num primeiro momento. Mas, se continuar com o exercício, você verá que move a atenção de um olho ao outro com intencionalidade. A certa altura, pode começar a se dar conta de que você é algo que está por trás dos seus olhos, algo que olha através deles. Então surge a pergunta: *Quem sou eu?* Não tenha pressa ao contemplar essa questão. Leve o tempo que for necessário. Será que você é capaz de ver que há algo além da sua aparência, das coisas que você experimentou na vida e dos acontecimentos que vieram e se foram? Há algo mais profundo dentro de você, algo imutável – algo que chamamos de Ser.

Existe uma maneira poderosa de nos conectarmos à nossa parte que não muda, mesmo quando o corpo passa pelo ciclo de nascimento, crescimento, declínio e morte. Você pode ter uma ideia disso fazendo um rápido exercício mental. Viaje em sua imaginação, voltando a quando você tinha 4 anos. Imagine-se com 4 anos o mais clara e vividamente possível. Imagine-se como a criança de 8 anos, depois de 12 anos, de 16 anos, e assim por diante. Finalmente, você chegará à sua idade atual e trará à mente quem você é agora. Então vá além do presente e se imagine daqui a alguns anos, daqui a 10 anos, e assim por diante até chegar ao seu leito de morte. Esse exercício pode ser muito poderoso. Se você realmente empregar energia e se concentrar nele, terá uma experiência dessa essência em seu âmago, dessa carga positiva sobre a qual vimos falando esse tempo todo.

Seu estranho e inibido eu de 14 anos pode parecer uma pessoa diferente do seu eu confiante e bem-sucedido de 30, mas será que não existe uma essência que conecta os dois? E você não vê essa essência quando imagina seu eu de 85 anos sentado numa cadeira de balanço na varanda, vendo o mundo passar? Os acontecimentos vieram e se foram – parcerias, corações partidos, fracassos, sucessos, alegrias, perdas. Você pode ver que eles o moldaram de alguma forma, mas talvez você seja algo além disso. Há algo perene, duradouro, uma essência de quem você é, que permaneceu intocado ao longo de todos os altos e baixos.

Tudo está conectado. Quando você se conecta a uma percepção mais profunda de si mesmo, naturalmente se conecta mais ao mundo ao seu redor. E, no final, o que realmente queremos é fazer parte do todo. No momento em que você tem a consciência de estar conectado a tudo na vida, numa unidade, a energia desperta dentro do seu âmago. Quando é capaz de abraçar a multiplicidade da vida e sua unidade, você abraça a plenitude, que desperta ainda mais o pulso da consciência e a energia pura. Internamente, você se sente mais poderoso, mais confiante, mais à vontade. Você pode olhar para sua vida e dizer: *É assim que as coisas estão agora, mas tudo pode mudar.*

Voltar o foco para a função de onda da vida muda, em nível celular, a maneira como as coisas penetram a sua mente. Você introduz rachaduras no iceberg para que o oceano possa fluir, transcende o iceberg e passa ao oceano em si. Você descobre que, com seus próprios pensamentos e ações, você tem o poder de mover o oceano. Há um efeito cascata em todos os nossos pensamentos, palavras e ações. É como o efeito borboleta: o bater das asas de uma borboleta na Amazônia pode causar uma tempestade em outro continente várias semanas depois. Uma pequena mudança num sistema vasto e complexo pode desencadear enormes efeitos em outras partes dele. Você é muito mais poderoso que uma borboleta – pense em quanto pode mudar com seu pensamento, sua percepção e sua ação.

Como você enxerga, você cria

Quer esteja ciente disso ou não, você está batendo as asas constantemente como a borboleta, impactando e criando não apenas a sua vida, mas a vida ao seu redor. Você cria e causa um impacto na sua realidade não apenas com as suas ações, mas com os seus pensamentos. Seu mundo é criado a partir da sua percepção.

> *Eu o convido a se perguntar o seguinte: O que você vai criar neste campo de possibilidades ilimitadas chamado "vida"?*

Os *rishis* diziam que tudo que você vê, toca e sente é uma ilusão, porque está tudo na sua mente. Eles diziam isso muito antes de a ciência provar que, em algum nível, essa afirmação é verdadeira, pois há uma realidade invisível por trás da nossa realidade visível. Agora sabemos que este mundo material não é a totalidade da realidade; é apenas a superfície. Se puder ver abaixo da superfície, você poderá criar muito mais. Pense sobre como uma pessoa comum olha para as joias, em comparação com um ourives. Quando você olha dentro da sua caixa de joias, pode ver uma pulseira, um anel, um colar e brincos. Por um lado, são coisas separadas, mas, por outro, também são compostas dessa mesma substância estrutural que é o ouro. Há valor intrínseco no anel ou no colar, mas o ourives tem a vantagem extra de poder ver uma joia não apenas como a possibilidade única de um anel, mas também como puro ouro, com uma ampla gama de possibilidades. Entretanto, a nossa perspectiva é mais limitada. Ao longo da vida, fomos treinados a usar o intelecto para rotular, julgar e compartimentar as coisas, limitando nossa percepção ao que podemos ver e tocar, de forma que não conseguimos mais ver o ouro. Não há nada de errado em ver o anel, mas essa é uma imagem incompleta da realidade. Quando somos capazes de perceber mais do que o que enxergamos, podemos criar com mais do que o que apenas enxergamos.

Tudo é percepção. Essa é a única verdade que conhecemos. Tudo que experimentamos na vida é resultado da nossa percepção. O mundo como o vivenciamos é relativo: temos que comparar tudo para saber o que cada coisa é. Duro e macio, quente e frio são relativos. Como acredita no que vê, as coisas existem para você na forma em que acredita nelas. O ponto para onde sua atenção vai é o que você cria na sua vida. E se a sua percepção fosse diferente? E se fosse capaz de ver a pulseira não apenas como pulseira, mas também como ouro? Então você poderia conceber a potencialidade da pulseira como pulseira ou como puro ouro. Como ouro, você poderia transformá-la em um colar, brincos ou qualquer outra coisa. Você poderia transformá-la numa maçaneta, se quisesse!

Se você olhar o mundo pelas lentes de "Eu não consigo", então você não conseguirá. Se você se vir como "pequeno e limitado", então você será. Se você se considerar superior, irá menosprezar os outros e concentrar toda a sua energia em competir e vencer. Se você se considerar inferior, será sempre uma vítima. Nossa perspectiva é uma escolha nossa. Aquilo em que acreditamos nós criamos. Se você acreditar que não é capaz, não será, e os motivos pelos quais você acredita nisso são irrelevantes. Tentar mudar cada crença individual é um trabalho árduo; então por que não estabelecer o centro da sua identidade nessa crença abrangente de quem você é em sua essência? Se você se vê como força, inteligência e potencialidade ilimitadas, como alguém sustentado pelo apoio incondicional da vida, então pode reconhecer o mundo como seu parque de diversões criativo. Você pode usar o seu poder criativo para se transformar em qualquer potencialidade que desejar. Essa jornada é sobre olhar em volta e reconhecer lentamente: *Tudo que vejo, toco e sinto é apenas uma verdade parcial.* É apenas um lado da moeda. Há mais em mim, mais no que eu vejo, mais no que toco e sinto do que tenho consciência. Quando você opera a partir da crença mais poderosa acerca de si mesmo, tudo no universo passa a lhe oferecer apoio.

Autodomínio é aprender a usar esse poder de percepção com sabedoria para cocriar com a vida. Quando nossa intenção é clara e nossa consciência é elevada, as estruturas moleculares se reorganizam para nos dar o que queremos. É quando a cura espontânea acontece. É quando você manifesta as coisas. É quando a vida vai até você, em vez de você precisar correr atrás dela. É quando milagres acontecem. Um milagre nada mais é do que uma intenção poderosa associada a um estado elevado de consciência.

Como um momento final de autorreflexão, eu o convido a se perguntar o seguinte: O que você vai criar neste campo de possibilidades ilimitadas chamado "vida"?

EPÍLOGO

A verdadeira jornada da força vital é a passagem do *eu* para *nós*. É o poder de nossa unidade como seres humanos. É o poder da plenitude, da paz e do potencial dentro de cada um de nós, a força vibratória amorosa de quem realmente somos. Quanto mais amor, paz e plenitude você desfruta, mais você se move em direção ao centro de sua identidade, mais essa energia se espalha para todos. O ponto de partida é você.

Libertar-se da crença em que você é um ser incompleto e separado que precisa ser consertado lhe permite perceber quão poderoso e magnífico você realmente é. Você se conecta mais não apenas a você mesmo, mas a toda a humanidade. Armado dessa consciência e das ferramentas para viver a sua verdadeira natureza, você tratará os outros como a si mesmo sem esforço. Amor, paz, gratidão e a sensação de que você é uma parte extraordinária e necessária do todo – com o tempo isso se torna natural.

A jornada do autoconhecimento é emocionante e traz humildade. Com ou sem o nosso consentimento, é a única jornada em que estamos todos juntos. Em cada ser existe o desejo de algo mais, não importa quanta fama, riqueza ou poder alcance. O mundo exterior nunca realizará esse desejo. O intuito desse desejo é nos inspirar na busca de nossa grandeza interior.

O que buscamos está aqui dentro. O amor, o amado e o amante estão todos dentro. O criador, a criatividade e a criação estão dentro de nós. A conquista, o conquistador e o poder de conquistar também estão aqui dentro. A perfeição da vida existe dentro de você, como você. Não deixe a vida passar. Desperte. Abra os olhos e conte com isso. Veja que tudo o que você procura pode ser seu sem esforço – pois já está aí.

Eu quero encorajá-lo a ir atrás dos seus sonhos como se qualquer coisa fosse possível. Como se tudo que você busca estivesse ao seu alcance, sem esforço. Sua mente, seu coração e suas mãos precisam estar abertos e dispostos a deixar de lado esses "amendoins passados" aos quais você se agarra pela vida afora.

Quanto mais nosso mundo se expande em tecnologia, mais os principais valores humanos encolhem. Nossa cultura frenética, com suas pressões e a ansiedade para sempre conquistar mais e mais, está nos afastando da única coisa que pode salvar a nós e o mundo: a nossa confiança em nós mesmos.

Esse conhecimento profundo lhe dará acesso a seu poder e seu potencial em momentos de alegria e momentos de desafio. Ele vai emanar de dentro de você para o mundo. Você se tornará o ponto de virada não apenas da sua própria vida, mas da vida neste planeta. Novamente, o ponto de partida é sempre você.

Saiba em seu coração que a mudança é sempre possível. Para trazê-lo de volta à linguagem da ciência por um momento, pesquisas mostram que podemos mudar o nosso cérebro e a expressão dos nossos genes, alterando nossas ações, nosso estilo de vida, nossos pensamentos e nossas emoções. Isso se chama neuroplasticidade: o cérebro tem a capacidade fenomenal de se reorganizar ao longo da vida, formando novas conexões neurais. O que o vedanta ensina é que o maior impacto é criado no seu cérebro e na sua percepção quando você olha para dentro. Você precisa decidir deixar o passado para trás. Precisa decidir deixar de lado o que pode acontecer no futuro. Deixe de lado as ideias e crenças que lhe oferecem sobrevivência, mas não uma vida bem vivida. Deixe de lado as mentalidades habituais de resistência e anseio. Ao se desapegar dessas coisas, você concorda em quebrar sua cabeça dura, em derreter o iceberg, em viajar ao longo desse rio de energia vital, de volta ao oceano da consciência.

Este é o meu desejo: que você viva uma vida que seja
elevada e nutrida pela força amorosa da própria vida,
que não quer nada além de servi-lo e apoiá-lo.

Uma maneira simples de fazer isso é lidar com cada momento do jeito que ele é, não do jeito que você gostaria que fosse. Esteja disposto a ser fluido e permissivo como a água, a fluir e mudar de rumo conforme a vida for lhe mostrando o caminho. Esteja disposto a ser poderoso e gentil ao mesmo tempo.

O cérebro não pode mudar o cérebro. A mente não pode mudar a mente. Aquilo que lhe deu vida é o que pode mudar e melhorar a vida em todos os níveis. Conecte-se à fonte da vida como o centro da sua identidade e você irá naturalmente emular as qualidades da fonte. Não faça disso um objetivo grandioso e distante. Comece por algum lugar. Comece aqui e agora. Quando houver uma oportunidade de amar ou se separar, abrace o amor. Onde houver uma oportunidade de dar ou tomar, seja um doador, mesmo que pareça antinatural e doloroso sair da sua zona de conforto condicionada. Nesse pequeno momento, na menor escolha em agir a partir do seu núcleo, rachaduras começarão a surgir no iceberg. É por essas rachaduras que a luz entra. Com o tempo, você quebrará e jogará grandes pedaços de iceberg no oceano e começará a se ver não como o pedaço sólido de gelo, mas como a água, o hidrogênio, o oxigênio, os prótons e os fótons. Você descobrirá o poder do oceano em seu próprio coração. Em algum momento desconhecido você se encontrará vivendo no campo de todas as possibilidades, dessa energia e inteligência cheias de mais amor do que você pode conter.

Este é o meu desejo: que você viva uma vida que seja elevada e nutrida pela força amorosa da própria vida, que não quer nada além de servi-lo e apoiá-lo. Que você ande por aí com o conhecimento de que essa força de vida não está separada de você; ela É você. Que você use o seu poder infinito livre e sabiamente para criar e moldar uma vida de beleza, propósito, conexão e verdadeira felicidade, não apenas para si mesmo, mas para todos aqueles que seguirão os seus passos.

AGRADECIMENTOS

Essa época específica da minha vida teve muitos altos e baixos – mais baixos do que altos. Foi um momento em que o universo estava me empurrando para encontrar dentro de mim o poder de me entregar e cocriar uma nova realidade para mim. Essa época e este livro são um testamento do poder e da inteligência invisíveis por trás de tudo na minha vida.

Em primeiro lugar, minha gratidão à Força que tem estado ao meu lado, não importa que eu esteja ciente dela ou não, não importa o que eu faça ou deixe de fazer.

Dizer que este é "um livro de Rajshree Patel" é um exagero. Sem os ensinamentos e o amor incomensurável de Sri Sri Ravi Shankar, este livro com certeza não existiria.

Além disso, no topo da lista da gratidão estão os incontáveis queridos que contribuíram para este livro com sua presença inabalável ou sua ausência.

Quero agradecer especificamente a umas poucas pessoas que estiveram presentes desde a concepção até o nascimento do livro, até o último empurrão do trabalho de parto.

A Koesma, por me abrir seu coração e a sua casa.

A Reshma, por seus olhos e ouvidos.

A Sushmita e Pramod, por "me adotarem".

A Kanan, pela alegria que você traz à minha vida.

A Ale, Renata e meu irmão italiano: obrigada por sempre dizerem "sim" e me encorajarem a compartilhar esta linda sabedoria.

A Michael Edlestein, por ser meu irmão mais velho e me manter "alimentada" com toda a sua gentileza.

A Carolyn Gregoire, por ser minhas mãos e segurar uma presa ao se transformar em Ganesha.

A Giles Anderson, por ser minha voz da razão.

Finalmente, à minha família: amo vocês.

Papai, por sua forma de viver, você foi meu exemplo para viver a vida como um leão. Você ficará feliz em saber: você estava certo. O mundo não é preto ou branco. Eu gostaria que você ainda estivesse por aqui para ouvir essas palavras ao vivo.

Mamãe, seu grande sacrifício e sua enorme resiliência estão presentes ao longo de todo este livro.

Hemant e Sweta, eu tenho uma dívida de gratidão com vocês por cuidarem da mamãe e do papai. O compromisso de vocês me deu liberdade.

Paresh e Chaula, a disposição de vocês para correr riscos, estimular, cuidar e sempre dar o melhor me inspiram de uma forma que vocês nunca saberão.

Kamlesh, eu me sinto humilde e maravilhada por quem você é, por ser uma imensa força de carinho para todos os membros da nossa família. Isso me deu a paz de espírito para ir atrás dos meus sonhos.

Scottie, sei que não foi fácil para você ser o "rebocador" enquanto eu desaparecia dentro da minha caverna. Sem a sua resiliência e seu coração delicado e silencioso eu não poderia estar onde estou hoje.

NOTAS

CAPÍTULO 3

1   Wong, Joel; Brown, Joshua. "How gratitude changes you and your brain". In: *Greater Good Magazine*. Disponível em <https://greatergood.berkeley.edu/article/item/how_gratitude_changes_you_and_your_brain> – Acesso em 21 jan. 2020.

   Hill, Patrick L.; Allemand, Mathias; e Roberts, Brent W. "Examining the pathways between gratitude and self-rated physical health across adulthood". In: *Personality and Individual Differences*. Disponível em <https://www.ncbi.nlm.nih.gov/pubmed/23139438> – Acesso em 21 jan. 2020.

   Yoshimura, Stephen M. "Grateful experiences and expressions: the role of gratitude expressions in the link between gratitude experiences and well-being". In: *Taylor & Francis Online*. Disponível em <https://www.tandfonline.com/doi/full/10.1080/15358593.2017.1293836> – Acesso em 21 jan. 2020.

2   Algoe, Sara B.; Way, Baldwin M. "Evidence for a role of the oxytocin system, indexed by genetic variation in *CD38*, in the social bonding effects of expressed gratitude". In: *Oxford Academic*. Disponível em <https://academic.oup.com/scan/article/9/12/1855/1611597> – Acesso em 21 jan. 2020.

3   American Psychological Association. "Review Of Research Challenges Assumption That Success Makes People Happy". In: *Science Daily*. Disponível em <https://www.sciencedaily.com/releases/2005/12/051219090811.htm> – Acesso em 21 jan. 2020.

4   Seligman, Martin. *Felicidade autêntica*. Rio de Janeiro: Objetiva, 2009.

5   National Center for Complimentary and Integrative Health. "Meditation: In Depth". In: *NIH*. Disponível em <https://nccih.nih.gov/health/meditation/overview.htm> – Acesso em 22 jan. 2020.

CAPÍTULO 4

6   Yaribeygi, Habib; Panhi, Yunes; Sahraei, Hedayat; Johnston, Thomas P.; e Sahebkar, Amirhossein. "The impact of stress on body function: a review". In: *EXCLI Journal*. Disponível em <https://www.ncbi.nlm.nih.gov/pmc/articles/PMC5579396/> – Acesso em 22 jan. 2020.

7   Dietrich, A. "Functional neuroanatomy of altered states of consciousness: the transient hypofrontality hypothesis". In: *Consciousness and Cognition*. Disponível em <https://www.ncbi.nlm.nih.gov/pubmed/12763007> – Acesso em 25 jan. 2020.

CAPÍTULO 5

8   Dickerson, Sally S.; Kemeny, Margaret E.; Aziz, Najib; Kim, Kevin H.; e Fahey, John L. "Immunological effects of induced shame and guilt". In: *Psychosom Med*. Disponível em <https://www.ncbi.nlm.nih.gov/pubmed/14747646> – Acesso em 28 jan. 2020.

9   Stambor, Zak. "How reliable is eyewitness testimony?". In: *American Psychological Association*. Disponível em <https://www.apa.org/monitor/apr06/eyewitness> – Acesso em 05 fev. 2020.

10 CBN News. "30 Years on Death Row: Wrongfully Convicted Man Offers Forgiveness". Disponível em <https://www1.cbn.com/cbnnews/us/2018/april/30-years-on-death-row-wrongfully-convicted-man-offers-forgiveness> – Acesso em 05 fev. 2020.

CAPÍTULO 7

11 *Harvard Health*. "Relaxation Techniques: Breath Control Helps Quell Errant Stress Response". Disponível em <https://www.health.harvard.edu/mind-and-mood/relaxation-techniques-breath-control-helps-quell-errant-stress-response> – Acesso em 10 fev. 2020.

12   Zope, Sameer A.; Zope, Rakesh A. "Sudarshan Kriya Yoga: Breathing for Health". In: *International Journal of Yoga*. Disponível em <https://www.ncbi.nlm.nih.gov/pmc/articles/PMC3573542/> – Acesso em 10 fev. 2020.

13   Seppälä, Emma M., et al. "Breathing-Based Meditation Decreases Posttraumatic Stress Disorder Symptoms in U.S. Military Veterans: A Randomized Controlled Longitudinal Study". In: *Journal of Traumatic Stress*. Disponível em <https://onlinelibrary.wiley.com/doi/full/10.1002/jts.21936> – Acesso em 19 fev. 2020.

14   Seppälä, Emma M. "Yoga, Deep Breathing Used to Address Soldiers' Post-Traumatic Stress". In: *emmaseppala.com*. Disponível em <https://emmaseppala.com/yoga-deep-breathing-used-to-address-soldiers-post-traumatic-stress-2/> – Acesso em 19 fev. 2020.

CAPÍTULO 8

15   Travis, Frederick e Shear, Jonathan. "Focused Attention, Open Monitoring and Automatic Self-Transcending: Categories to Organize Meditations from Vedic, Buddhist and Chinese Traditions". In: *Consciousness and Cognition*. Disponível em <https://www.ncbi.nlm.nih.gov/pubmed/20167507> – Acesso em 20 fev. 2020.

16   Travis, Frederick e Parim, Niyazi. "Default Mode Network Activation and Transcendental Meditation Practice: Focused Attention or Automatic Self-Transcending?". In: *Brain and Cognition*. Disponível em <https://www.sciencedirect.com/science/article/abs/pii/S0278262616300987> – Acesso em 20 fev. 2020.

17   American Association for the Advancement of Science. "New Study Shows Transcendental Meditation Improves Brain Functioning in ADHD Students". In: *EurekAlert!*. Disponível em <https://www.eurekalert.org/pub_releases/2011-07/muom-nss072611.php> – Acesso em 20 fev. 2020.

18   American Association for the Advancement of Science. "Research Validates the Defning Hallmark of Transcendental Meditation – Effortlessness". In: *EurekAlert!*. Disponível em <https://www.eurekalert.org/pub_releases/2016-11/muom-rvt110316.php> – Acesso em 20 fev. 2020.

19 Moby. "Moby on Meditation: 'As a Profoundly Lazy Person, I Appreciate TM'". In: *Transcendental Meditation: Latest News & Opinions*. Disponível em <https://tmhome.com/experiences/moby-on-meditation/> – Acesso em 20 fev. 2020.

20 Colzato, Lorenza S.; Szapora, Ayca; e Hommel, Bernhard. "Meditate to Create: The Impact of Focused-Attention and Open-Monitoring Training on Convergent and Divergent Thinking". In: *Frontiers in Psychology*. Disponível em <https://www.frontiersin.org/articles/10.3389/fpsyg.2012.00116/full> – Acesso em 20 fev. 2020.

21 Travis, Frederick. "The Transcendental Meditation Technique and Creativity: A Longitudinal Study of Cornell University Undergraduates". In: *The Journal of Creative Behavior*. Disponível em <https://onlinelibrary.wiley.com/doi/pdf/10.1002/j.2162-6057.1979.tb00203.x> – Acesso em 20 fev. 2020.

22 Lynch, David. *Em águas profundas*. Rio de Janeiro: Gryphus, 2008.

23 Ionson, Emily, et al. "Effects of Sahaj Samadhi Meditation on Heart Rate Variability and Depressive Symptoms in Patients with Late-Life Depression". In: *The British Journal of Psychiatry*. Disponível em <https://www.ncbi.nlm.nih.gov/pubmed/30482255> – Acesso em 05 mar. 2020.

CAPÍTULO 14

24 Rosenfeld, Wenjamin et al. "Event-Ready Bell Test Using Entangled Atoms Simultaneously Closing Detection and Locality Loopholes". In: *Physical Review Letters*. Disponível em <https://arxiv.org/abs/1611.04604> – Acesso em 21 mai. 2020.

Para saber mais sobre os títulos e autores da Editora Sextante,
visite o nosso site e siga as nossas redes sociais.
Além de informações sobre os próximos lançamentos,
você terá acesso a conteúdos exclusivos
e poderá participar de promoções e sorteios.

sextante.com.br